Götz Schlicht

Arik K. Komets-Chimirri

Götz Schlicht

Im Dienste dreier Diktaturen

be.bra
wissenschaft verlag

Bibliografische Information der Deutschen Nationalbibliothek
Die Deutsche Nationalbibliothek verzeichnet diese Publikation in der Deutschen Nationalbibliografie; detaillierte bibliografische Daten sind im Internet über http://dnb.d-nb.de abrufbar.

KulturBrauerei Haus 2
Schönhauser Allee 37, 10435 Berlin
post@bebraverlag.de
Lektorat: Ingrid Kirschey-Feix, Berlin
Umschlag: typegerecht, Berlin, unter Verwendung eines
Fotos von Götz Schlicht (Bundesarchiv Berlin, DP1 VA 7688)
Innengestaltung: Friedrich, Berlin
Schrift: Linux Libertine 11/14,5 pt
Gedruckt in Deutschland
ISBN 978-3-94510-038-5

www.bebra-wissenschaft.de

Inhalt

Zum Geleit

Ich hatte die Ehre und das Privileg, als einer der Ersten die Ergebnisse der langjährigen Forschungen des Autors zur Geschichte des UfJ sowie insbesondere zur Person von Dr. Götz Schlicht, alias IM »Dr. Lutter«, als Teil dieser Geschichte zur Kenntnis zu nehmen. Das veranlasste mich, mir einmal mehr Gedanken zu machen über meine Beobachtungen und Erfahrungen in der unmittelbaren Nachkriegszeit mit der Teilung Deutschlands und über die daraus resultierenden Auseinandersetzungen zwischen Ost und West; außerdem darüber, wie die von diesen Entwicklungen betroffenen Menschen in Ost und West sich in dieser Situation verhalten haben und wie sie mit den Möglichkeiten, Notwendigkeiten und Chancen, die sich für ihr Leben daraus ergaben, umgegangen sind; und schließlich über die Frage, wie sich die Ergebnisse des Autors in dieses Bild einordnen lassen.

Als letzter Verbindungsoffizier und späterer Leiter der amerikanischen und britischen Sichtungsstellen im Notaufnahmelager Marienfelde in Westberlin (1980–1990), der ersten Anlaufstelle für Tausende von DDR-Flüchtlingen im Westen, kannte der Autor Arik K. Komets-Chimirri die Ost-West-Probleme aus unmittelbarer eigener Anschauung. Zudem brachte er für seine spezifischen Nachforschungen, deren Ergebnisse nunmehr vorliegen, ideale Voraussetzungen mit: Als Nichtdeutscher hatte er mehr Abstand von den Dingen als die unmittelbar betroffenen Deutschen und war dementsprechend unbefangener als speziell für die Aufgaben eines Geheimdienstes ausgebildeter Offizier der US-Air Force sind ihm die besonderen Mittel und Wege einer geheimdienstlichen Tätigkeit, die ihrer Natur nach in allen Geheimdiensten im Wesentlichen die gleichen sind, so gut vertraut, dass er entsprechende eigene Beobachtungen und Erfahrungen eben als Geheimdienstler entsprechend einzuordnen und zu bewerten weiß. Als jemand, der mit der deutschen Kriegs- und Nachkriegsgeschichte vertraut und an jeglicher Geschichte brennend interessiert ist, bringt er die notwendige Begeisterung und Leidenschaft für geschichtliche Forschungen mit, gepaart mit einem hohen Maß an Geduld und Beharrlichkeit, wenn es darum geht, den Dingen auf den Grund zu gehen und dort, wo das Ergebnis nicht auf direktem Weg zu erlangen ist, auch lästige Umwege in

Kauf zu nehmen, selbst auf die Gefahr hin, dass auch diese Umwege nicht zum Ziel führen.

Gerade diese letztgenannten Eigenschaften waren vonnöten bei seinen Forschungen zu diesem Buch, da sich immer wieder Hindernisse in den Weg stellten und sich deshalb die Arbeit daran über viele Jahre hinzog. Der Autor hat sich dadurch jedoch nicht entmutigen lassen, sondern immer weiter nach neuen Mosaiksteinchen gesucht, bis sie schließlich ein in sich stimmiges Gesamtbild ergaben. Schon während seiner Arbeit ist er in vielen Gesprächen auf Widerspruch gestoßen, nicht weil man ihm Fehler hätte nachweisen können, sondern weil seine Ergebnisse und Schlussfolgerungen zu einem großen Teil derart überraschend und oft geradezu unglaublich waren, dass dem Gesprächspartner einfach die Vorstellungskraft fehlte, dass es so hätte gewesen sein können. Hinzu kam, dass einige der an den Geschehnissen beteiligten Personen, die man persönlich kannte oder zumindest zu kennen glaubte, plötzlich in einem völlig anderen Licht erschienen, als seien sie ausgewechselt und hätten sich in eine andere Person verwandelt. Insbesondere dieser Aspekt, es plötzlich anscheinend mit anderen Personen zu tun zu haben, hat immer wieder die Vorstellungskraft gesprengt und als Konsequenz zum Widerspruch herausgefordert. Auch ich muss bekennen, dass ich wiederholt zu dem Schluss kam, so kann es nicht gewesen sein, bis ich mich durch die vielfältigen, detaillierten Nachweise des Autors überzeugen lassen musste.

Es war diese Problematik, diese Erfahrung mit dem »Nichtglaubenkönnen« seiner unterschiedlichsten Gesprächspartner, die den Autor veranlasst haben, seine Nachforschungen immer weiter auszudehnen und in seiner Darstellung der Zusammenhänge und bei der Wiedergabe der Akteninhalte viel ausführlicher und umfangreicher zu werden, als er es zunächst geplant hatte: Um auch den letzten »Ungläubigen« von der Richtigkeit seiner Feststellungen und Bewertungen überzeugen zu können, musste er sehr tief in die Materie einsteigen und in die Breite gehen.

Als besonders schweres Hindernis bei der Sichtung und Auswertung der schier unendlichen Aktenberge erwies sich der Umstand, dass typischerweise die Namen der besonders interessanten Personen geschwärzt waren. Vor allem deshalb musste der Autor viele, weite Umwege gehen und immer neue Zusammenhänge erschließen, bis er schließlich sicher sein konnte, welche Person sich hinter welchem geschwärzten Namen verbirgt. Diese Bemühungen nahmen nicht nur sehr viel Zeit in Anspruch, sondern sie haben den Autor außerdem gezwungen, Akten viel umfangreicher zu zitieren, als er eigentlich vorhatte, um auf diese Weise rundherum gesicherte und glaubhafte Ergebnisse präsentieren zu können.

Ein besonderes Verdienst der Arbeit des Autors besteht meines Erachtens schließlich, speziell auch im Vergleich mit anderen Arbeiten über die Aktivitäten des MfS und seines Heeres an Mitarbeitern und sonstigen Zuträgern, darin, dass er – soweit ersichtlich – erstmalig und anschaulich das Verhältnis der Aktivitäten des sowjetischen Geheimdienstes KGB einerseits und der Aktivitäten des MfS und seiner Helfer andererseits herausgearbeitet hat: Während nämlich bisher davon ausgegangen wurde, dass diese beiden Dienste, vielfältig miteinander verzahnt, im Wesentlichen mit den gleichen Mitteln die gleichen Ziele verfolgten, zeigen die Nachforschungen des Autors ein grundlegend anderes Bild: Danach hatte der KGB von Anfang an durchgängig andere, nämlich wesentlich »größere« Ziele, die er mit anderen, vor allem längerfristigen Mitteln unbeirrt verfolgte, wobei die aktuellen konkreten Schritte konsequent dem langfristigen Ziel untergeordnet wurden, selbst auch, wenn dadurch gelegentlich der Eindruck von Inkonsequenz und Widersprüchlichkeit entstand und – zumindest scheinbare – Rückschläge in Kauf genommen wurden.

Typisch für dieses langfristig angelegte »perspektivische« Vorgehen des KGB war – in Kenntnis der Akten über die Vergangenheit von Dr. Götz Schlicht und seiner Aktivitäten während des Zweiten Weltkriegs im besetzten Polen – seine »Instrumentalisierung« als Kämpfer im »kalten Krieg« gegen den Westen. So wurde Schlicht zunächst als Oberrichter in der DDR dazu gebracht, unter den Augen der DDR-Polizei Hetz-Flugblätter gegen das DDR-Regime zu verteilen, dadurch seine Verhaftung mit anschließender Verurteilung zu einer zehnjährigen Gefängnisstrafe zu provozieren und sich während seiner Haftzeit unter großzügiger Freistellung von der Arbeitspflicht für seine späteren Aufgaben als IM Dr. Lutter vorzubereiten, um sodann nach fünf Jahren Haft von Hilde Benjamin großherzig begnadigt zu werden, mit dem konkreten Auftrag der Stasi, schnellstmöglich in den Westen »zu flüchten«, um dort – mit Hilfe bereits eingeschleuster »Vertrauensleute« wie Horst Erdmann und Walther Rosenthal – eine leitende Funktion im UfJ zu erlangen, die ihm die Möglichkeit eröffnete, als Berater von DDR-Flüchtlingen diese auszuhorchen und gegebenenfalls an das DDR-Regime zu verraten.

Verglichen mit diesem langfristig angelegten perspektivischen Vorgehen des KGB waren die Aktivitäten des MfS und seines weit verzweigten Unterbaus, geleitet durch ein tiefes Misstrauen gegen alles, was aus dem Westen kam und daher als unmittelbar gefährlich für das DDR-Regime eingestuft wurde, gekennzeichnet durch einen auf schnelle Erfolge zielenden Aktionismus, der deshalb auch vom KGB – etwa durch die regelmäßige Anwesenheit eigener »Berater« in der Leitstelle der DDR-Führungsoffiziere bei Treffen mit den von ihnen geführten IMs – sehr genau beobachtet und, wenn die Arbeit des MfS den Interessen des KGB zuwiderlief, ohne weiteres Aufheben geändert und auf den vom ihm gewollten Weg umgeleitet wurde.

Dieses Misstrauen gegenüber dem MfS, führte beispielsweise dazu, dass einzelne Personen, die einerseits als besonders wichtig und wertvoll für die eigene Arbeit angesehen wurden, denen man andererseits letztlich aber doch nicht so recht traute, gleichzeitig von beiden Diensten »geführt und betreut« wurden, die aber »offiziell« nichts voneinander wussten. Selbst dieses Übermaß an Misstrauen einerseits und entsprechender Kontrolle und Überwachung andererseits konnte aber – wie die Erfahrung gezeigt hat – Fehleinschätzungen und sonstige Fehler auf beiden Seiten letztlich nicht vermeiden, wozu schließlich wesentlich auch die Übergröße und Unübersichtlichkeit des gesamten Apparats beitrug.

Diese Zusammenhänge und grundsätzlichen Unterschiede hat der Autor bei seinen – notgedrungen – in die Breite und in die Tiefe gehenden Nachforschungen an vielen konkreten Beispielen aufzeigen können; das macht seine Arbeit über das unmittelbare Thema der Geschichte des UfJ und die Person des Dr. Götz Schlicht alias IM Dr. Lutter hinaus als Dokument der deutschen Nachkriegsgeschichte besonders interessant und unbedingt lesenswert.

Der Verfasser des Geleitworts wurde im Jahre 1935 in Nordhessen nahe der späteren »Zonengrenze« geboren und ist dort aufgewachsen, studierte nach seinem Schulabschluss in Bad Sooden-Allersdorf an der Marburger Philipps-Universität und an der Freien Universität Berlin Rechtswissenschaften, promovierte über das Recht der gemeindlichen Selbstverwaltung, war anschließend Wissenschaftlicher Assistent und Lehrbeauftragter in Marburg/Lahn, dort auch in mehreren Funktionen der akademischen Selbstverwaltung aktiv und wechselte dann als Richter in die hessischen Verwaltungsgerichtsbarkeit, von dort als wissenschaftlicher Mitarbeiter an das Bundesverfassungsgericht und schließlich 1981 als Richter bis zu seiner Pensionierung im Jahre 1998 an das Bundesverwaltungsgericht in Berlin, wo er an der Nahtstelle zwischen Ost und West zunächst das Nebeneinander der beiden deutschen Staaten und sodann die »Wende« und ihre mannigfachen Folgen in Ost und West intensiv miterlebte.

Berlin, den 15. Juni 2014
Dr. Gerhard Seibert

Prolog

Am 10. Dezember 1992 versandte die DPA (Deutsche Presse Agentur) die Mitteilung, dass ein hochkarätiger Stasi-Spion, Dr. Götz Schlicht, Deckname Dr. Lutter, identifiziert werden konnte:

Stasi-Spion mit Bundesverdienstkreuz

Bild

Am 11. Dezember 1992 erschien ein weiterer Bericht:

Enttarnt: Der Mann, der in Ost und West Orden einheimste

Berliner Morgenpost

Am 12. Dezember 1992 folgte der Artikel:

Der »liebe Onkel« und die toten Briefkästen für den Frieden

Frankfurter Rundschau

Am 18. Dezember 1992 erschien noch ein Nachzügler zu den Dezember-Berichten:

IM-Verdacht: Austritt aus dem »Objekt«

Berliner Morgenpost

Am Abend des 4. August 1993 verschickte die DPA gleich drei Fernschreiben zu der Spionagetätigkeit von Dr. Götz Schlicht im Notaufnahmelager Marienfelde. Als Quelle dieser Information wurde ein Bericht des MDR (Mitteldeutscher Rundfunk) im Fernsehmagazin »Wir« zitiert. Anscheinend konnten Mitarbeiter des MDR nach den ersten Berichten im Dezember 1992 weitere Recherchen in den IM-Akten des »Dr. Lutter« beim Bundesbeauftragten für die Unterlagen des Staatsicherheitsdienstes der ehemaligen Deutschen Demokratischen Republik (BStU) unternehmen und anhand ihrer Auswertung Details veröffentlichen, die bis dato nicht publiziert worden waren.

So konnte man am 5. August 1993 in Berliner Zeitungen lesen:

Stasi-Vorwürfe gegen Leiter in Marienfelde

Der Tagesspiegel

Rummel um Stasi-Spion – aber: BILD schrieb es schon 1992

Bild

Flüchtlinge bespitzelt

BZ

Aber auch auswärtige Zeitungen berichteten darüber:

MDR-Magazin »Wir« enthüllt: MfS-Spitzel bekam Bundesverdienstkreuz

Magdeburger Volksstimme

Orden aus Ost und West

Neue Zeit

Weitere Zeitungsberichte folgten am 6. August 1993:

Stasi-Spion: Verdienstkreuz futsch?

BZ

Verdienstkreuz aberkennen?

Berliner Morgenpost

Orden kann Spion aberkannt werden

Neue Zeit

»Dr. Lutter« unter Spionageverdacht

Frankfurter Allgemeine

Auch zu späteren Zeiten erschienen Veröffentlichungen in Zeitungen und Zeitschriften. So am 9. August 1993:

Porträt eines bösen Menschen Götz Schlicht. Die Ärmsten verraten.
Von allen kassiert. Von jeder Seite Orden

Bild

Drei Orden, zwei Verdienstkreuze
Die Karriere des Götz Schlicht alias Dr. Lutter in West und Ost

Der Spiegel

Am 13. August 1993:

Der Ratgeber war ein Verräter

Die Zeit

IM »Dr. Lutter«: Der Helfer, der die Flüchtlinge verpfiff

Berliner Morgenpost

Am 19. August 1993:

Mielkes gemeinste Wanze gesteht

Super Illu

Am 9. November 1993:

Beschuldigter soll 32 Jahre lang
Flüchtlinge ausgehorcht haben

Der Tagesspiegel

Zusammengefasst konnte man aus den gesammelten Artikeln folgendes erfahren: Im Archiv des BStU sind insgesamt elf Bände zu einem hochkarätigen Spion gefunden worden. Die BStU hat am 15. November 1992 schon fünf Ordner zu diesem Spion an den Generalbundesanwalt weitergeleitet. Dieser Inoffizielle Mitarbeiter mit Feindberührung (IMB) des Ministeriums für Staatsicherheit (MfS) hieß Götz Schlicht, alias IM »Dr. Lutter«. Götz Schlicht wurde 1908 geboren. Er hat Rechtswissenschaft studiert und war von 1930 bis 1933 Referendar beim Berliner Kammergericht. 1933 wurde er wegen seiner »nichtarischen Abstammung« fristlos entlassen. Danach arbeitete er für einen Verlag. Es gelang ihm, sich »arisieren« zu lassen, worauf er 1940 zum Polizeidienst eingezogen wurde. 1942 war er »Hitler-Offizier«. Nach der Entlassung aus der Kriegsgefangenschaft konnte er sein Jurastudium beenden und wurde Richter am Oberlandesgericht Potsdam und Dozent an der Volksrichterschule. Er wurde 1952 in Potsdam festgenommen, als er Flugblätter des Untersuchungsausschusses freiheitlicher Juristen (UfJ) verteilte. Er erhielt dafür eine Haftstrafe von zehn Jahren, wurde aber 1957 begnadigt, da er sich zu diesem Zeitpunkt für eine Mitarbeit mit dem MfS verpflichtet hatte. 1957 ist er in den Westen »geflüchtet« und war von 1957 bis 1970 Leiter der Beratungsstelle des UFJ im Notaufnahmelager Marienfelde. Danach war er Mitarbeiter der Bundesanstalt für gesamtdeutsche Aufgaben (BfgA) in Berlin. Nach seiner Pensionierung hatte er immer noch ein Zimmer dort, da er ehrenamtlicher Chefredakteur der Zeitschrift »Recht in Ost und West« war. Er spitzelte für das MfS 32 Jahre lang. Er soll Hunderte von DDR-Flüchtlingen in Marienfelde befragt habe und nicht nur Hunderte von Angehörigen und Freunden dieser Flüchtlinge ins Gefängnis gebracht, sondern nach dem Bau der Mauer auch Fluchtwege und Fluchthelfer an das MfS verraten haben. In den 80er-Jahren schrieb das MfS Briefe an IM Dr. Lutter, die anfingen mit »Lieber Onkel! ...« Unterschrieben waren sie mit »Dein Neffe«. Für seine Dienste erhielt er vom MfS monatlich 800,00 DM (West). Bei der Wiedervereinigung hatte er zusätzlich noch 143 000 DM auf DDR-Konten. Von der DDR wurde er mit insgesamt fünf Orden ausgezeichnet, darunter dem eines »Verdienten Mitarbeiters der Staatssicherheit«, der »Verdienst-Medaille der DDR« und dem »Kampforden für Volk und Vaterland in Gold«. Bundespräsident Richard von Weizsäcker zeichnete Götz Schlicht 1985 und 1991 für seine »Verdienste um Deutschland« mit dem Bundesverdienstkreuz aus.

Der Autor der vorliegenden Untersuchung war insgesamt fast 23 Jahre im amerikanischen, militärischen Geheimdienst tätig. Diese Tätigkeit prägte seine Sicht der Dinge in seinem Umfeld. Es war ihm deshalb möglich, bestimmte Tatbestände in seiner Recherche ganz anders zu bewerten als herkömmliche Historiker. Von 1980 bis 1990 war der Autor im Notaufnahmelager Marienfelde in der amerikanischen und britischen Sichtungsstelle, zuletzt als Leiter derselben, tätig. 1993 war er einer der Gründungsmitglieder des Vereins »Erinnerungsstätte Notaufnahmelager Marienfelde e.V.« Über viele Jahre war er zudem stellvertretender Vorsitzender dieses Vereins. 1992/93 wurde auch bekannt, dass Götz Schlicht unter dem Decknamen »Dr. Lutter« über beinahe 13 Jahre in der UfJ-Beratungsstelle im Notaufnahmelager unbehelligt für das MfS tätig war. Das führte schon bald zum Entschluss des Vereins, ein Forschungsvorhaben zum Thema »Das Notaufnahmelager Marienfelde im Visier der Stasi« in die Wege zu leiten. Es war deshalb selbstverständlich, dass der Autor für die Bearbeitung dieses Themas zuständig wurde. 2002 erschienen die ersten vier Bände als selbst erzeugte Broschüren der Erinnerungsstätte Notaufnahmelager Marienfelde zu diesem Thema. Die Broschüren befassten sich mit Details zu den zuständigen Aufklärern des MfS und deren Methoden zur Gewinnung von Informationen und Inoffiziellen Mitarbeitern (IM) im und um das Notaufnahmelager.

Ein weiterer Band dieser Schriftenreihe war zur Biografie von Götz Schlicht, alias IM »Dr. Lutter«, geplant. Die Archivrecherchen für diesen Band wurden anfänglich durch die Erinnerungsstätte Notaufnahmelager Marienfelde e.V. Berlin gefördert. Es konnten recht bald Hinweise erarbeitet werden, dass Götz Schlicht als SS-Polizeioffizier während des Krieges in Galizien an Auflösungen von Ghettos beteiligt gewesen war. Dieser Aspekt sprengte den Rahmen einer alleinigen Auswertung von BStU-Unterlagen. Wegen seiner jüdischen Abstammung wurde er 1933 als preußischer Beamter fristlos entlassen. Die Tatsache aber, dass jemand mit jüdischer Abstammung SS-Polizeioffizier werden konnte, bedeutete nun endgültig, dass der Rechercherahmen zu einer Biografie von Götz Schlicht stark erweitert werden musste.

2005 mussten die Recherchen über einen längeren Zeitraum wegen Krankheit des Autors unterbrochen werden. 2006 trat der Autor aus dem Vorstand des Vereins aus und widmete viel Zeit und Energie der Fortsetzung seiner Recherchen.

Dabei stieß er im Zusammenhang mit der Familie von Götz Schlicht bald auf merkwürdige Geschehnisse: Nachdem Götz Schlicht am 7. Mai 1952 in Potsdam verhaftet worden war, stellte seine angebliche Mutter, Frau Schoepe, am 16. Juni 1952 bei der Kampfgruppe gegen Unmenschlichkeit (KgU) in West-Berlin einen Suchantrag nach dem Verbleib von Schlicht, Götz-Heinrich, geb. 9.3.1908 in Berlin-Wilmersdorf. Zum ausgeübten Beruf von Götz Schlicht gab sie an: Dr. jur. Landgerichtsdirektor, Oberlandesgericht Potsdam. Zu seiner Verhaftung wurde notiert: »7.5.52, Potsdam (Verbreitung west. Zeitungen u. Verkehr mit west. Kollegen).« Er sollte sich in der Haftanstalt Potsdam befunden haben. Diese Angabe zu Götz Schlicht enthält einen wesentlichen Fehler: Der weitere Vorname von Götz Schlicht war nicht Heinrich, sondern Heinz. Man kann sich sehr schlecht vorstellen, dass eine Mutter nicht die richtigen Vornamen ihres Sohnes kennt. Es ist also anzunehmen, dass es sich bei der Person, die den Suchauftrag bei der KgU stellte, nicht um die leibliche Mutter von Götz Schlicht gehandelt hat, sondern um eine Person, die den Auftrag hatte, die Verhaftung von Götz Schlicht im Westen bekannt zu machen. In den MfS-Unterlagen konnte jedoch kein Hinweis gefunden werden, dass das MfS diesen Auftrag veranlasst hat.

Die Umstände seiner Verhaftung wegen der Verteilung von UfJ-Flugblättern, wie auch seine anschließende Inhaftierung, das Gerichtsverfahren und seine Entlassung enthalten viele sonderbare Fakten, die den Verdacht erhärten, dass das alles inszeniert wurde, um Götz Schlicht bei seiner späteren »Flucht« in den Westen als Opfer der DDR darzustellen. Zwei staatliche Stellen lieferten die Information, dass Götz Schlicht am 27. Mai 1957 an zwei verschiedenen Orten von zwei verschiedenen Ehefrauen geschieden wurde. Die BStU-Akten enthalten keinerlei Hinweise, dass das MfS für diese Ungereimtheiten zuständig war. Nach weiteren sehr merkwürdigen Feststellungen wurde es ziemlich klar, dass bei der Biografie von Götz Schlicht noch jemand anderes als das MfS im Spiel war. Um diese ungewöhnlichen Merkwürdigkeiten hervorzuheben und zu kennzeichnen wurde zunächst die Bezeichnung einer »zweiten Dimension« eingeführt.

Bei der systematischen Auswertung der BStU-Berichte von Götz Schlicht an den UfJ verdichteten sich weitere Hinweise, dass eine höhere Instanz die Tätigkeit des MfS kontrolliert haben muss und dass das MfS in seiner Bekämpfung des UfJ stark eingeschränkt war. So unterbreitete Götz Schlicht dem MfS mehrere Vorschläge zur Zerschlagung des UfJ. Diese wurden überhaupt nicht berücksichtigt. Das MfS zeigte keinerlei Interesse, so radikal gegen den UfJ vorzugehen. Angesichts dieser Tatsachen musste auch das Ziel, lediglich eine Biografie zu Götz Schlicht zu erarbeiten, neu überdacht werden, da diese mit Informationen überfrachtet worden wäre, die weit über die Lebensbeschreibung von Götz Schlicht hinausgehen.

Das führte zum Entschluss des Autors, die nicht biografischen Informationen in einem zweiten Band zu bündeln. Beruhend auf seiner Recherche wählte der Autor für den ersten Band den Titel: »Dr. Götz Schlicht – Im Dienste dreier Diktaturen« und für den zweiten Band: »Operation Falsche Flagge – Wie der KGB den Westen unterwanderte«. Die Bezeichnung »falsche Flagge« ist ein nachrichtendienstlicher Begriff. Er entstammt aus der Seefahrt, da Schiffe in früheren Jahren eine falsche Flagge hissten, um ihre wahre Identität zu verschleiern, damit sie sich Vorteile verschaffen konnten.

Der Autor ist Dr. Gerhard Seibert zu Dank verpflichtet, da dieser ihn zu bestimmten rechtlichen Sachverhalten klärend unterstützte.

Berlin, im Juni 2014
Arik K. Komets-Chimirri

Götz Schlicht – der familiäre Hintergrund

Gemäß einer beglaubigten Abschrift der Geburtsurkunde[1] wurde in der Wohnung der Eheleute Davidsohn, Johannisbergerstraße 11, Deutsch-Wilmersdorf, am 9. März 1908, vormittags um Drei-dreiviertel Uhr[2] ein Knabe geboren. Das Kind erhielt die Vornamen Heinz Götz.

Der Vater des Kindes ist der Kaufmann Rudolf Davidsohn, mosaischer Religion. Die Mutter ist Wilhelmine Ida Davidsohn, geborene Klante, evangelischer Religion. Ein Eintrag auf der Geburtsurkunde vom 9. Juli 1929 enthält folgenden Text:

> »Infolge Ermächtigung des preussischen Justizministers vom 25. Juni 1929 wird folgendes vermerkt, ›Der Student Heinz Götz Davidsohn, in Berlin-Wilmersdorf, geboren am 9. März 1908 daselbst, führt an Stelle des bisherigen Familiennamens den Familiennamen *Schlicht.*«[3]

Am 2. Januar 1930 verfasste Götz Schlicht einen Lebenslauf mit folgendem Inhalt, um sich als Referendar beim Kammergericht in Berlin zu bewerben:[4]

> »Lebenslauf
> Ich bin am 9. März 1908 zu Berlin-Wilmersdorf als Sohn des Kaufmanns Rudolf Davidsohn geboren. Ich besuchte von Pfingsten 1914 bis Michaelis 1919 die Goetheschule zu Berlin-Wilmersdorf, davon drei Jahre die Volksschule bis Ostern 1917. Von Michaelis 1919 bis Ostern 1926 besuchte ich die städtische Oberrealschule zu Potsdam, auf der ich die Reifeprüfung bestand. Im Anschluss daran studierte ich die folgenden beiden Semester auf der Universität Berlin, Sommersemester 1926 und Wintersemester 1926/27, besuchte dann die Universität Freiburg in den beiden darauffolgenden Semestern, um von Sommersemester 1928 bis Wintersemester 1929/30 an der Universität Berlin das Studium der Rechtswissenschaft zu beenden. Im augenblicklich bestandenen

---

1 Brandenburgisches Landeshauptarchiv, Rep 4A , Nr. 9005 (5332), S. 60
2 Gemeint ist hier wohl, 3:45 Uhr
3 Brandenburgisches Landeshauptarchiv, Rep 4A Nr. 9005 (5332), S. 60
4 Brandenburgisches Landeshauptarchiv, Rep 4A, Nr. 9005

Semester habe ich mich zwecks Ablegung der ersten juristischen Staatsprüfung beurlauben lassen. Ich habe darauf sieben Semester des Studiums der Rechtswissenschaft abgelegen [sic!]. Auf Grund familiärer Verhältnisse, die finanzielle Schwierigkeiten im Gefolge hatten, war im Winter 1924 eine Beendigung meiner Schullaufbahn auf der Oberrealschule zu Potsdam erheblich gefährdet, so dass ich gezwungen war, mir den größten Teil meines Lebensunterhalts bis zum Abiturium zu verdienen.

Meine besondere Vorliebe für mathematische, physikalische und besonders chemische Phänomene sollte sich jedoch im Studium der Naturwissenschaften nicht verwirklichen, da ich eine ausgesprochene Abneigung gegen den Lehrerberuf habe. So entschloß ich mich, Rechts- und Staatswissenschaften zu studieren, wo ich glaubte, meine Vorliebe für logisch folgerichtiges Denken auch erfüllter befriedigt zu sehen. Ich habe mich auch in dieser Annahme nicht getäuscht. Mein Studium stand von vornherein unter dem Unstern schwerster finanzieller Schwierigkeiten, die mich veranlassten, während der akademischen Ferien als Buchhandlungsgehilfe und während der Semester durch Erteilen von Nachhilfestunden den gesamten erforderlichen Aufwand für eine Durchführung des Studiums zu beschaffen. Nach erfolgter Großjährigkeit entschloß ich mich, den Namen meines Stiefvaters Schlicht anzunehmen, der sich nach besten Kräften meine Förderung hat angedeihen lassen. Da eine Adoption nicht möglich war, änderte ich den Namen ›Davidsohn‹ in ›Schlicht‹ unter dem 25. Juni 1929, um wenigstens äußerlich meine Gefühle eines Sohnes zum Wahlvater zum Ausdruck zu bringen. Infolge der intensiven Vorbereitung auf die Staatsprüfung war es mir nicht mehr möglich, in den erforderlichen Maßen meinen Unterhalt zu verdienen, so dass ich gezwungen war, mir ein Darlehen durch das deutsche Studentenwerk in Dresden zu verschaffen, das mir auch gewährt wurde. Für den Fall eines Bestehens der Staatsprüfung werde ich mich zum Vorbereitungsdienst melden, um später Richter zu werden, da ich für diesen Beruf eine besondere Neigung besitze.

Götz Schlicht

Berlin W15, Pfalzburgerstr. 74, bei Walz«

Es konnten keinerlei Hinweise zu familiären Problemen gefunden werden, auch nicht über finanzielle Schwierigkeiten, die das Abitur von Götz Davidson 1924 gefährdet hätten. Sehr interessant sind die Aussagen von Götz Schlicht, dass er

»eine ausgesprochene Abneigung gegen den Lehrerberuf« hatte und dass er später Richter werden wollte, da er »für diesen Beruf eine besondere Neigung« besaß. Diese beiden Aussagen spielen auch in seinem späteren Leben eine wichtige Rolle.

Am 23. Juni 1930 erhielt Götz Schlicht das Zeugnis, dass er die erste juristische Prüfung beim Kammergericht Berlin mit »vollbefriedigend« bestanden hat. Am 11. Juli 1930 wurde er vom Kammergerichtspräsidenten zum Referendar ernannt und am 4. August 1930 mit den Worten: »Ich schwöre Treue der Reichsverfassung« dienstlich vereidigt. Am 18. August 1933 wurde er mit einem Schreiben des Kammergerichtspräsidenten, beruhend auf dem Erlass vom 14. August 1933 – IIg 7,8/33, (Aktenzeichen des Preußischen Justizministeriums), auf Grund des § 3 Absatz I des Gesetzes zur Wiederherstellung des Berufsbeamtentums vom 7. April 1933 (RGBl. I, Seite 175), mit sofortiger Wirkung aus dem Justizdienst entlassen.[5] Der konkrete Grund für diese fristlose Entlassung war die Tatsache, dass alle Beamten und gleichgestellten Personen im Juni 1933 einen vierseitigen »Fragebogen zur Durchführung des Gesetzes zur Wiederherstellung des Berufsbeamtentums« ausfüllen mussten. Hier waren Fragen zur Person, inklusive der Konfession, früheren Konfessionen, wie auch zu den Eltern und Großeltern zu beantworten. Die wichtigste Frage war wohl: »Sind Sie arischer Abstammung?«. Alle diejenigen, die diese Frage mit »Nein« beantworteten, wurden entlassen.[6]

Diese Entlassung und die Tatsache, dass Götz Schlicht nicht Richter werden konnte, schienen ihn sehr zu empören. Man gewinnt den Eindruck, dass er von seinem Begehren, Richter zu werden, geradezu besessen war.

Dazu zum Beispiel folgendes:

Mit Schreiben vom 27. Februar 1943 erkundigte sich der Gerichtsreferendar a. D. Götz Schlicht beim Kammergericht, unter welchen Bedingungen eine Wiedereinstellung erfolgen würde, da er jetzt den Nachweis erbringen könne, dass Rudolf Israel Davidsohn nicht sein Vater sei. Sein Vater sei der rumänische General a. D. Wassilie Makarowitsch. Gemäß der Abstammungsurkunde des Reichssippenamts vom 22. Februar 1943, sei er jetzt deutschen oder artverwandten Blutes im Sinne der Ersten Verordnung zum Reichsbürgergesetz vom 14. November 1935 (RGBl. I, S. 1333). Weiterhin führte er auf, dass er am 15. April 1940 zur Polizeireserve einberufen worden sei und zurzeit im Warthegau als Zugwachtmeister und Offiziers-

5 Ebd.

6 Bundesarchiv Berlin, Personalakte Wieczorek, R 19, Nr. 765

anwärter der Reserve diene. Seine Einheit sei die 3. Kompanie des Polizeiwachbataillons in Posen. Er sei verheiratet und Vater von fünf Kindern.[7]

Da Götz Schlicht keine Antwort auf sein Schreiben an das Kammergericht erhielt, wandte er sich am 4. Februar 1945 noch einmal an das Reichsjustizministerium in Berlin. Er war jetzt Oberleutnant der Schutzpolizei der Reserve und Gerichtsoffizier in der Dienststelle mit der Feldpostnummer 59670C (Organisations-Stab, Stabs-Kompanie und Stabs-Fahrbereitschaft der Slowenischen Landwehr/Polizei)[8]. Er wiederholte noch einmal, dass er nun arischer Abstammung sei und kündigte an, er beabsichtige, die 2. Juristische Staatsprüfung abzulegen. Im August 1933 hätte er seinen Vorbereitungsdienst beenden können, wenn er nicht entlassen worden wäre. Er bat um die Mitteilung, unter welchen Umständen es möglich sei, diese Prüfung abzulegen. Ferner schrieb er, dass er seit fünf Jahren der Polizeireserve angehöre, verheiratet und Vater von sechs Kindern sei, von denen fünf am Leben wären.[9]

Götz Schlicht wollte also drei Monate vor Kriegsende, als schon ziemlich alles in Schutt und Asche lag, seine Wohnung in Berlin schon zweimal – im November 1943 und Januar 1944 – ausgebombt war[10] und die Rote Armee sich unaufhaltsam im Anmarsch auf die Stadt befand, noch sein 2. Staatsexamen ablegen. Man kann diesen Versuch nur so werten, dass er anscheinend der Meinung war, mit Ende des »Dritten Reiches« würde sich seine Möglichkeit, die 2. Juristische Staatsprüfung abzulegen, eher verschlechtern. Aller Wahrscheinlichkeit nach befürchtete er, dass die Sieger ihn wegen seines fünfjährigen Dienstes bei der Polizei von einer weiteren Karriere in der Justiz ausschließen könnten. Auffallend in beiden Schreiben ist die Tatsache, dass er seinen Polizeidienst und die Anzahl seiner Kinder erwähnt. Diese Informationen hatten im Grunde genommen nichts mit der Staatsprüfung zu tun. Götz Schlicht benutzte sie, um zu zeigen, dass er sich im Sinne des Nationalsozialismus verhielt. Er verteidigte das System als Polizist und wies darauf hin, dass er den Idealvorstellungen der Nationalsozialisten mit ihren Erwartungen auf Kinderreichtum Folge leistete. Er hoffte anscheinend, dass dies Anerkennung finden würde. Diese sich wiederholenden Bemühungen, seinen juristischen Vorbereitungsdienst endlich mit der 2. Staatsprüfung abzuschließen, deuten auf einen bestimmten uneinsichtigen Starrsinn hin: Er hatte sein Ziel und wollte es erreichen, ganz gleich, welche Mühen das kosten würde. Das Streben

---

7 Brandenburgisches Landeshauptarchiv, Rep 4A, Nr. 9005

8 Norbert Kanapin, Die deutsche Feldpostübersicht 1939–1945, Biblio Verlag, Osnabrück 1982, S. 50

9 Brandenburgisches Landeshauptarchiv, Rep 4A, Nr. 9005 (5332), S. 51a

10 Bundesarchiv Berlin, DP1 VA, Nr. 896

nach diesem Ziel prägte eindeutig sein weiteres Verhalten. Man ahnt schon, dass er diese Bemühungen nach Kriegsende fortsetzen wird. Mehr zu diesem Thema in späteren Abschnitten des Buches.

Die Eltern

Der Vater: Rudolf Davidsohn, geboren am 15. September 1881 in Augsburg; verstorben am 21. September 1953 in Berlin-Wilmersdorf; konfessionslos, früher mosaischer Konfession.[11] Ausgeübte Berufe: Hausverwalter, Kaufmann, Patentmakler, Immobilien- und Finanzmakler, zuletzt Eisenwaren-Einkäufer. Erste Ehe mit Wilhelmine Ida Klante. Zweite Ehe, ab 5. April 1918, mit Erna Millert. Er wohnte in Berlin und in Potsdam-Babelsberg.[12]

Da Rudolf Davidsohn zehn Jahre nach der Geburt seines Sohnes Götz wieder heiratete, ist anzunehmen, dass er sich schon Jahre davor von seiner ersten Ehefrau getrennt hatte. Dieser Umstand lässt die Annahme zu, dass sein Sohn Götz im Kindesalter wenig Kontakt zu seinem Vater hatte. Götz Schlicht selbst gab an, dass er seit 1925 keine Kenntnis davon hatte, wo sein Vater wohnte.[13] In seinem Aufnahmeantrag (Datum nicht bekannt) in die Vereinigung der Verfolgten des Naziregimes (VVN)[14] schrieb Rudolf Davidsohn, dass er während der Nazi-Zeit nicht arbeiten durfte, da er Jude war. Er wurde auch dreimal verhaftet, im November 1938 für drei Tage, 1940 für vier Monate und 1945 für zweieinhalb Monate. Er hatte zwei Schwestern, die im KZ Ravensbrück ermordet wurden. Seine zweite Ehefrau soll ebenfalls verfolgt worden sein. Aufgrund des genannten Antrags erhielt Rudolf Davidsohn am 13. August 1947 den Mitgliedsausweis Nr. 1022.[15] Als am 26. Juni 1949 ein Kassierer der VVN versuchte, den Monatsbeitrag bei Rudolf Davidsohn zu kassieren, mit dem er schon lange Zeit im Rückstand war, erklärte dieser, dass er nicht daran denke zu zahlen, da er nicht als Opfer des Faschismus anerkannt werde und auch bisher keinerlei materielle Vergünstigung erhalten habe. Der Kassierer fertigte dementsprechend eine schriftliche Notiz an, die dem VVN-Vorstand zu-

---

11 Brandenburgisches Landeshauptarchiv, Rep 203, Nr. PA72, und Schreiben des Landesarchivs Berlin, 19.11.2002

12 Schreiben des Landesarchivs Berlin vom 19.11.2002

13 BStU, Potsdam-AU317/52, Handakte, BStU Bl. 6

14 Brandenburgisches Landeshauptarchiv, Rep. 333, SED-Landesvorstand Brandenburg, Nr. 1039, 8122-5869/02

15 Ebd.

geschickt wurde.[16] Bei einer Aussprache am 27. Oktober 1949 im VVN-Sekretariat Potsdam, bestätigte Rudolf Davidsohn, dass sich alles so verhalte, wie es der Kassierer aufgeschrieben habe.[17] Daraufhin wurde ihm mitgeteilt, dass er unter diesen Umständen nicht länger Mitglied bleiben könne, und sein Mitgliedsbuch wurde ihm wieder abgenommen.[18] Seltsamerweise enthält sein Antrag auf Mitgliedschaft auf der letzten Seite noch einen Vermerk: »Wegen krimineller Delikte aberkannt. H. Löwenstein. 10. VIII. 48«.[19]

Eine Erklärung für diesen Vermerk könnte der Sonderbericht über die Arbeit der Polizei im Land Brandenburg während des zweiten Vierteljahres 1948 liefern. Dieser Bericht mit dem Datum vom 15. Juli 1948 wurde vom Landeskriminalamt Brandenburg angefertigt.[20] Darin wird berichtet, dass am 7. Juni 1948 aus einem volkseigenen Betrieb in Babelsberg unter anderem ca. zwei Zentner Hufnägel und ca. zwei Zentner Gebrauchsnägel von zwei Haupttätern und sieben Mittätern gestohlen worden sind. »Ein Teil dieser Sachen wurde dann bei dem ... Eisenwarenhändler ›Da.‹ [Rest geschwärzt, d. A.] in Babelsberg veräußert.«[21] Sämtliche Personen sind verhaftet worden und sahen ihrer Bestrafung entgegen. Dass zu diesem Zeitpunkt mehrere Eisenwaren-Einkäufer in Babelsberg existierten, deren Namen mit den Buchstaben »Da.« anfingen, ist zu bezweifeln.

In der Nachkriegszeit ist Rudolf Davidsohn mehrfach zwischen Babelsberg in der SBZ/DDR und West-Berlin hin und her gezogen.[22] Am 27. Juli 1953 »floh« er dann endgültig aus Babelsberg nach West-Berlin, wo er sich im Notaufnahmelager Marienfelde meldete, um die Erlaubnis zum Aufenthalt in Berlin zu bekommen. Während des Aufnahmeverfahrens ist er am 21. September 1953 in Berlin-Wilmersdorf verstorben. In seinem VVN-Antrag hatte Rudolf Davidsohn noch ein Herzleiden angegeben.

Seine zweite Ehefrau war Erna Davidsohn, geb. Millert, geboren am 5. April 1892 in Neubabelsberg, evangelisch. Anfang der 50er-Jahre pendelte sie, ebenfalls wie ihr Ehemann, mehrfach zwischen Babelsberg und West-Berlin. Am 27. Juli 1953 ließ sie sich in West-Berlin als politischer Flüchtling unter der Nummer 257 441 re-

---

16 Ebd.
17 Ebd.
18 Ebd.
19 Ebd.
20 Brandenburgisches Landeshauptarchiv, Rep. 404/15, BDVP Pdm, Nr. 74
21 Ebd.
22 Schreiben des Landesarchivs Berlin: Recherche in der historischen Meldekartei von 1875–1960, 19.11.2003

gistrieren.[23] Es ist nicht bekannt, wieso sie später wieder in die DDR zurückkehrte. Sie kam dann am 30. Mai 1963 ein zweites Mal nach West-Berlin und meldete sich im Notaufnahmelager Marienfelde mit einer legalen Ausreisegenehmigung der DDR.[24] Am 18. Juni 1972 ist sie in Berlin-Zehlendorf verstorben.[25]

Der Sohn Rudolf Davidsons aus zweiter Ehe: Peter Davidsohn wurde am 4. Dezember 1919 in Berlin geboren. In seinem Aufnahmeantrag in die VVN (Datum nicht bekannt)[26] machte Peter Davidson folgende Angaben: Erlernte Berufe: Rohrleger, Bauklempner, Installateur und Schlosser ohne Prüfung. Gegenwärtiger Beruf: selbstständiger Kaufmann in Eisen- und Wirtschaftswaren. Bei Antragstellung war er nicht verheiratet. Er gab an, dass er vom 7. November 1944 bis zum 13. April 1945 zur Zwangsarbeit herangezogen wurde. Während dieser Zeit war er am Flughafen Zerbst und in der Umgebung tätig. Vom 14. bis 23. April 1945 lebte er illegal in Babelsberg. Zwei Tanten von ihm verstarben im (KZ) Ravensbrück. Unter der Rubrik Bemerkungen gab Peter Davidson an:

> »Mein Vater ist Rasse-Jude, meine Mutter Arierin, ich Mischling 1. Grades (ev.). Aufenthaltskontrollen übten aus: Gestapo-Potsd. (Insp. Grott), Bln. Hamburgerstr. (über wohnen) Bln. Kurfürstenstr. (über öffentliche Einrichtungen, wie Kino, Radio, Restauration etc.) Bln. Französischestr. (über Arbeitverhältnis u. Art). Sonst ›genoss‹ ich die üblichen Schikanen der Parteiorganisationen u. civilen Ämter. Wir wurden ausgebombt am 23.11.1943. Es erübrigt sich zu erwähnen, was mir ersetzt wurde. Ich wurde durch Einweisung Eisenwarenhändler, musste bis zum Kupferpfennig das Geschäft bezahlen u. genieße nach wie vor fast überall Voreingenommenheit, was mich abhielt, mich zu organisieren. Ich gebe mir die größte Mühe in allen Dingen, doch gegen Gummipolitik meiner Mitmenschen bin ich, wie im Dritten Reich, machtlos. Durch Kredite bezahle ich mein Geschäft.
> Gez. Peter Davidsohn«

Am Ende seines Antrags ist vermerkt: »Ausgeschlossen«.

Dass beide Davidsohns überhaupt die Nazi-Zeit überlebten, lag daran, dass Rudolf Davidsohn mit einer deutschen, evangelischen Frau verheiratet war und

---

23 Ebd.

24 Karteikarte aus dem Aufnahmelager Marienfelde

25 Schreiben des Landesamts für Bürger- und Ordnungsangelegenheiten vom 11.02.2005

26 Brandenburgisches Landeshauptarchiv, 8122-5869/02, Rep. 333, SED-Landesvorstand Brandenburg, Nr. 1039

der Sohn eine deutsche Mutter hatte. Es handelte sich um eine »privilegierte Mischehe«, wenn aus der Ehegemeinschaft zwischen dem »jüdischen« und dem »deutsch-blütigen« Teil eheliche Kinder entstammten und die Familie keine Verbindung zur jüdischen Kultusgemeinde pflegte. Solche »Mischehen« bzw. »Mischfamilien« blieben in den meisten Fällen vorerst verschont. In »privilegierten Mischehen« wurde der jüdische Ehepartner von der im September 1941 erlassenen Verordnung ausgenommen, nach der alle als »Juden« definierten Personen ab dem sechsten Lebensjahr zum Tragen des Judensterns verpflichtet wurden. Nicht privilegiert blieb der männliche jüdische Ehepartner einer kinderlosen »Mischehe«, dieser musste den Judenstern tragen. Der »jüdische Teil« einer Mischehe blieb bis 1945 von Deportationen ausgenommen und von einigen Sondererlassen, wie dem Verbot von Vermögensübertragungen oder der Haustierhaltung, verschont. Die Nationalsozialisten wollten das Problem der »Mischehen« erst nach dem »Endsieg« lösen.[27]

Peter Davidsohn kritisierte genauso wie sein Vater, dass er als Verfolgter des Naziregimes überhaupt keine Anerkennung für das erlittene Leid erhielt. Darüber hinaus beschwerte er sich, dass er durch das neue Regime keine Unterstützung bekam, um sein Leben neu zu gestalten. Anscheinend existierte innerhalb der VVN ein Zweiklassensystem. Diejenigen, die als Kommunisten verfolgt wurden, erhielten Unterstützung, andere kaum. Es ist deshalb überhaupt nicht überraschend, dass Peter Davidsohn, noch vor seinem Vater, im Jahre 1950 (genaues Datum nicht bekannt)[28], nach West-Berlin flüchtete. Er lebte dort noch, als sich seine Mutter 1963 im Notaufnahmelager meldete.[29]

Wenn es Götz Schlicht nicht gelungen wäre, sich »arisieren« zu lassen, wäre es ihm mit größter Wahrscheinlichkeit ähnlich ergangen wie seinem Halbbruder Peter. Denn Götz Schlicht war aus Sicht der Nationalsozialisten ebenso ein »Mischling 1. Grades«.

Götz Schlichts Mutter: Wilhelmine Ida Schoepe, geb. Klante, gesch. Davidsohn, gesch. Schlicht, wurde am 9. August 1884 in Münsterberg geboren; Beruf: Opernsängerin[30] (gemäß Auskunft eines Familienangehörigen war sie aber nur Opern-

27 Wikipedia, (01.05.2006, Stichwort: Mischehen)
28 Schreiben des Stadtarchivs der Landeshauptstadt Potsdam vom 19.04.2004
29 Karteikarte von Erna Davidsohn aus dem Aufnahmelager Marienfelde
30 Mündliche Auskunft zum Beruf: Verwaltungsarchiv, Landkreis Havelland, Oranienburg

Soubrette[31]), evangelischer Religionszugehörigkeit. Sie ist am 1. Dezember 1960 mit ihrem dritten Ehemann, Hugo Reinhold Schoepe,[32] aus Falkensee nach West-Berlin geflüchtet und am 19. Januar 1962 in Berlin-Kreuzberg verstorben.[33] Da keine Karteikarte zu ihr und ihrem Ehemann im ehemaligen Notaufnahmelager Marienfelde gefunden werden konnte, ist anzunehmen, dass sich das Ehepaar dort nach seiner Flucht nicht gemeldet hat. Das ist durchaus als ungewöhnlich einzustufen. Möglicherweise waren beide zum Zeitpunkt ihrer Flucht schon so gebrechlich (sie war 76 Jahre alt, er 80 Jahre), dass ihre Aufnahmeformalitäten als DDR-Flüchtlinge nach ihrer Ankunft in West-Berlin schriftlich erfolgten. Wenn nur einer von ihnen gebrechlich gewesen wäre, so hätte der andere Ehepartner das Aufnahmeverfahren für beide in Marienfelde durchführen müssen.

In der Gnadenakte des DDR-Justizministeriums zu ihrem Sohn Götz Schlicht[34] befindet sich ein Schriftwechsel zwischen Wilhelmine Schoepe und den zuständigen DDR-Behörden. So schrieb sie in einem Brief an den Staatsanwalt des Bezirks Potsdam vom 26. März 1956 folgendes über sich:

> »Über mich selbst möchte ich Ihnen eine kurze Charakteristik geben. Ich bin die Tochter eines Bauern und war bis zum 17. Lebensjahr im Elternhaus und in der Bauernwirtschaft tätig. Seit 1927 gehöre ich der SPD an und bin dann bei der Verschmelzung in die SED übergegangen, welcher ich bis zum heutigen Tag noch angehöre. Seit Bestehen der DSF bin ich bis zum heutigen Tag auch Mitglied derselben.
>
> Sechs Jahre bin ich Vorsitzende des Konsum-Ausschusses in Nauen resp. in Falkensee. Auch bin ich in der glücklichen Lage, die Gründerin des Kulturbundes zur demokratischen Erneuerung Deutschlands in Nauen zu sein, welche ich als erste Vorsitzende 2 ½ Jahre lang betreute. Zur gleichen Zeit war ich bei der Gründung des DFD im Jahre 1946 in Nauen dabei und bin noch heute reges Mitglied. Ferner möchte ich noch erwähnen, dass ich ebenfalls schon 4 Jahre mit allen vorkommenden Arbeiten eines großen Bezirks als Hausvertrauensmann betraut worden bin. Trotz meines hohen Alters von 72 Jahren gehöre ich den oben erwähnten Organisationen noch selbstlos ehrenamtlich an, und habe nie Arbeiten und Mühe gescheut. Sie ersehen nun, dass ich wohl

---

31 Auskunft des Sohnes E. Schlicht, 08.11.2007

32 Schreiben des Kreis- und Verwaltungsarchivs, Landkreis Havelland, vom 28.02.2008

33 Schreiben des Landesamts für Bürger- und Ordnungsangelegenheiten vom 11.02.2005

34 Bundesarchiv Berlin, DA 4, Bd. 1331, S. 289–293

alle Sorgen und Nöte unserer Bauern und Arbeiter kenne und nicht nur meine eigenen Interessen vertrete.«[35]

Nachdem ihr mitgeteilt wurde, dass ihr Sohn Götz Schlicht zu diesem Zeitpunkt nicht begnadigt werden könnte, schrieb sie am 11. Mai 1956 ein weiteres Gnadengesuch an den Präsidenten der DDR, den »Genossen Wilhelm Pieck«. Diesmal schrieb sie aus der Perspektive einer Mutter:

> »[...] geschieht dieses aus innerstem Herzensbedürfnis. Ich bin [...] so deprimiert. Sie werden eine Mutter verstehen, die in der noch kurzen Spanne Lebenszeit mit allen Fasern ihres Herzens an ihrem einzigen Sohn hängt; abgesehen von der großen Familie meines Kindes, die den Vater entbehrt.«[36]

Bedauerlicherweise gibt es keine Angaben über die Zeit vor 1945. Es wäre durchaus interessant zu erfahren, was die Mutter in den 50 Jahren davor erlebt und gemacht hat. Nach ihrem Sprachgebrauch ist davon auszugehen, dass sie schon eine fortführende Schule besucht hat. Sie scheint eine ziemlich resolute und gesellschaftlich aktive Frau gewesen zu sein. Eins steht jedenfalls fest: Götz Schlicht war ihr einziges Kind und sie liebte ihn sehr.

Ihr erster Ehemann war Rudolf Davidsohn, ihr zweiter Ehemann war Hans Schlicht, geboren am 26 Juli 1886 in Berlin; Beruf: Beamter. Er war im Finanzamt tätig.[37] In einem Personalfragebogen gab Götz Schlicht an, dass Hans Schlicht Regierungsrat gewesen ist.[38] Wie seine Ehefrau war er vor 1933 auch in der SPD organisiert und sogar Kreistagsabgeordneter der Partei.[39] Hans Schlicht ist am 27. Juni 1960 begleitet von seiner neuen Ehefrau aus Falkensee nach West-Berlin geflüchtet.[40] In seinem Lebenslauf vom 2. Januar 1930 schrieb Götz Schlicht das Folgende zu seinem Verhältnis zum Stiefvater:

> »Nach erfolgter Großjährigkeit entschloß ich mich, den Namen meines Stiefvaters Schlicht anzunehmen, der sich nach besten Kräften meine Förderung

35 Ebd., S. 293

36 Ebd., S. 291

37 Brandenburgisches Landeshauptarchiv, Rep. 203 PA72 (Sch/7988/86), S.59, Schreiben von Götz Schlicht vom 07.01.1946

38 Ebd., S. 8, ausgefüllter Personalfragebogen von Götz Schlicht vom 30.04.1946

39 Ebd.

40 Karteikarte von Hans Schlicht aus dem Aufnahmelager Marienfelde

hat gedeihen lassen. Da eine Adoption nicht möglich war, änderte ich den Namen ›Davidsohn‹ in ›Schlicht‹ unter dem 25. Juni 1929, um wenigstens äußerlich meine Gefühle eines Sohnes zum Wahlvater zum Ausdruck zu bringen.«[41]

Diese Aussage lässt die Annahme zu, dass die prägende Vaterfigur von Götz Schlicht eher sein Stiefvater Hans Schlicht als sein leiblicher Vater Rudolf Davidsohn gewesen ist. Mit großer Wahrscheinlichkeit hatte Götz Schlicht seit seiner frühen Jugend kaum Kontakt zu seinem leiblichen Vater und wuchs in einer christlichen Familie auf, die keinerlei Kontakte zu der jüdischen Gemeinde hatte. In seinem Personalfragebogen vom 5. April 1946 gab Götz Schlicht an, dass seine Religionszugehörigkeit »evangelisch« ist.[42]

Der dritte Ehemann der Mutter von Götz Schlicht war Hugo Reinhold Schoepe, geboren am 2. April 1880 in Rawitsch, (heute Rawicz in Polen). Die Ehe wurde am 9. Februar 1952 geschlossen, zu einem Zeitpunkt als Wilhelmine Schlicht 64 Jahre alt war und Hugo Schoepe 72.[43] Wie schon erwähnt, flüchtete das Ehepaar am 1. Dezember 1960 nach West-Berlin.

Nachdem Götz Schlicht am 7. Mai 1952 in Potsdam verhaftet worden war, stellte eine Frau Schoepe am 16. Juni 1952 bei der Kampfgruppe gegen Unmenschlichkeit in West-Berlin einen Suchantrag nach dem Verbleib von Schlicht, Götz-Heinrich, geb. 9.3.1908 in Berlin-Wilmersdorf. Zum ausgeübten Beruf von Götz Schlicht wurde angegeben: Dr. jur. Landgerichtsdirektor, Oberlandesgericht Potsdam. Zu seiner Verhaftung wurde notiert: »7.5.52, Potsdam (Verbreitung west. Zeitungen u. Verkehr mit west. Kollegen).« Er sollte sich in der Haftanstalt Potsdam befinden. Fr. Schoepe gab ferner an, dass ihre Adresse bei Fr. Corth, Berlin-Lichterfelde West, Potsdamerstr. 31 wäre.[44] Unwahrscheinlich dabei ist, dass eine Mutter nicht die richtigen Vornamen ihres Sohnes kennt, denn Götz Schlichts zweiter Vorname war nicht Heinrich, sondern Heinz. Insofern ist zu vermuten, dass es sich bei der Person, die den Suchauftrag bei der KgU stellte, nicht um die leibliche Mutter von Götz Schlicht gehandelt hat, sondern um eine Person, die den Auftrag hatte, die Verhaftung von Götz Schlicht auf diese Weise im Westen bekannt zu machen. In den Unterlagen des Ministeriums für Staatssicherheit der DDR konnte allerdings

41 Brandenburgisches Landeshauptarchiv, Rep 4A, Nr. 9005

42 Bundesarchiv Berlin, DP1 VA, Nr. 896

43 Schreiben des Verwaltungsarchivs, Landkreis Havelland, vom 06.04.2004

44 Bundesarchiv Koblenz, B289/Nr. 9277: SA177/18/14

kein Hinweis dazu gefunden werden. Bei der Gründlichkeit der »Genossen« dort wäre es erstaunlich, wenn so ein wichtiger Fakt nicht notiert worden wäre. Deshalb geht der Autor hier von einem ersten Hinweis auf eine verborgene Instanz im Hintergrund aus, die hier als »zweite Dimension« bezeichnet wird.

Die Ehen

Götz Schlicht heiratete am 21. Oktober 1931 in Berlin-Wilmersdorf Gertrud Anna Auguste Six, geb. 26. Februar 1911, die Tochter des Obersekretärs Heinrich Six.[45] Interessant ist die Tatsache, dass diese Trauung in der Kirche der Evangelischen Auengemeinde in Berlin-Wilmersdorf stattfand. Dies könnte gemäß der kirchlichen Regeln bedeuten, dass Götz Schlicht getauft war. Ein Taufeintrag in Berlin-Wilmersdorf konnte jedoch nicht gefunden werden. Eine solche Taufe hätte aber auch in einem anderen Bezirk oder sogar außerhalb Berlins stattgefunden haben können.[46] Die Ehe wurde am 3. Dezember 1934 geschieden.[47]

Aus dieser Ehe stammt die Tochter Hannelore Waltraud Schlicht, geb. 28. April 1932 in Berlin-Wilmersdorf. Sie war beruflich tätig als Hausangestellte, Kontoristin und Postangestellte und verstarb am 20. November 1955 in West-Berlin.[48]

Knapp vier Monate nach der Scheidung heirate Götz Schlicht am 23. März 1935 in der Freien Stadt Danzig Käte Anna Martha Gurr, geb. 4. Oktober 1914 in Zuckau, Kreis Karthaus, Westpreußen. Sie verstarb am 7. April 1997 in Bad Driburg.[49]

Käte Gurr wohnte bis 1935 überwiegend in der Heimatstraße 11, Danzig-Langfuhr[50], im Haus ihrer Eltern.[51] Nach ihrer Eheschließung mit Götz Schlicht wohnten beide zunächst zusammen in Berlin-Schöneberg. Vor ihrer Ehe war Käte Gurr als Angestellte bei der Buchhandlung Stilke in Danzig tätig. Nach ihrer Übersiedlung

---

45 Evangelische Kirche Berlin-Brandenburg-Schlesische Oberlausitz, Landeskirchliches Archiv, Schreiben vom 21.09.2004

46 Ebd.

47 Anklageschrift des Bundesgeneralanwalts gegen Dr. Heinz Götz Schlicht, 3 BJs 1520/92-3 (360)/3 Ste 13/93-3 (5), 15.10.1993, S. 18 (Kopie vom Bundesgeneralanwalt zur Verfügung gestellt)

48 Stadt Velbert, Der Bürgermeister/Servicebüro, Telefonische Auskunft, 29.07.2004

49 Schriftliche Aussage des Sohnes von Götz Schicht vom 18.11.2007

50 Staatsarchiv Ludwigsburg, Entnazifizierung Meldebogen von Käte Schlicht vom 23.04.1946, EL 901/10 Bü 100

51 Aussage des Sohnes von Götz Schlicht vom 14.11.2007

nach Berlin war sie Hausfrau.[52] Beide, Käte wie auch Götz Schlicht, waren in einer Verlagshandlung mit dem Namen, »Stilke«, tätig.[53] Es ist zu vermuten, dass beide Geschäfte, eventuell sogar noch weitere, ein und demselben Eigentümer gehörten. Während Götz Schlicht bei »Stilke« in Berlin beschäftigt war, arbeitete Käte Schlicht bei »Stilke« in Danzig. Möglicherweise haben sich die beiden »Kollegen« bei einer Urlaubsvertretung oder ähnlichem, entweder bei »Stilke« in Berlin oder in Danzig, getroffen. Dass die Eheschließung in Danzig stattfand, könnte einen zusätzlichen Grund gehabt haben. Danzig war zu dieser Zeit nicht Teil des Deutschen Reiches. Die Nürnberger Gesetze (Nürnberger Rassengesetze) wurden erst im September 1935 eingeführt. Die Nationalsozialisten hatten aber schon seit den 1920er Jahren das Verbot von »Mischehen« (zwischen Juden und Nichtjuden) gefordert. Es ist durchaus möglich, dass Götz Schlicht aus der damaligen politischen Entwicklung die Schlussfolgerung zog, dass solche Mischehen, soweit sie im Reichsgebiet geschlossen worden waren, eventuell in der Zukunft nicht mehr anerkannt sein würden. Solche Überlegungen existierten tatsächlich im »Dritten Reich«. Anfang 1942 wurde bei der Wannsee-Konferenz die Deportation der jüdischen Ehepartner als Ziel genannt. Kurz darauf wurde in einer Folgekonferenz auf Referentenebene von dem nationalsozialistischen Verwaltungsjuristen Wilhelm Stuckart der Änderungsvorschlag eingebracht, solche Mischehen zwangsweise zu scheiden.[54]

Aus der zweiten Ehe von Götz Schlicht stammen folgende Kinder: die Tochter I., geb. 1936 in Berlin, der Sohn E., geb. 1940 in Berlin, die Tochter U., geb. 1941 in Berlin, und die Tochter C. R., geb. 1943 in Berlin.[55] Ein Sohn ist im Alter von sechs Monaten 1937 verstorben.[56]

Soweit zu überblicken ist, wohnte die Familie überwiegend in Berlin. Im November 1943 ist die damalige gemeinsame Wohnung durch Luftangriffe zerstört worden, und eine weitere Wohnung, in der sich die verbliebenen Wohnungsgegenstände befanden, wurde in der Nacht vom 30. zum 31. Januar 1944 zerstört.[57] Käte Schlicht gab aber in ihrem Meldebogen vom 23. April 1946 an, dass sie mit den Kindern schon 1943 zu ihrer vorherigen Anschrift, in ihr Elternhaus in Dan-

52 Staatsarchiv Ludwigsburg, Entnazifizierung Meldebogen von Käte Schlicht vom 23.04.1946, EL 901/10 Bü 100

53 Brandenburgisches Landeshauptarchiv, Rep. 203 PA72 (Sch/7988/86), S.6

54 Wikipedia (ca. 30 Angaben zu dem Begriff »Mischehe«)

55 Verwaltungsarchiv, Landkreis Havelland, Schreiben vom 25.03.2004

56 Bundesarchiv Berlin, DP1 VA 896, Lebenslauf von Götz Schlicht, 04. 04.1946

57 Brandenburgisches Landeshauptarchiv, Rep. 4 A Nr. 9005

zig-Langfuhr, umgezogen war. Sie hielt sich hier bis (Ende?) 1944 auf[58] und floh dann mit den Kindern vor der anrückenden Roten Armee in Richtung Westen. Bei der Flucht wurde die 1936 geborene Tochter I. von der Familie getrennt. Diese Tochter wurde am 6. August 1945 aus Berlin kommend in Bad Freienwalde, Frankfurter Straße 73, angemeldet.[59] Heute befindet sich unter dieser Anschrift das Waldhaus, eine Wohnstätte für junge und erwachsene Menschen mit Behinderung. Die Einrichtung untersteht der Stephanus-Stiftung. In der Einrichtung, die schon in den 1940er Jahren der Evangelischen Kirche unterstand, sollen nach Kriegsende bis zu 500 Kinder und Jugendliche betreut worden sein, die in den Kriegswirren ihre Familien verloren hatten.[60] Schlichts Tochter war in dieser Einrichtung bis zum 11. Juli 1951. Gemäß der Aussage ihres Bruders E. konnte sie erst durch das Deutsche Rote Kreuz gefunden werden. Nachdem sie gefunden worden war, zog sie zur Mutter und ihren Geschwistern nach Falkensee und war wieder mit der Familie vereint.[61]

Käte Schlicht wurde zu einem unbekannten Zeitpunkt mit ihren Kindern E., U. und C. in einem Flüchtlingslager in Meerane, Sachsen, aufgenommen.[62] Mit aller Wahrscheinlichkeit konnte sie ihrem Mann in Laibach noch mitteilen, dass sie sich mit den drei Kindern nun dort aufhielt. Diese Annahme beruht auf der Tatsache, dass ein von Götz Schlicht in Laibach geschriebener Brief mit dem Datum vom 4. Februar 1945 und einem Eingangsstempel vom 16. Februar 1945 beim Reichsjustizministerium in Berlin einging.[63] Die Post funktionierte also noch Anfang 1945. Götz Schlicht hielt sich Ende 1945 ebenfalls in Meerane auf, da eine beglaubigte Abschrift seiner Geburtsurkunde aus Meerane vorliegt, die dort am 5. Dezember 1945 angefertigt wurde.[64] Eine polizeiliche Anmeldung konnte weder von Götz Schlicht noch von seiner Ehefrau und den Kindern in Meerane gefunden werden.[65] Die Familie ist von dort weiter nach Oggenhausen (heute ein Stadtteil von Heidenheim), Württemberg, gezogen, wo sie am 12. Februar 1946 polizeilich gemeldet war. Käte Schlicht wohnte in Oggenhausen mit ihren drei Kindern bis zum 5. August

58 Staatsarchiv Ludwigsburg, Entnazifizierung Meldebogen von Käte Schlicht vom 23.04.1946, EL 901/10 Bü 100
59 Landkreis Märkisch-Oderland, Landratsamt, Schreiben vom 08.04.2004
60 Stiftungsgemeinschaft St. Elizabeth-Stephanus, Berlin, telefonische Auskunft (Ruth Scholz) vom 02.04 2007
61 Aussage des Sohnes E. Schlicht vom 08.11.2007
62 Ebd.
63 Brandenburgisches Landeshauptarchiv, Rep 4A Nr. 9005 (5332), S. 51a
64 Ebd., S. 60
65 Landkreis Chemnitzer Land, Landratsamt, Kreisarchiv, Schreiben vom 17.03.2004

1949. Zu diesem Zeitpunkt gab sie beim dortigen Meldeamt an, mit ihren Kindern nach Finkenkrug, Brandenburg, SBZ, ziehen zu wollen.[66]

Es stellt sich jedoch die Frage, wieso Käte Schlicht 1946 nach Oggenhausen in die unmittelbare Nähe von Heidenheim gezogen ist. Die Antwort: Ihr Ehemann Götz Schlicht wohnte schon in Heidenheim. Am 11. Juli 1945 ist er aus amerikanischer Kriegsgefangenschaft in Wasseralfingen, Kreis Aalen [67] (ca. 25 km nördlich von Heidenheim) entlassen worden und hatte sich anschließend nach Heidenheim begeben. Dort wurde er am 20. August 1945 als »Zuzug aus der Wehrmacht« registriert.

Wie gelang es Götz Schlicht überhaupt unmittelbar nach Kriegsende seine Frau und Kinder wiederzufinden? Der Postverkehr zwischen den einzelnen Besatzungszonen (Interzonenpostverkehr) begann gemäß einem Alliierten Kontrollratsbeschluss erst am 24. Oktober 1945.[68] Götz Schlicht befand sich in der amerikanischen Zone, seine Familie befand sich in der sowjetischen Zone. Einen Telefonverkehr gab es zu dieser Zeit mit Sicherheit nicht. Theoretisch wäre es möglich gewesen, dass Götz Schlicht am 24. Oktober 1945 einen Brief an seine Frau in Meerane geschickt hat, eine Antwort von ihr erhielt und sich am 5. November 1945 »auf Reisen« machte.[69]

Käte Schlicht ist, nachdem sie aus Oggenhausen fortgezogen war, nicht in Finkenkrug zur polizeilichen Anmeldung gekommen, sondern in dem sehr nahe gelegenen Falkensee. Bis zum 18. Januar 1957 lebte sie mit ihren Kindern in Falkensee, Holbeinstraße 52. Anschließend zog sie in die Böcklinstraße 44 im selben Ort um.[70] Ihre Schwiegermutter, Wilhelmine Schlicht, wohnte ebenfalls in Falkensee, in der Döberitzerstraße 77.[71] Soweit dies zu überblicken ist, wohnten Götz Schlicht und Käte Schlicht seit dem Frühjahr 1946 nicht mehr in einem gemeinsamen Haushalt.

Nachdem Götz Schlicht am 7. Mai 1952 in Potsdam verhaftet worden war, erschien Käte Schlicht am 17. Mai 1952 in der Zentrale des UfJ in Berlin-Zehlendorf, Limastraße 29. Sie meldete ihren Ehemann Dr. Götz Schlicht zur Registrierung (als politischen Häftling) an. Sie bat um finanzielle Unterstützung, da sie als Bib-

---

66 Stadt Heidenheim, Ortsverwaltung Oggenhausen, Melderegisterauskunft, Schreiben vom 12.02.2004

67 Bundesarchiv Berlin, DP1 VA 896, Lebenslauf von Götz Schlicht, 04.04.1946

68 Uwe Bockholdt u.a., Die AM-Post-Marken in Deutschland 1945/46, Eigenverlag, 2000, S. 267

69 Bürgeramt Heidenheim, Schreiben vom 15.01.2004

70 Verwaltungsarchiv, Landkreis Havelland, Schreiben vom 25.03.2004

71 Bundesarchiv Berlin, DA 4, Bd. 1331, S. 289–293

liothekarin nur 320,-- DM verdiente. Ihre Miete betrug 75,-- DM. Die Fahrkarte (?) kostete 15,-- DM und sie hatte 4 Kinder. Dementsprechend wurden ihr 50,-- DM-West ausgezahlt. Handschriftlich wurde noch vermerkt, dass Käte Schlicht für eine »Patenschaft durch den ›Sozialen Helferring‹, Augsburg, vorgesehen« war. Außerdem wurde vermerkt, dass der Vorgang (Verhaftung von Götz Schlicht) schon bekannt sei.[72]

Es liegt zudem ein weiteres Schreiben von Käte Schlicht vom 6. Juli 1953 vor, das sie an einen »Hr. Fiebig« beim UfJ gerichtet hatte und das folgenden Inhalt hat:

> »Mir ist wohl bekannt, daß diese Beträge vor allem zur Unterstützung der Häftlinge gedacht sind, u. ich würde auch meinem Mann gern helfen. Aber ich weiß ja nicht einmal seine Gefangenennummer. Mir ist bekannt, daß mein Mann an Frau Blankenburg nach Babelsberg Briefe schreibt, offenbar hat er das Interesse an mir u. meinen Kindern verloren. Daß diese Tatsache sehr schmerzlich für mich ist, ändert nichts daran, daß es nun mal so ist. Aber ihre Hilfe kommt ja in erster Linie meinen Kindern zugute, die schwer genug unter den gegebenen Verhältnissen leiden. Sie kennen ja die Zustände bei uns, abgesehen von den materiellen Schwierigkeiten, ist ja der seelische Druck das weitaus schlimmste.
>
> Anliegend sende ich die angeforderten Sohlen für die Schuhgrößen der Kinder. Auch dafür, daß Sie evtl. Schuhe besorgen können, vielen Dank.
> Bitte sagen Sie auch Herrn Dr. Rosenthal vielen Dank.
>
> Mit freundlichen Grüßen bin ich Ihre
> Käte Schlicht«[73]

Das obige Schreiben vermittelt den Eindruck, dass Käte Schlicht über längere Zeit finanzielle und sachliche Unterstützung vom UfJ erhielt. Walther Rosenthal und Götz Schlicht waren Kollegen an der Volksrichterschule in Babelsberg. Dr. Rosenthal flüchtete im Juli 1950 nach West-Berlin. Er war danach in leitender Funktion beim UfJ tätig. Das lässt die Vermutung zu, dass Rosenthal sich persönlich gegenüber Käte Schlicht als derjenige zu erkennen gab, dem sie diese Unterstützung zu verdanken hatte.

In einem weiteren Vermerk in der Besucherliste des UfJ vom 12. August 1955 wurde festgehalten: »Käte Schlicht, war als Bibliothekar-Gehilfin tätig, wurde

72 Kopie der UfJ Besucherliste, Privatarchiv Günther Buch
73 Privatarchiv Günther Buch. Er war ebenfalls beim UfJ tätig.

entlassen, ist jetzt in einer Buchhandlung in der Friedrichstr. tätig. Ehemann ist PSD-Mitglied [?] und befindet sich in politischer Haft.«[74]

Die weitere Entwicklung: Nachdem in dem von Götz Schlicht angestrengten Scheidungsverfahren vor dem Kreisgericht Nauen am 16. April 1957 die mündliche Verhandlung stattgefunden hatte wurde am 17. April das Urteil verkündet und die Ehe zwischen Käte Schlicht und ihrem Götz Schlicht rechtskräftig am 27. Mai 1957 geschieden.[75] Die elterliche Sorge über die drei minderjährigen Kinder wurde der Mutter übertragen. Da beide Ehepartner über kein Einkommen verfügten (Vater im Strafvollzug; Mutter arbeitslos), konnten Unterhaltszahlungen an die Kinder nicht geregelt werden.[76]

Am 26. Juli 1958 heiratete Käte Schlicht im Standesamt Falkensee den Ingenieur Georg Alfred Zach, geb. 4. März 1910 in Wien. Sie nahm den Familiennamen ihres neuen Ehemannes an und hieß von jetzt an Käte Zach. Georg Zach war überzeugter Nationalsozialist gewesen.[77] Schon 1925 gehörte er der NS-Jugend an. Seine Mitgliedsnummer der NSDAP 1 205 676 erhielt er rückwirkend zum 1. Juni 1932. Er war auch während der Verbotszeit der NSDAP in Österreich als Zellenobmann und Propagandawart tätig und musste wegen dieser Tätigkeit im Oktober 1934 ins Deutsche Reich flüchten, da ihm eine Verhaftung drohte. Am 1. Februar 1936 erhielt er die deutsche Staatsbürgerschaft durch Einbürgerung.[78] Im Juli 1942 befand er sich bei der Panzerjäger-Ersatzkompanie 7, München. Am 7. November 1942 wurde er aber aus der Wehrmacht entlassen. Gemäß zwei weiterer Meldungen (vom 18. März 1943 und 8. September 1944) diente er in der Wehrmachts-Kommandantur Amsterdam, Deutsche Schutztruppe. Da er nicht mehr Wehrmachtsangehöriger war, ist anzunehmen, dass er dort in einer anderen Gliederung diente.[79]

Nach dem Krieg nahm er wieder die österreichische Staatsbürgerschaft an und behauptete, dass er während des Krieges Betriebsleiter eines Textilbetriebs in den Niederlanden gewesen sei. Er soll fließend niederländisch gesprochen haben. In den 1950er Jahren war er Handelsvertreter für italienische Textilmaschinen. Er hatte

---

74 Bundesarchiv Koblenz, aus B209/705. Bei PSD handelt es sich vermutlich um einen Schreibfehler und es sollte SPD heißen.

75 Kreisgerichtsurteil Nauen, Az.: 3 Ra 28/57

76 Amtsgericht Nauen, Auskunft vom 20.07.2004

77 Bundesarchiv Berlin, R 2 (ehemaliges Berlin Document Center) U65, S. 2015–2162

78 Ebd.

79 Deutsche Dienststelle (WASt), Schreiben vom 10.02.2009

eine größere Anzahl von Volkseigenen Betrieben (VEB) in der DDR als Geschäftspartner.[80]

Käte Schlicht und Georg Zach lernten sich anlässlich einer Leipziger Messe kennen.[81] Nachdem der Schlicht-Sohn E. im Sommer 1958 in der DDR sein Abitur erhalten hatte,[82] siedelte das frisch verheiratete Ehepaar mit drei der vier Kinder in die Bundesrepublik über. Der Übersiedlungsantrag von Käte Zach wurde ungewöhnlich schnell von den DDR-Behörden genehmigt. Am 30. September 1958 kamen alle Beteiligten zur polizeilichen Anmeldung in Gronau, Westfalen.[83] Dabei ist noch zu sagen, dass der Sohn E., obwohl er schon am 30. September 1958 (von seiner Mutter) in Gronau angemeldet worden war, gemäß eigener Angaben erst am 24. Dezember 1958 aus der DDR ausreiste.[84] Die Familie musste nicht eines der bestehenden Notaufnahmelager durchlaufen und konnte die wichtigsten Haushaltsgegenstände mitnehmen.[85] Georg Zach wurde es von den DDR-Behörden weiterhin gestattet, die Leipziger Messe zu besuchen.[86]

Der Kontakt von Götz Schlicht zu seinem ältesten Sohn aus zweiter Ehe blieb weiterhin bestehen. So berichtete er seinen MfS-Führungsoffizieren am 15. Oktober 1959, dass sein großer Sohn nun bei ihm wohne. Dieser wolle gern wieder in die DDR zurückkehren, da ihm das Leben im Westen nicht behage. Im Interesse des MfS habe er aber mit seinem Sohn gegen dessen Ansichten argumentiert.[87] In einer Gegendarstellung gab der Sohn allerdings an, dass er im Jahre 1959 etwa sechs Monate bei seinem Vater gewohnt hatte, dass er völlig pro-westlich eingestellt gewesen war und mit Sicherheit nie geäußert habe, in die DDR zurückkehren zu wollen.[88]

Am 4. November1959 berichtete Götz Schlicht seinen MfS-Führungsoffizieren, dass sein ältester Sohn, der vor einiger Zeit aus Falkensee legal nach West-Berlin übergesiedelt sei, eine Aushilfsstelle bei der Firma (geschwärzt) angetreten hatte. Seit Kurzem arbeitete er aber beim UfJ. Dort benötigte der Leiter der Organisations-Abteilung Hilfe bei der wöchentlichen Beschriftung von mehreren hundert Umschlägen. Mit aller Wahrscheinlichkeit handelte es sich dabei um den Versand

---

80 Aussage des Sohnes E. vom 08.11.2007

81 Ebd.

82 Aussage des Sohnes E. im Schreiben vom 15.03.2008

83 Stadt Gronau, Rathaus-Service, Schreiben vom 27.04.2004 u. 26.05.2004

84 E-Mail des Sohnes E. vom 12.01.2009

85 Aussage des Sohnes E. im Schreiben vom 15.03.2008

86 Ebd.

87 BStU, MfS-AOP-1724/64, Bd. 56, Bl. 145

88 E-Mail des Sohnes E. vom 12.01.2009

von UfJ-Informationsmaterialien in die DDR. Außerdem wurde ein Aushilfspförtner gesucht und man fragte den Sohn, ob er diese Tätigkeit antreten wolle, was dieser sofort bejahte. Seit einiger Zeit hatte nun der Sohn ein Motorrad, mit dem er auch durchs Brandenburger Tor nach Ost-Berlin fuhr. Götz Schlicht war über solche Besuche in Ost-Berlin nicht begeistert und bat den Sohn, dieses zu unterlassen. Der Sohn meinte aber, da er ja legal übergesiedelt sei, könnte man ihm doch nichts anhaben. Götz Schlicht plante, weiter auf den Sohn einzuwirken, dass solche Fahrten unterbleiben sollten.[89]

Nach einem Bericht des Vaters an das MfS vom 13. Januar 1960 wird festgehalten: Der Sohn hatte sich beim Bundesgrenzschutz beworben. Er äußerte aber auch die Absicht, zur Luftwaffe zu gehen. Momentan befand er sich bei seiner Freundin in der Bundesrepublik. Diese war die Tochter eines geflohenen Bäckermeisters aus Falkensee.[90]

Und am 24. Februar 1960: Der Sohn befand sich seit einiger Zeit in Paris, um dort die Landessprache zu erlernen. Er hatte sich entschieden, Französisch-Lehrer zu werden. Bevor er sein Studium antreten kann, muss er aber im Herbst 1960 zur Bundeswehr. Er hatte sich entschlossen, zu den Fallschirmjägern zu gehen.[91]

Das war das letzte Mal, dass Götz Schlicht diesen Sohn in seinen Berichten an das MfS erwähnte.

Zum dritten Mal heiratete Götz Schlicht am 7. Juni 1957 in Potsdam. Diesmal Käthe Gertrud Liesbeth Blankenburg, geb. Busse, geb. 30. Juni 1921 in Leest, Brandenburg.[92] Seine zweite Ehe war erst elf Tage zuvor, am 27. Mai 1957, geschieden worden. Die nun frisch vermählte Familie »flüchtete« kurz nach der Hochzeit, am 11. Juni 1957, aus Potsdam-Babelsberg nach West-Berlin. Die archivierten Datenbestände des Einwohnermeldeamts in Potsdam enthielten allerdings die Information, dass die Übersiedlung am 9. Juni 1957 stattfand.[93] Wie dieser Unterschied zustande kam, ist nicht bekannt. Käthe Blankenburg brachte eine Tochter, geb. 1941, aus erster Ehe mit. Gemäß einem Beschluss des Amtsgerichts Sonneberg, Thüringen, war ihr am 3. Mai 1948 das Sorgerecht für diese Tochter übertragen worden,[94] was offensichtlich dem Datum ihrer Scheidung entspricht. Wenn man davon ausgeht,

---

89 BStU, MfS-AOP-1725/64, Bd. 56, Bl. 161÷162

90 Ebd., Bl. 224

91 Ebd., Bl. 258

92 Karteikarte von Götz Schlicht aus dem Aufnahmelager Marienfelde

93 Landeshauptstadt Potsdam, Stadtarchiv, Schreiben vom 06.04.2004

94 Karteikarte von Götz Schlicht aus dem Aufnahmelager Marienfelde

dass diese Ehe erst im Mai 1948 geschieden wurde, wäre die im Dezember 1946 geborene Tochter ein Kind aus erster Ehe. Dieses Kind trug aber schon den Familiennamen »Schlicht«.[95] Ob es sich hierbei um ein leibliches Kind von Götz Schlicht handelt, ist unklar. Jedenfalls wurde in der Ehe mit Götz Schlicht der Sohn A. im Juni 1951 und ein weiterer Sohn, M., im November 1952 geboren. Als die 1946 geborene Tochter, wie auch die 1951 und 1952 geborenen Söhne, in West-Berlin zur Anmeldung kamen, trugen sie alle den Familiennamen »Schlicht«.[96] Im Notaufnahmelager Marienfelde machte Götz Schlicht die Angabe, dass seine erste Ehe am 17. April 1957 geschieden worden sei.[97] Es ist nicht verständlich, warum er seine tatsächliche erste Ehe verschwieg.

Nachdem die Familie in West-Berlin Fuß gefasst hatte, wurden noch drei weitere Kinder geboren, 1958 Sohn W., 1960 die Tochter B. und 1964 die Tochter U..[98] Der Generalbundesanwalt beim Bundesgerichtshof stellte am 15. Oktober 1993 fest, dass Götz Schlicht Vater von neun Kindern war.[99] Diese Zahl ist niedriger als die, die vom Autor in seiner Recherche ermittelt wurde.

Es wäre noch zu erwähnen, dass Käthe Blankenburg am 16. Januar 1957 ein Gnadengesuch an den Staatspräsidenten der DDR, Wilhelm Pieck, mit folgendem Inhalt schrieb:[100]

> »Hochverehrter Herr Staatspräsident!
> Am 17.5.1952 wurde der Richter am Oberlandesgericht Potsdam Dr. Götz Schlicht, geb. am 9.3.1908 in Berlin, durch das Landgericht Potsdam zu einer Freiheitsstrafe von 10 Jahren rechtskräftig verurteilt. Die Strafe ist inzwischen auf 8 Jahre herabgesetzt. Er war bis zum November 1956 in der Strafvollzugsanstalt Brandenburg-Görden und befindet sich jetzt in der Strafanstalt Bützow-Dreibergen.
>
> Ich stehe mit Dr. Schlicht allein in Verbindung und habe zwei Kinder im Alter von 4 ¼ und 5 ½ Jahren von ihm. Das eine Kind im Alter von 5 ½ Jahren ist schwer krank, es leidet an den Folgen einer frühkindlichen Hirnhautentzündung. Ich selber bin auch sehr nervenkrank und allein in dieser Lage

---

95 Landeshauptstadt Potsdam, Stadtarchiv, Schreiben vom 06.04.2004
96 Ebd.
97 Ebd.
98 Vortrag von Dipl.-Pol. Gert Rosiejka im Haus der Zukunft, Berlin, November 2002
99 Anklageschrift des Bundesgeneralanwalts gegen Dr. Heinz Götz Schlicht, 3 BJs 1520/92-3 (360)/3 Ste 13/93-3 (5), 15.10.1993, S. 18
100 Bundesarchiv Berlin, DA 4, Bd. 1331, S. 288

nicht mehr gewachsen. Aus diesem Grund bitte ich Sie dringend, sehr verehrter Herr Staatspräsident, dem Verurteilten Begnadigung zuteil werden zu lassen.

Zumal Dr. Schlicht am 7.5.1956 die Hälfte seiner Freiheitsstrafe verbüsst hat. Ich glaube bestimmt, dass diese Strafhaft genügt hat, um ihm die Unverantwortlichkeit seines damaligen Tuns klar zu machen. Ich weiß, dass Dr. Schlicht die ihm zugewiesenen Arbeiten zur Zufriedenheit der Anstaltsleitung ausgeführt hat. Er ist wiederholt ausgezeichnet worden. Ich glaube bestimmt dass seine Führung in der Strafhaft einwandfrei war und zur Beanstandung keinen Anlass bot. Ich bin der festen Überzeugung, dass Dr. Schlicht sich für den Fall, dass meiner Bitte um Begnadigung oder Haftentlassung mit Bewährungsfrist, entsprochen wird, mit allen Kräften bemühen wird, die Gesetze zu beachten und vorbildliche Arbeit zu leisten.«

Mit dem Antwortschreiben vom 16. März 1957 wurde die Bitte von Käthe Blankenburg abgelehnt.[101] In ihrem Brief erwähnte sie, dass Götz Schlicht lediglich Vater ihrer Söhne sei, die 1952 und 1953 geboren wurden.

Götz Schlicht selbst verpflichtete sich am 16. Mai 1957, mit dem MfS zusammenzuarbeiten.[102] In seinem Bericht an das MfS vom 24. Mai 1957 schrieb er:

»Mit meiner Frau bin ich mir darüber einig, daß wir nach West-Berlin gehen. Ich habe ihr ferner eingeschärft, über alles, was wir künftig besprechen, strengstes Stillschweigen zu bewahren.«[103]

Beim ersten Treff nach dem Bau der Mauer, am 29.11.1961, vereinbarten seine MfS-Führungsoffizieren mit Götz Schlicht im Falle seiner Enttarnung und sofortigen Flucht in die DDR:

»Sollte ein solcher Anruf am Tag kommen, wo die Kinder in der Schule sind und die Frau ohne ihre Kinder nicht mitkommt, so kommt der GM mit dem PKW allein zur Autobahn und vereinbart mit seiner Ehefrau, dass sie mit den Kindern sofort mit der S-Bahn nach der Friedrichstraße fährt und sich dort

101 Ebd., S. 284
102 BStU, MfS-AOP-8915/91, Bd. 1, Bl. 86
103 Ebd., Bl. 95

auf dem Bahnsteig der Kellerbahn aufhält und wir sie dort erwarten werden.«[104]

Angesichts dieser beiden dokumentierten Erklärungen liegt die Annahme nahe, dass Käthe Schlicht in die Tätigkeit ihres Ehemannes für das MfS eingeweiht war.

Abgesehen von der ersten Ehefrau Götz Schlichts und der in dieser Ehe geborenen Tochter befanden sich alle weiteren erwähnten Personen in der DDR. Aber alle von ihnen »flüchteten« nach West-Berlin oder in die Bundesrepublik. Als letzte verließ Erna Davidsohn die DDR. Sie kam im Juni 1963 nach West-Berlin, während die anderen schon vor dem Bau der Mauer im Jahre 1961 in den Westen kamen. Auffallend ist auch die Tatsache, dass E., der Sohn von Schlicht, sein Abitur im Jahre 1958 in der DDR abschließen konnte, obwohl sein Vater ein 1952 inhaftierter Gegner der DDR war. Aus persönlicher Erfahrung mit Flüchtlingen weiß der Autor, dass in vielen Fällen einer solchen Konstellation, dem Sohn oder der Tochter eines »Verräters« ein solcher Abschluss nicht gestattet wurde. Beachtlich ist in diesem Fall auch, dass der »Umzug« der im Juli gegründeten neuen Familie in die Bundesrepublik am 30. September 1958 mit allen Kindern gestattet wurde.[105]

Recherchen haben ergeben, dass die zweite Ehefrau ein sehr geringes Einkommen gehabt hat. Wie konnte sie sich überhaupt eine Reise zur Leipziger Messe leisten, um dort ihren neuen »Märchenprinzen« zu treffen, der ihr und den Kindern einen Umzug in den Westen ermöglichte? Kann es sein, dass Götz Schlicht über besondere Möglichkeiten verfügte, seine Familie zu schützen? Er hatte ja bereits unter Beweis gestellt, dass er gewissenhaft alle Befehle ausführte. Wäre es denkbar, dass er dafür auch Gegenleistungen verlangen konnte? Zur Beantwortung dieser Fragen lassen sich in den gesichteten MfS-Unterlagen keinerlei Hinweise finden. Eine Erklärung dafür könnte aber eine im Hintergrund agierenden »zweite Dimension« geben.

Trotz der sehr widrigen Umstände, denen sich Götz Schlicht im »Dritten Reich«, der SBZ und der DDR fügen musste, überlebte er diese. Es ist schon erstaunlich, dass er dennoch ein sehr langes Leben führen konnte. Er wurde am 9. März 1908 in Berlin geboren und verstarb ebenfalls in Berlin am 12. Januar 2006.

---

104 BStU, MfS-AOP-1725/64, Bd. 58, Bl. 32

105 Stadt Gronau, Schreiben vom 26.05.2004, Meldebescheinigungen

»Verwandlung« in einen Arier 1933–1940

In seinem Lebenslauf vom 4. April 1946[106] schilderte Götz Schlicht, dass er nach seiner fristlosen Entlassung als Referendar am 18. August 1933 seine Tätigkeit in der Verlagsbuchhandlung Georg Stilke, Berlin NW 7, Dorotheenstraße 65, fortsetzen konnte. Er war in dieser Firma seit dem 1. August 1926 als Werkstudent mit den Aufgaben eines kaufmännischen Handlungsgehilfen tätig. Am 1. Oktober 1933 bekam er dann eine feste Anstellung.

Später behauptete Götz Schlicht, dass er dort anderen Tätigkeiten nachgegangen wäre: In einem Schreiben des Oberlandesgerichtspräsidenten an den Präsidenten des Prüfungsamtes vom 8. April 1946 wird behauptet, Götz Schlicht sei bei Stilke »vorwiegend mit Dingen des Rechts befasst« gewesen. In diesem Fall ist es nicht klar, ob Götz Schlicht diese Behauptung selbst aufgestellt hat oder ob der Oberlandesgerichtspräsident ihm mit dieser Aussage behilflich sein wollte.[107]

In seiner Bewerbung beim Justizministerium des Landes Brandenburg in Potsdam vom 30. April 1946 gab Götz Schlicht an, bei Silke »Verlagsleiter« gewesen zu sein.[108] Anscheinend hielt er es zu dieser Zeit für opportun, sich als »Leiter« auszugeben.

Im Lebenslauf zu seiner Dissertation aus dem Jahre 1949 nahm Götz Schlicht wieder seine ursprüngliche Aussage auf, dass er bei Stilke »kaufmännischer Handlungsgehilfe« gewesen sei.[109] Aufgrund der politischen Entwicklung in der SBZ, die zum »ersten deutschen Arbeiter-und-Bauern-Staat« führte, fand er es anscheinend für angebracht, sich als Angehöriger der Arbeiterklasse auszuweisen.

Am 28. Februar 1938 wurde Götz Schlicht bei Stilke entlassen.[110] Diese Entlassung beruhte darauf, dass er als Verlagsangestellter in der Reichsschrifttumskammer/Gruppe Buchhandel/Fachschaft der Angestellten als Mitglied aufgenommen werden

106 Bundesarchiv Berlin, DP1 VA 896

107 Ebd.

108 Brandenburgisches Landeshauptarchiv, Rep. 203 PA72 (Sch/7988/86), S. 7 u. S. 9

109 Humboldt-Universität Berlin, Juristische Fakultät, J 1 / 49/50

110 Bundesarchiv Berlin, DP1 VA 896

sollte. Eine Voraussetzung dafür war eine weitere Beschäftigung im Buchhandel. Am 5. Mai 1937 stellte er einen Aufnahmeantrag. Mit Schreiben vom 19. Mai 1937 wurde er aufgefordert, zwei Fragebögen auszufüllen. Im ersten Fragebogen mit insgesamt 37 Fragen ging es nicht nur darum, die persönlichen Daten, die bisherige Entwicklung und die der Familienangehörigen zu erfassen, sondern auch anzugeben, ob man Mitglied von feindlich gesinnten Organisationen, wie z.B. der Liga für Menschenrechte oder der Vereinigung der Bibelforscher, angehörte. Des Weiteren wurde gefragt, in welchen Gliederungen der NSDAP man Mitglied war. Beim zweiten Fragebogen handelte es sich um den »Nachweis der Abstammung«, sowohl der eigenen sowie der des Ehepartners. Zuletzt war noch ein Lebenslauf beizufügen. Nachdem Götz Schlicht diese Unterlagen eingereicht hatte, folgte ein Schriftwechsel zwischen der Reichsschrifttumskammer in Berlin und Herrn Arthur Sellier von der Firma J. Schweitzer, Berlin W 8, Französische Straße 16, zur Person Götz Schlicht. Der Verlag Georg Stilke war bereits 1864 in Berlin tätig und war auf Sachbücher jeder Art spezialisiert. Zur Kaiserzeit wurde Georg Stilke sogar mit dem Titel »Hofbuchhändler Sr. Kaiserlichen und Königlichen Hoheit des Kronprinzen« geehrt. Soweit ersichtlich, fand die letzte Herausgabe eines Druckerzeugnisses dieser Firma 1938 statt.[111] Das Ende des Verlags beruhte darauf, dass Dr. Georg Stilke als »jüdischer Mischling« ersten Grades (von mütterlicher Seite) galt.[112] Er war nicht nur Inhaber der Firma, sondern auch Mitinhaber der Eisenschmidt Buch und Landkartenhandlung, wie auch der Buchhandlung Röhrscheid in Bonn und der Nicolaischen Buchhandlung.[113] Die »Entjudung« des Buchhandels, der Schriftstellergremien und Verlage wurde großflächig schon 1935 begonnen.[114]

Es grenzt schon an ein kleines Wunder, dass Dr. Georg Stilke und Götz Schlicht erst 1938 ihre Stellungen aufgeben mussten. Es ist nicht klar, unter welchen Umständen die Firma J. Schweitzer den Verlag Georg Stilke übernahm. Auf alle Fälle wurde Arthur Sellier direkter Rechtsnachfolger von Dr. Georg Stilke und musste deshalb eine Stellungnahme zum Antrag von Götz Schlicht für die Reichsschrifttumskammer in Berlin anfertigen.[115] Nachdem die Stellungnahme vorlag, wurden die gesamten Unterlagen am 2. Juli 1937 an die Reichsschrifttumskammer, Grup-

---

111 Internet-Recherche unter dem Suchbegriff »Verlag Georg Stilke«. Es existieren mindestens drei Seiten mit Internet-Angaben zu Georg Stilke.

112 Bundesarchiv Berlin, R56 V Nr. 102, S. 135

113 Ebd.

114 Ebd., R56 V, Nr. 102

115 Der heutige Verlag Sellier/de Gruyter ist 1981 aus dem J. Schweitzer Verlag hervorgegangen, www.sellierdegruyter.de

pe Buchhandel, in Leipzig übermittelt.[116] Anhand der vorliegenden Unterlagen der Reichsschrifttumskammer in Leipzig kann man feststellen, dass Götz Schlicht als »Halbjude« nicht in die Reichsschrifttumskammer aufgenommen werden durfte, was die Voraussetzung für seine weitere Beschäftigung im Buchhandel gewesen wäre. Er wurde dementsprechend entlassen.

In seinem Lebenslauf[117] gab Götz Schlicht an, dass er im März 1938 arbeitslos war. Vom 1. April 1938 bis zum 14. April 1940 war er dann Versicherungsvertreter bei der »Nordstern«-Versicherungs-AG in Berlin-Schöneberg. Am 15. April 1940 ist er zum Dienst in der Schutzpolizei-Reserve zum Notdienst verpflichtet worden.

Wie kann es allerdings sein, dass ein »Halbjude« zur Schutzpolizei-Reserve verpflichtet werden konnte? Die Antwort darauf findet man in einem Schreiben vom 27. Februar 1943 von Götz Schlicht an das Kammergericht Berlin:[118]

> »Mein Vater ist nicht der jüdische Kaufmann Rudolf Israel Davidsohn, sondern der rumänische General a. D. Wassilie Makarowitsch[119].«

Das heißt, er muss die Vaterschaft des jüdischen Kaufmanns Rudolf Israel Davidsohn vor Gericht mit Erfolg angefochten haben. Da Götz Schlicht wegen seiner jüdischen Wurzeln im März 1938 entlassen worden war, aber im April 1940 zur Schutzpolizei-Reserve eingezogen wurde, kann man davon ausgehen, dass er während dieser Zeitperiode seinen Status als Halbjude ändern konnte. Wie war das möglich? Ganz einfach. Man reichte Klage beim Gericht ein, dass der bis zu diesem Zeitpunkt als rechtlicher Vater Angesehene nicht der leibliche Vater sei, sondern jemand ganz anderes. So etwas konnte aber nur geschehen, wenn die Mutter sowie der andere Mann, eidesstattliche Erklärungen vorlegen konnten und möglicherweise vor Gericht unter Eid erklärten, dass beide die leiblichen Eltern sind. Dass die Mutter von Götz Schlicht in einem solchen Fall mitmachen würde, steht außer Zweifel. Götz war ihr einziges Kind und sie liebte es. Wie fand man aber einen Mann, der dabei mitmachte? Diese Frage konnte leider nicht eindeutig geklärt werden. Ein sehr geschickter, wenn nicht genialer Schachzug war die Behauptung, der

---

116 Bundesarchiv Berlin, RK/RSK II/1522. Die bei der Reichsschrifttumskammer in Leipzig eingereichten Unterlagen befinden sich nicht mehr im Aktenbestand des Bundesarchivs in Berlin und müssen als verschollen angesehen werden.

117 Brandenburgisches Landeshauptarchiv, Rep. 203 PA72 (Sch/7988/86), S. 9

118 Ebd., Rep 4A, Nr. 9005 (5332), S. 51

119 Die richtige (rumänische) Schreibweise ist: Vasile Macarovitsch.

Vater sei ein rumänischer General, die Götz Schlicht und seine Mutter ins Spiel brachten. Rumänien und Deutschland unterhielten freundschaftliche Beziehungen. Wenn zu dieser Zeit die Aussage eines Generals einer befreundeten Nation von einem deutschen Gericht zu beurteilen war, so wäre es diesem Gericht sehr schwer gefallen, diese anzuzweifeln. Es hätte ja dadurch zu diplomatischen Komplikationen kommen können.

Wie aber konnte eine mögliche Verbindung zwischen dem General und der Mutter glaubhaft dargelegt werden? Soweit ersichtlich, war General a. D. Vasile Macarovitsch nie Militärattaché in Berlin.[120] Er unternahm jedoch Dienstreisen zu unbekannten Orten in Deutschland.[121] Eine weitere mögliche Erklärung lieferte die Tatsache, dass die Mutter von Götz Schlicht Opern-Soubrette[122] war. Es könnte deshalb sein, dass sie während einer Operntournee die Bekanntschaft dieses Generals in Bukarest gemacht hatte.

Wer war dieser General a. D. Vasile Macarovitsch? Gemäß dem Personenstandsregister des rumänischen Ministeriums der Nationalen Verteidigung[123] wurde er am 4 Juli 1871 in Iasi (Rumänien) geboren. Sein Vater war Hauptmann, seine Mutter Hausfrau. Am 7. Juli 1896 heiratete er seine erste Ehefrau und am 1. Februar 1908 wurde sein erster Sohn geboren. Frau und Sohn sind verstorben (ob gemeinsam, ist unbekannt wie auch das Todesdatum). Er heiratete seine zweite Ehefrau am 31. Oktober 1920. Kinder aus der zweiten Ehe sind nicht verzeichnet. General Macarovitsch begann seine militärische Laufbahn, als er am 1. September 1885 in der Schule für Militärsöhne aufgenommen wurde. Am 8. Juli 1891 wurde er zum Unterleutnant ernannt. Er diente überwiegend in Artillerie-Einheiten und Schulen und durchlief alle Offiziers-Ränge, bis er am 1. April 1919 zum Brigadegeneral befördert wurde. Am 31. März 1931 wurde er zur Reserve versetzt. Während seines Militärdienstes erhielt er insgesamt 21 Auszeichnungen, darunter je eine von Frankreich und Italien. Er wurde auch für seine wissenschaftlichen und militärischen Erfindungen und Studien geehrt. Es ist leider nicht bekannt, wann er verstorben ist.

Bemerkenswert ist, dass der erste Sohn des Generals am 1. Februar 1908 geboren wurde und fünf Wochen später, am 9. März 1908, Götz Schlicht das Licht der Welt erblickte.

---

120 Auswärtiges Amt der BRD, Schreiben vom 15.10.2002

121 Personenstandsregister (Akte) des rumänischen Ministeriums der Nationalen Verteidigung zu Vasile Macarovitsch

122 Auskunft des Sohnes E. von Götz Schlicht, 08.11.2007

123 Personenstandsregister des rumänischen Ministeriums der Nationalen Verteidigung zu Vasile Macarovitsch

Polizei-Ausbildung 1940–1941

Am 17. Juni 1936 wurde auf Erlass von Hitler der Polizeiapparat in ein Instrument der absoluten Führergewalt umgewandelt. Denn von nun an war in der Person von Heinrich Himmler das Parteiamt des Reichsführers-SS mit dem neu geschaffenen staatlichen Amt eines Chefs der Deutschen Polizei im Reichsministerium des Innern institutionell verbunden. Die Städtischen Schutzpolizei-Einheiten wurden dem zentralen Hauptamt Ordnungspolizei zugeordnet. Chef der Ordnungspolizei war der SS-General Kurt Daluege.[124]

Vom 1. bis 4. Februar 1942 fand in Berlin eine Dienstbesprechung der Befehlshaber und Inspekteure der Ordnungspolizei statt.[125] Gemäß dem Protokoll eines Vortrags des Chefs der Ordnungspolizei dienten Ende 1941 insgesamt »2 267 500 Mann in allen Gliederungen der Ordnungspolizei und der einberufenen Polizei-Reserven«.[126]

Am 15. April 1940 wurde Götz Schlicht zur Schutzpolizeireserve notdienstverpflichtet,[127] obwohl er erst am 22. Februar 1943 einen Abstammungsbescheid vom Reichssippenamt erhielt,[128] das ihm bescheinigte, »deutschen oder artverwandten Blutes« zu sein. Götz Schlicht zitierte diesen Bescheid zum ersten Mal, als er sich am 27. Februar 1943 beim Kammergericht Berlin erkundigte, wann er nun seine zweite Staatsprüfung ablegen könne.[129] Als in dem von ihm angestrengten Gerichtsverfahren festgestellt wurde, dass nicht Rudolf Israel Davidsohn sein leiblicher Vater war, sondern der rumänische General a.D. Vasile Macarovitsch, wurde die Entscheidung des Gerichts mit Sicherheit auch dem zuständigen Standesamt mitgeteilt. Dort wurde dementsprechend die Geburtsurkunde von Götz Schlicht geändert. Von dort aus muss dann diese Information auch der zuständigen Wehr-

---

124 Stefan Klemp, Freispruch für das »Mord-Bataillon«: Die Ordnungspolizei und die Nachkriegsjustiz, Münster 1998, S. 17

125 Bundesarchiv Berlin, R19/97

126 Ebd.

127 Brandenburgisches Landeshauptarchiv, Rep 203 PA72 (Sch/7988/86), S. 9

128 Ebd., Rep 4A Nr. 9005 (5332), S. 52

129 Ebd., S. 51

ersatzdienststelle gemeldet worden sein. Gemäß der bestehenden Verordnungen konnte die Wehrersatzdienststelle nun Götz Schlicht zur Dienstleistung bei der Polizei anweisen.[130] Um aber in ein höheres Amt zu gelangen, wie z. B. dem eines Gerichtsreferendars oder eines Polizeioffiziers, musste eine Bescheinigung des Reichssippenamts (quasi eine Unbedenklichkeitsbescheinigung) vorliegen. Für einfache Dienste war anscheinend eine solche Bescheinigung nicht erforderlich. Es ist aber schon verwunderlich, dass das Reichssippenamt über drei Jahre benötigte, um diese Bescheinigung auszustellen.

Als Götz Schlicht sich »arisieren« ließ, ahnte er mit aller Wahrscheinlichkeit nicht, dass er notdienstverpflichtet werden könnte. Eine solche Notdienstverpflichtung beruhte auf der »Dritte(n) Verordnung zur Sicherstellung des Kräftebedarfs für Aufgaben von besonderer staatspolitischer Bedeutung (Notdienstverordnung) vom 15. Oktober 1938« (Reichsgesetzblatt 1938 I Nr. 170, S. 1441–1442). Gemäß den Vorgaben dieser Verordnung konnten alle Behörden »zur Bekämpfung öffentlicher Notstände« und »zur Erfüllung hoheitlicher Aufgaben« Bewohner des Reichsgebiets notdienstverpflichteten. Der aktuelle Anlass für die Notdienstverpflichtung war mit aller Wahrscheinlichkeit, dass der Gesamtbedarf an Polizeikräften für das besetzte Polen mit 26 000 Mann angegeben wurde, die nun dafür eingestellt werden mussten.[131] Zur selben Zeit wurden neue Polizei-Bataillone aufgestellt, die bis zu diesem Zeitpunkt nicht existiert hatten. 1940 wurden diese Formationen mit ihren jeweiligen Kompanien in die besetzten Gebiete entsandt, 13 davon ins Generalgouvernement und sieben in die dem Reich angegliederten ehemaligen polnischen Gebiete.[132]

Schwerpunktmäßig stammten die meisten Eingezogenen in Götz Schlichts Einheit, die wie er notdienstverpflichtet worden waren, aus den Jahrgängen 1900 bis 1909 und waren, bis auf wenige Zugereiste, zumeist gebürtige Berliner.[133] Diese Tatsache erleichterte es bei der weiteren Recherche, ihre Zugehörigkeit zu der Berliner Polizeikompanie festzustellen, die am 15. Dezember 1940 in das besetzte Polen geschickt wurde. Die eingezogenen Polizisten hatten fast alle gutbürgerliche Berufe. Soweit ersichtlich, war Götz Schlicht jedoch der einzige Akademiker unter den Einberufenen in der »Berliner Kompanie«. Laut der Aussagen der meisten

---

130 Bundesarchiv Berlin, R2/12208, Schreiben des Oberkommando der Wehrmacht vom 10.09.1939

131 Ebd.

132 Edward B. Westermann, Hitler's Police Battalions, University Press of Kansas, 2005, S. 86

133 Auswertung der Akten im Bundesarchiv Ludwigsburg, B162/1328-1331, B162/2117, B162/2287, B162/3554-3556, B162/4130-4146, B162/5659-5672, B162/6933, B162/7671-7676, B162/19220, B162/25959, B162/27011-27034

notdienstverpflichteten Polizisten wurden sie nach einer Grundausbildung zum Revierdienst in Berlin eingeteilt. Es ist durchaus fraglich, ob diese Aussagen der Wahrheit entsprechen, da zu diesem Zeitpunkt die Kompanien der neu aufgestellten Polizei-Bataillone ihre Infanterie-Ausbildung erhielten.[134] In einem Befehl des Reichsführers SS und Chefs der Deutschen Polizei im Reichsministerium des Innern vom 31. Oktober 1939 wurde angeordnet, dass diese Polizisten insbesondere eine Ausbildung in Stoßtrupps und eine Gruppenausbildung erhalten sollten. Sie waren auch für eine Einzelausbildung an allen in der Polizei vorhandenen Waffen vorgesehen.[135]

Am 7. Februar 1964 wurde Götz Schlicht in West-Berlin von Staatsanwalt Tegge vom Landgericht in Hamburg als Zeuge zum Sonderkommando 1005 vernommen. Zu seiner Einberufung und Polizeiausbildung gab er dabei folgendes zu Protokoll:[136]

> »Mitte April 1940 wurde ich als Polizeireservist einberufen. Damals wurden insbesondere Gastwirte und Versicherungsvertreter einberufen. Nach der Grundausbildung und nach Teilnahme an einem Offizierslehrgang (für Reserveoffiziere) war ich zunächst wieder in Berlin und zwar im Revierdienst tätig. Mitte September 1941 wurde ich zur Einsatzkompanie Thorn abgeordnet. Meine Heimatdienststelle blieb das Schutzpolizeigruppenkommando Mitte in Berlin. Mein Dienstgrad war Oberwachtmeister.«

Es ist dem Autor unverständlich, wie es möglich war, dass Götz Schlicht an einem Polizei-Offizierslehrgang teilnehmen konnte. Ausgewertete Anträge von Polizeiangehörigen, die die Offizierslaufbahn einschlagen wollten, ergaben,[137] dass ein Polizeiangehöriger nur vom Kommandeur seiner Einheit, in der Regel dem Kompanieführer, dafür vorgeschlagen werden konnte. Dieser Vorschlag wurde dann an den Bataillonskommandeur geleitet, der sein Einverständnis vermerken musste, bevor der Vorschlag weitergereicht werden konnte. Es ist nicht bekannt, welchen Dienstweg der Vorschlag zu Götz Schlicht genommen hat. Ein solcher Vorschlag musste nicht nur die üblichen Personenangaben enthalten, sondern auch Angaben wie Zugehörigkeit zur NSDAP bzw. ihren Gliederungen, absolvierte Polizeilehrgänge, bisherige Verwendung, Beurteilung des persönlichen Auftretens, der

---

134 Westermann, Hitler's Police S. 86

135 Bundesarchiv Berlin, R19/304, S. 2–31

136 Bundesarchiv Ludwigsburg, B162/1328, S. 1722–1729

137 Bundesarchiv Berlin, R19/31

Weltanschauung, des Benehmens und der dienstlichen Leistungen. In vielen Fällen wurden sogar Beurteilungen über die Ehefrau eingeholt, welchen Gliederungen der NSDAP sie angehörte, welche Beträge sie bei NSDAP-Spendenaktionen entrichtete, mit welchen Personen sie Umgang pflegte und welche Weltanschauung sie hatte. Das einzig Beachtenswerte, das Götz Schlicht vorweisen konnte, war die Tatsache, dass er Akademiker war. Andere Anwärter und Polizeioffiziere hatten nicht einmal das Abitur.[138] Es kann nicht mit Sicherheit gesagt werden, ob allein dieses Merkmal dazu geführt hat, dass Götz Schlicht zur Offizierslaufbahn zugelassen wurde.

Zu dieser Zeit befanden sich zwei Polizei-Offiziersschulen in Berlin. Eine befand sich in der Kesselsdorfer Straße in Berlin-Schöneberg. Die andere Offiziersschule wurde erst 1936 gegründet und befand sich in der Kaiser-Wilhelm-Straße 73/86 in Berlin-Köpenick. Beide Schulen boten Fortbildungs- wie auch Ausbildungslehrgänge für Offiziersanwärter an. Ein wenig verblüffend ist es auch, dass Götz Schlicht weder die eine, noch die andere der Schulen in Berlin besucht hat, stattdessen besuchte er einen Offizierslehrgang in Fürstenfeldbruck in Bayern.[139] Ein Offiziersanwärter-Lehrgang dauerte in der Regel sechs Monate.[140] Da Götz Schlicht im Dezember 1940 nicht mit seiner Kompanie nach Thorn versetzt wurde, ist davon auszugehen, dass er zu diesem Zeitpunkt seinen Polizei-Offiziersanwärter-Lehrgang besucht hat. Nach Absolvierung des Lehrgangs kehrte er zunächst nach Berlin zurück und versah seinen Dienst auf dem Revier 31.[141] Anscheinend existierte eine Anordnung, dass Absolventen einer solchen Schule erst zum Offizier ernannt werden konnten, nachdem das Reichssippenamt bestätigt hatte, dass sie nicht jüdischen Blutes waren. Eine solche Bescheinigung wurde Götz Schlicht erst im Frühjahr 1943 ausgestellt. Danach wurde er zum Leutnant befördert.[142] Gemäß einer »Laufbahn-Richtlinie für die Offizier-Anwärter der Schutzpolizei vom 30.5.1938« wurden Absolventen, die an einem Zug- und Gruppenführerlehrgang mit Erfolg teilgenommen hatten, zum Polizei-Oberwachtmeister und zum »Junker der Schutzpolizei« ernannt.[143] Da sich Götz Schlicht in seinem Schreiben an das Kammergericht Berlin vom 27. Februar 1943 eitel als »Gerichtsreferendar a.D.« be-

138 Ebd., R19/284
139 Bundesarchiv Ludwigsburg, B162/27015, S. 152
140 Bundesarchiv Berlin, R20/74
141 Bundesarchiv Ludwigsburg, B162/27015, S. 152
142 Brandenburgisches Landeshauptarchiv, Rep 4A, Nr. 9005
143 Bundesarchiv Berlin, R19/238

zeichnete,[144] ist nicht verständlich, warum er sich in den vorhandenen Unterlagen nie als »Junker der Schutzpolizei« auswies.

Am 15. September 1941 erfolgte seine Abkommandierung aus Berlin zur Einsatzkompanie Thorn.[145]

---

144 Brandenburgisches Landeshauptarchiv, Rep 4A, Nr. 9005

145 Bundesarchiv Ludwigsburg, B162/27015, S. 152

Einsatz im besetzten Polen 1940–1943

Im Generalgouvernement Polen befanden sich im Jahre 1941:[146]

- 10 997 Mann bei der Ordnungspolizei und deren angegliederten Einheiten;
- 6 629 Mann davon in neun Polizeibataillonen;
- 775 Mann in fünf unabhängigen Polizei-Kompanien;
- 473 Mann in einer Reiterabteilung und einer Schwadron;
- 2 199 Mann in 58 Gendarmeriezügen wie beim Einzeldienst der Schutzpolizei in acht Kommandos und elf Dienstabteilungen;
- 110 Mann einer NSKK-(Nationalsozialistisches-Kraftfahrerkorps) Kurier-Kompanie unterstützten die Polizeieinheiten.

Zu den Aufgaben der Ordnungspolizei im Generalgouvernement gehörten 1941 die Bewachung vom Gefangenentransporten (sowjetische Kriegsgefangene), Überwachung der Gefangenenlager, die Bekämpfung von Partisanen sowie deren Exekutionen, besonders in den neu hinzugekommen Gebieten, in Galizien und in Krosno und Przemysl.[147]

Diejenigen Teile von Polen, die vor 1918 zum Deutschen Reich gehörten, sollten nach den Vorstellungen der Nationalsozialisten wieder dem Reich angegliedert werden. Es handelte sich dabei um den Warthegau, Danzig-Westpreußen, Ost-Oberschlesien und die der Provinz Ostpreußen angegliederten Gebiete.[148] Bei dieser Angliederung verfuhren die Nationalsozialisten sehr großzügig. Der neue Warthegau umfasste eine Fläche von 43 942,49 km^2. Davon gehörten aber nur 23 993,60 km^2 zum früheren altpreußischen Gebiet.[149] Anfang 1942 lebten auf diesem Territorium 4 576 503 Einwohner, von denen nur 774 706 Deutsche waren.[150] Zu den anderen angegliederten Gebieten konnten solche Zahlen leider nicht ermittelt werden.

146 Bundesarchiv Berlin, R19/97
147 Ebd.
148 Ebd., R70 Polen/198, S. 51
149 Ebd., S. 42
150 Ebd.

Nach Ende ihrer Ausbildung wurde die »Berliner Kompanie« Mitte Dezember 1940 nach Thorn (Torun) im neu angegliederten Westpreußen verlegt. Die Kompanie trug die Bezeichnung »Einsatzkompanie Borgsen«, benannt nach dem Kompanieführer, Hauptmann Borgsen. Es ist mit ziemlicher Sicherheit anzunehmen, dass diese Kompanie einem Polizeibataillon angehörte, dessen Bezeichnung aber von den Polizisten unerwähnt blieb. Die Stadt Thorn befand sich im Wehrbezirk XX (Danzig-Westpreußen). 1940 waren dort die Polizeibataillone 13, 64, 71 und 91 stationiert.[151] Es konnte nicht festgestellt werden, welchem dieser Bataillone die »Berliner Kompanie« zugeteilt war. In Thorn erhielt die Kompanie die Bezeichnung »Einsatzkommando Thorn« oder »Einsatzkompanie Thorn«. Zwei der später vernommenen Polizisten erwähnten: »Schlicht kam [...] in Thorn zu uns.«[152] Ein genauer Zeitpunkt wird nicht erwähnt. Ein anderer Polizist erwähnte in seiner Vernehmung, dass Götz Schlicht in dem Teil des Einsatzkommandos Thorn gedient hätte, der von 1941 bis Frühjahr 1943 »Aussiedlungen« von Polen durchführte.[153] Götz Schlicht selbst erwähnte, er sei Ende 1941 mit einem Wachkommando nach Marienburg (Malbork) zum Schutz der Nogatbrücke (Straßenbrücke) eingesetzt worden. Dieser Einsatz dauerte etwa bis April 1942. Zwei der vernommenen Polizisten bestätigen diesen Einsatz, allerdings mit einer interessanten Variante. Beide sagten aus, dass Schlicht Kommandoführer des Wachzuges in Marienburg (Malbork) gewesen war.[154]

Die dem Deutschen Reich angegliederten Teile Polens sollten nun »germanisiert« werden. Verantwortlich für die Umsetzung dieser Politik war Heinrich Himmler. Er wurde am 7. Oktober 1939 von Hitler zum »Reichskommissar für die Festigung des deutschen Volkstums« ernannt. Bereits am 30. Oktober 1939 ordnete Himmler die Germanisierung des Warthegaus an.[155] Die notdienstverpflichteten Polizisten hatten die Aufgabe, die Germanisierung zu verwirklichen. In einem geheimen Befehl des zuständigen Höheren SS- und Polizeiführers in Posen vom 12. November 1939, die »Abschiebung von Juden und Polen aus dem Reichsgau Warthe-Land« betreffend,[156] ordnete dieser an:

---

151 Antonio J. Munoz., Hitler's Green Army: The German Order Police and their Auxiliaries, 1933–1945, Volume II, Europa Books, Inc., Bayside, NY (USA) 2005, S. 55f.

152 Bundesarchiv Ludwigsburg, B162/1328, S. 1731, und B162/3554, S. 150

153 BStU, MfS HA IX/11, RHE-West 496/2, Bl. 364

154 Bundesarchiv Ludwigsburg, B162/1328, S. 1692 u. S. 1748

155 Wikipedia (Stichwort: Heinrich Himmler)

156 Bundesarchiv Berlin, R70/198

»Alle Juden und alle diejenigen Polen sollen abgeschoben werden, die entweder zur Intelligenz gehören oder aber auf Grund ihrer nationalpolnischen Einstellung eine Gefahr [...] darstellen können.

Ziel der Abschiebung ist:

1. die Säuberung und Sicherung der neuen deutschen Gebiete,
2. die Schaffung von Wohnungen und Erwerbsmöglichkeiten für die einwandernden Volksdeutschen.

Es war geplant, dass für der Zeit vom 15.11.1939 bis 28.2.1940 200 000 Polen und 100 000 Juden aus dem Warthegau abtransportiert werden sollten.. Die Beförderung sollte ausschließlich durch die Reichsbahn stattfinden. Für jeden Zug war eine Begleitmannschaft in Stärke von etwa 6 Polizeibeamten und 30 Selbstschutzleuten zu stellen. Es wurde genau festgelegt, wie viel Verpflegung und notwendige Kleidungs- und Ausrüstungsgegenstände in einem Koffer mitgenommen werden könnten. Bei Juden wurde befohlen, dass das Mitnehmen aller Gegenstände erheblich einzuschränken sei.«[157]

Diese Um- und Aussiedlungen wurden in den folgenden Jahren fortgeführt. 839 000 Personen sollen insgesamt von den Umsiedlungen, Vertreibungen und Verschickungen zur Zwangsarbeit im Reich aus dem besetzten Polen in den Jahren 1939 bis 1944 betroffen gewesen sein.[158]

Die Kompanie von Götz Schlicht war zunächst in Danzig-Westpreußen eingesetzt, im Winter 1942/43 wurde sie nach Posen im Warthegau verlegt. In beiden Gebieten nahm diese Kompanie wiederholt an Um- und Aussiedlungen teil. Bei seiner Vernehmung am 7. Februar 1964 in Berlin gab Götz Schlicht zum Sonderkommando 1005 zu Protokoll:[159]

»Kompaniechef in Thorn war der Hauptmann Borgsen. Die Kompanie war damals im Wesentlichen bei Umsiedlungen der Polen eingesetzt. Ende 1941 wurde ich mit einem Wachkommando nach Marienburg zum Schutz der Nogatbrücke (Straßenbrücke) eingesetzt. Dieser Einsatz dauerte etwa bis zum April 1942. Als ich von dort zur Kompanie zurückkehrte, wurde diese nach

157 Ebd.

158 Vortrag am 17.11.2004: Deutsch-Polnische Akademische Gesellschaft e.V. in Berlin zu der polnisch-sprachigen Publikation: Dr. Maria Rutkowska, Die Vertreibung der polnischen Bevölkerung aus dem Reichsgau Wartheland in das Generalgouvernement 1939–1941

159 Bundesarchiv Ludwigsburg, B162/1328, S. 1722–1729 (Vernehmung von Götz Schlicht durch Staatsanwalt Tegge vor dem Landgericht Hamburg)

Litzmannstadt zurückverlegt. Im Winter 1942/43 wurden wir nach Posen verlegt. Dort wurden wir einem Bataillon eingegliedert. Kommandeur war der Hauptmann Wieczorek. Sein Adjutant war der Leutnant Matzat. Ihn kannte ich aus dem Offizierslehrgang. Die Kompanie wurde dann etwa im März 1943 nach Tarnopol verlegt, ich führte dabei das Vorauskommando.«

Weitere Angaben zu den Polizeieinheiten, in denen Götz Schlicht diente, zu den Einsatzorten und Aufgaben beruhen auf den Aussagen von über 75 ehemaligen Angehörigen der Schutzpolizei, die nach dem Krieg vom sowjetischen Staatssicherheitsdienst und von bundesdeutschen Staatsanwaltschaften vernommen wurden. Die Protokolle der Aussagen sind sehr differenziert und auch widersprüchlich. Keiner der Befragten wollte sich selbst belasten, und sie vermieden gegenseitige Beschuldigungen, es sei denn, dass der Beschuldigte entweder verschollen oder nicht mehr am Leben war.

Henry Leide kommt in seinem Buch »NS-Verbrecher und Staatssicherheit« 2006 zur selben Feststellung.[160] Lediglich wenn die Mehrzahl der Zeugen ein und dieselbe Information lieferte, konnte man annehmen, dass diese der Realität entsprach. Eine absolute Gewissheit dazu gab es aber nicht. Diese Vernehmungen dienten primär der Aufklärung von Verbrechen des Sonderkommandos 1005. Details zu dieser Einheit sind einem nachfolgenden Kapitel vorbehalten. Die Schilderungen zum Einsatz der Berliner Polizeikompanie im besetzten Polen sind, im Grunde genommen, eher als ein Nebenprodukt dieser Befragungen anzusehen.[161]

Die Polizisten der Berliner Kompanie erwähnten folgende Ereignisse, an denen sie von Dezember 1940 bis März 1943 beteiligt waren:[162]

Vom Februar bis April 1941 fand auf Befehl des »Umsiedlungsstabes der SS« eine Zwangsaussiedlung polnischer Familien aus der Stadt Bromberg (Bydgoszcz) und der angrenzenden Ortschaften statt. Die polnischen Familien wurden in SS-Lagern in der Nähe der Städte Nakel und Thorn (Toruń) untergebracht. Ihnen wurde gestattet, Lebensmittel und eine geringe Menge notwendiger Sachen, hauptsächlich Bekleidung und Wäsche, mitzunehmen. Alles übrige sowie Wertgegenstände gingen in das Eigentum des SS-Stabes über. Die Wohnungen mit Einrichtungen wurden auf Anweisung des SS-Stabes an Volksdeutsche aus Bessarabien, Wol-

160 Henry Leide, NS-Verbrecher und Staatsicherheit, Vandenhoeck & Ruprecht, Göttingen 2006, S. 120

161 Auswertung der Akten im Bundesarchiv Ludwigsburg, B162/1328-1331, B162/2117, B162/3554-3556,B162/6933, B162/25959, B162/27011-27034

162 Ebd.

hynien und der Bukowina übergeben. Im Laufe eines Monats wurden mit Hilfe der Einsatzkompanie Thorn mehr als 2000 polnische Familien auf dieser Art und Weise zwangsausgesiedelt. Anschließend fanden ähnliche Zwangsaussiedlungen aus den Städten Schedno, Kulm (Chelm Żarski) und anderen Ortschaften am Flussverlauf der Weichsel statt. Mehr als 7000 polnische Familien wurden in SS-Speziallager eingewiesen. Auf Befehl des SS-Stabes sollten alle diese Familien, einschließlich der Kinder, zur Zwangsarbeit in Deutschland eingesetzt werden (Anmerkung des Autors: Dass Kinder zur Zwangsarbeit nach Deutschland verschleppt wurden, ist anzuzweifeln).[163]

Per Eisenbahn wurden Juden aus Thorn ins KZ Mauthausen transportiert. Es handelte sich um einen längeren Zug mit Güterwagen, zu denen einige Personenwagen kamen, in denen die Wachmannschaft fuhr. Der Transport dauerte einen Tag und eine Nacht.[164]

Im Juni 1941 wurde die Kompanie, oder nur ein Teil davon, nach Tschenstochau (Częstochowa) verlegt und zwar zur Bewachung eines Objektes (Ghetto oder Lager?). In Tschenstochau wurden ebenfalls Aussiedlungsaktionen durchgeführt.[165]

Von November bis Dezember 1941 führte die Einsatzkompanie Thorn mehrfach Zwangsaussiedlungsaktionen im Landkreis Danzig (Gdańsk) durch.[166]

Im Winter 1942/43 wurde die Kompanie nach Posen (Poznań) verlegt. Teile der Kompanie hatten das Ghetto in Kutno zu bewachen.[167]

Einige Wochen später agierte die Kompanie in Görnau (Zgierz) und kurz darauf, im April 1942, in Litzmannstadt (Łódź). Die dortige Aufgabe war es, mehr als 1000 jüdische Familien ins Ghetto »zu stecken« und dieses zu bewachen. Es gab noch weitere Umsiedlungsaktionen und 500 polnische Familien kamen zwangsweise ins SS-Speziallager.[168]

Am 9. Juli 1942 ordnete der Reichsführer SS und Chef der Deutschen Polizei im Reichsministerium des Innern an, dass alle Reserve- und Polizeibataillone zu Polizei-Regimentern zusammengefasst werden sollten.[169]

Im Sommer 1942 wurde das Ghetto in Leslau aufgelöst. Die 4000 bis 5000 Insassen wurden nach Litzmannstandt transportiert. Die dortige Polizei-Wachkompanie

---

163 BStU, MfS HA IX/11, RHE-West 496/2, BStU Bl. 347–349

164 Bundesarchiv Ludwigsburg, B162/3554, S. 344; B162/3555, S. 382; B162/3556, S. 664

165 Auswertung der Akten im Bundesarchiv Ludwigsburg, B162/1328-1331, B162/2117, B162/3554-3556, B162/6933, B162/25959, B162/27011-27034

166 Ebd.

167 Ebd.

168 Ebd.

169 Bundesarchiv Berlin, R19/304, S. 208

war im März 1941 in Wohlau, Schlesien, (Wołów) aufgestellt worden und wurde nun ebenfalls aufgelöst. Einige der dort dienenden Polizisten wurden anschließend der Berliner Kompanie in Posen zugeteilt.[170]

Am 19. September 1942 wurde die Berliner Kompanie als 3. Kompanie dem I. Bataillon des Polizei-Regimentes 23 unterstellt. Das Bataillon führte zunächst noch die Bezeichnung »Polizeiwachbataillon I«. Die 1. Kompanie kam aus Gotenhafen (Gdynia), die 2. Kompanie aus Posen.[171]

In einem Schreiben vom 27. Februar 1943 an das Kammergericht in Berlin gab Götz Schlicht seine Dienststelle als das »3./Polizei-Wachbataillon in Posen« (3. Kompanie des Wachbataillon) an.[172] In Posen befand sich zur selben Zeit ein weiteres Polizeibataillon mit der taktischen Bezeichnung »Polizei Bataillon Posen«,das am 23. Dezember 1941 auf Anordnung des Befehlshabers der Ordnungspolizei Posen aus dem dort zur Verfügung stehenden Personal aufgestellt wurde und ihm auch unterstellt war.[173]

Es fand ein Eisenbahntransport (10–12 Eilzugwagen) von Juden aus Posen ins Ghetto Litzmannstadt statt, den ein Teil der Kompanie zu bewachen hatte. Das Datum ist nicht bekannt (Frühjahr 1942 oder Frühjahr 1943).[174]

Am 24. Februar 1943 ordnete Heinrich Himmler an: »Die deutschen Polizeiregimenter führen vom heutigen Tag an in Anerkennung ihres besonders tapferen und erfolgreichen Einsatzes die Bezeichnung SS-Polizeiregiment.«[175]

Am 20. März 1943 wurde das Bataillon nach Galizien verlegt. Götz Schlicht führte das Vorkommando seiner Kompanie, bestehend aus acht Mann, an, während die Kompanie ungefähr eine Woche später folgte. Die 1. Kompanie kam nach Drohobytsch (Drohobycz); die 2. Kompanie kam nach Stanislau (Stanisławów); die 3. Kompanie kam nach Tarnopol. Im April 1943 wechselten die 1. und 2. Kompanie ihre Standorte, so dass die 1. Kompanie nach Stanislau und die 2. Kompanie nach Drohobytsch kam.[176]

---

170 Bundesarchiv Ludwigsburg, B162/27011, S. 7, S. 114 u. S. 140; B162/27013, S. 89 u. S. 92

171 Auswertung der Akten im Bundesarchiv Ludwigsburg, B162/1328-1331, B162/2117, B162/3554-3556, B162/6933, B162/25959, B162/27011-27034

172 Brandenburgisches Landeshauptarchiv, Rep 4A, Nr. 1005

173 Bundesarchiv Berlin, R70 Polen, S. 27–36

174 Auswertung der Akten im Bundesarchiv Ludwigsburg B162/1328-1331, B162/2117, B162/3554-3556, B162/6933, B162/25959, B162/27011-27034

175 Bundesarchiv Berlin, R19/304, S. 233

176 Auswertung der Akten im Bundesarchiv Ludwigsburg, B162/1328-1331, B162/2117, B162/3554-3556, B162/6933, B162/25959, B162/27011-27034

Es konnte nicht festgestellt werden, an welchen dieser aufgeführten Aktionen Götz Schlicht, mit aller Wahrscheinlichkeit sogar als Kommandoführer, beteiligt war. Nach dem Krieg hatte er natürlich kein Interesse daran, sich an solche Details zu erinnern.

Den Aussagen der Schutzpolizisten, sie seien an keinerlei Erschießungen beteiligt gewesen, stehen allerdings Angaben aus Kriegstagebücher von zwei Polizeieinheiten entgegen, die zeitgleich mit der Einheit von Götz Schlicht im besetzten Polen eingesetzt waren. Die Eintragungen in diesen Kriegstagebücher sind so detailliert, dass man schon annehmen muss, dass sie der Wahrheit entsprechen. Dabei besteht ein erheblicher Widerspruch zu den unverfänglichen Aussagen der Polizisten der Einheit von Götz Schlicht.

Bei der ersten Einheit handelte es sich um das ehemalige Polizei-Ausbildungsbataillon Oranienburg, das später das Polizei-Bataillon 310 wurde und ab 1. August 1942 die Bezeichnung 3. Bataillon des Polizei-Regiments 15 erhielt (III/Pol. Rgt. 15).[177] Das Tagebuch dieser Einheit beginnt am 1. Oktober 1940. Das Bataillon unterstand zu diesem Zeitpunkt dem Inspekteur der Ordnungspolizei Berlin. Am 15. Oktober 1940 wurde das Bataillon dem Befehlshaber der Ordnungspolizei im Bezirk Radom unterstellt. Zu dieser Zeit lagen der Bataillonsstab und die 1. Kompanie in Tschenstochau, die 2. Kompanie in Tomaszów und die 3. Kompanie in Petrikau (heute Piotrków Trybunalski). Das Kriegstagesbuch enthält folgende Eintragungen:[178]

> 6. Januar 1941: Ein Kommando in Stärke von 1/25 (1 Offizier/25 Wachtmeister) überführt 103 Schutzhäftlinge aus dem Gefängnis zum KZ Auschwitz.
> 15. Januar 1941: Exekution eines vom Sondergericht Tschenstochau zum Tode verurteilten 23-jährigen Polen durch 4. Kompanie.
> 11. März 1941: Die 2. Kompanie wird mit einem Offizier und 76 Wachtmeistern zu einer Getreideeintreibungsaktion in der Gemeinde Marinanow eingesetzt.
> 14. Mai 1941: Von Polizeikräften wurden für die Wehrmacht Erfassungsaktionen von Gespannen durchgeführt. Es wurden 247 Gespanne beigebracht, von denen die Wehrmacht 175 behielt.
> 20. Mai 1941: Als Sühnemaßnahme für den am 18.05.1941 ermordeten volksdeutschen Bürgermeister wurde die Exekution an 20 Polen vollzogen.
> 30. Mai 1941: Ein Kommando der 3. Kompanie, verstärkt durch ein Sonderkommando der 2. Kompanie, führte die Exekution von 78 Verbrechern durch.

177 Bundesarchiv Berlin, R20/83
178 Ebd.

Die Exekution war als Sühnemaßnahme für die Ermordung des SS-Untersturmführers Dittmann erfolgt.
23. Juni 1941: Ein Kommando der 2. Kompanie in Stärke von 1/50 führte eine Aktion zur Eintreibung von Kartoffeln im Kreis Tomaszow durch.
27. Juni 1941: Die 2. Kompanie wurde zu einer Kartoffeleintreibungsaktion im Kreis Tomaszow eingesetzt.
1. August 1941: Das Bataillon wird dem Befehlshaber der Ordnungspolizei im Bezirk Galizien unterstellt.
4. August 1941: Das Bataillon wird nach Lemberg in Marsch gesetzt.
11. November 1941: Die 2. Kompanie beginnt mit der Umsiedlung von Lemberger Juden in ein Ghetto. 40 % der Bevölkerung in Lemberg sind Juden.
20. November 1941: Die 3. Kompanie exekutiert 139 russische Kommunisten und Kommissare in Rawa-Ruska.
9. Dezember 1941: Milcheintreibung in 41 Ortschaften des Kreises Tarnopol.
11.–12. Dezember 1941: Getreideerfassungsaktion in der Umgebung von Lemberg.
21. Februar 1942: Das Bataillon wird in die Gegend von Leningrad verlegt.

Das 2. Kriegstagebuch stammt vom Polizei-Bataillon 307. Am 12. Mai 1942 erhielt dieses Bataillon die Bezeichnung I/Pol. Rgt. 23. Das vorhandene Kriegstagesbuch beginnt am 12. Mai 1942 und schließt am 29. März 1943. Es enthält folgende Eintragungen:[179]

26. Mai 1942: Befand sich die 1. Kompanie in Gorlice, die 2. Kompanie in Prczemysl und die 3. Kompanie in Tarnow.
28. Mai 1942: 55 weibliche Schutzhäftlinge von Tarnow nach Auschwitz überführt.
10 Juni 1942: Einsatz der 3. Kompanie bei der Aktion zur Aussiedlung von Juden aus dem Bezirk Tarnow, die bis zum 19. Juni 1942 durchgeführt sein soll.
12. Juni 1942: Einsatz der 3. Kompanie bei der 2. Aktion zur Aussiedlung der Juden aus Tarnow. Ein Jude, der in Tarnow durch die äußere Absperrung fliehen wollte, erschossen.
13. Juni 1942: Transport von 30 Häftlingen nach Krakau.
19. Juni 1942: Einsatz der 3. Kompanie bei der 3. Aussiedlungsaktion der Juden

179 Bundesarchiv Berlin, R20/225

in Tarnow. Insgesamt wurden 9700 Juden aus Tarnow ausgesiedelt. Die Zahl der Juden in Tarnow hat sich um 16 000 verringert.
5. Juli 1942: Eintreffen der 2. Kompanie in Stärke von 1/22 und 3. Kompanie mit 1/14 zur Unterstützung der Judenaktion in Reichshof (Aussiedlung von Juden aus Reichshof nach Russland). Die Absperrkommandos übernehmen sofort ihre Tätigkeit im Ghetto.
6. Juli 1942: Das Judenghetto ist abgesperrt, die Juden werden sortiert. 114 Juden wegen Besitz von Plündierergut erschossen.
7. Juli 1942: Beginn des ersten Abschubs der auszusiedelnden Juden nach Russland. Transportzug mit 4000 Juden fährt vom Südbahnhof ab. Begleitkommando 1/23.
10. Juli 1942: Beginn der Aktion zur Umsiedlung der Juden aus dem 2. Teil des Ghettos. Abfahrt des Transportkommandos mit 4300 Juden.
14. Juli 1942: Beginn der 3. Aktion zur Aussiedlung der Juden aus dem Ghetto in Reichshof. Abtransport von 3 500 Juden. Hierzu ein Transportkommando von 23 Wachtmeistern gestellt.
17. Juli 1942: Beginn der 4. und letzten Aktion zur Aussiedlung der Juden aus Reichshof. Transport von 3 033 Juden abgefahren.
27. Juli 1942: Judenaussiedlungsaktion in Prczemysel. Wiederholte Fluchtversuche durch Schusswaffengebrauch vereitelt. Verladung der jüdischen Umsiedler. 4 Fluchtversuche, alle durch Schusswaffe vereitelt. Abfahrt des Transportzuges mit 3518 ausgesiedelten Juden. 2. Kompanie stellt das Begleitkommando in Stärke von 1/23.
29. Juli 1942: Beginn der 2. Aktion zur Aussiedlung der Juden aus Prczemysel. 2 Fluchtversuche durch Schusswaffe vereitelt. Abfahrt des Transportzuges mit 4378 Juden.
31. Juli 1942: Beginn der 3. Judenaktion in Prczemysel. Abfahrt des Judentransportzuges mit 3851 Juden. Keine besonderen Vorkommnisse.
8. August 1942: Bataillon muss sich am 12.08.1942 beim Kommandeur der Ordnungspolizei in Minsk melden. Abmarsch bereit machen.

Den Aussagen der Angehörigen der »Berliner Kompanie«, dass sie im Warthegau an keinen Exekutionen beteiligt gewesen waren, steht ebenfalls die Aussage eines ehemaligen Polizisten entgegen, der in einer anderen Polizeieinheit in Posen diente. Dieser Polizist war ab April/Mai1942 bis November 1942 Feldfernschreiber in der Nachrichtenkompanie 211 in Posen.[180] Das Polizeiwachbataillon I lag in der Nähe seiner Unterkunft. Eines Tages berichtete ihm ein Oberwachtmeister seiner Kompanie, dass eine Kompanie des Wachbataillons in der Nacht zuvor wieder zu einem »Gemetzel« ausgerückt war. Aus anderen Erzählungen wusste er, dass Teile des Wachbataillons wiederholt von Posen ausgerückt waren, um Erschießungen durchzuführen. Bei diesen Erschießungen sollen Juden und Polen »niedergemacht« worden sein. Diese Exekutionen bei Posen waren ein offenes Geheimnis bei der dortigen Bevölkerung.[181]

Ein großes Problem bei der Klärung der Ereignisse bedeutet die Tatsache, dass die ehemaligen Angehörigen der Kompanie Borgsen übereinstimmend behaupteten, dass ihre Kompanie im September 1942 als die 3. Kompanie dem I. Bataillon des Polizei-Regimentes 23 unterstellt war.[182] An dieser Behauptung änderte sich auch nichts bis zum allgemeinen Rückzug im Sommer 1944. Im Kriegstagebuch des ehemaligen Polizei-Bataillons 307 erfährt man aber, dass diese Einheit am 12. Mai 1942 die neue Bezeichnung als I. Bataillon des 23. Polizei-Regiments erhalten hat.[183] Ist es denn möglich, dass zwei Polizei-Bataillone dieselbe taktische Bezeichnung führten? Bruchstückhafte Fragmente von Befehlen des Chefs der Ordnungspolizei und von Befehlen und Erlassen des RF SSuChdDtPol im RMdI (Reichsführer SS und Chef der Deutschen Polizei im Reichsministerium des Innern) lassen erahnen, dass auf dieser Ebene Kompetenzstreitigkeiten ausgetragen wurden. Nachdem der Reichsführer SS am 10. Februar 1942 befohlen hatte, dass die SS-Pol.-Division mit sofortiger Wirkung der Waffen-SS zu unterstellen sei und alle Angehörigen dieser Einheit Waffen-SS-Uniformen zu tragen hätten, wurde diese Entscheidung erst am 4. September 1942 mit einer Durchführungsbestimmung vom Chef der Ordnungspolizei umgesetzt.[184]

In einem Erlass des Chefs der Ordnungspolizei vom 22. Mai 1942 hatte dieser angeordnet, dass der neue Heimatstandort für das Polizei-Bataillon 307 die Polizei-Verwaltung Duisburg sei.[185] In einem Erlass vom 9. Juli 1942 des RF SSuChdDtPol im RMdI ordnete dieser wiederum an, dass für das Polizei-Bataillon 307 der neue Heimatstandort Breslau bestimmt sei und dass das Bataillon die neue Bezeich-

180 Bundesarchiv Ludwigsburg, B162/27012, S. 11f.

181 Ebd., S. 14

182 Auswertung der Akten im Bundesarchiv Ludwigsburg, B162/1328-1331, B162/2117, B162/2287, B162/3554-3556, B162/4130-4146, B162/5659-5672, B162/6933, B162/7671-7676, B162/19220, B162/25959, B162/27011-27034

183 Bundesarchiv Berlin, R20/225

184 Ebd., R20/1

185 Ebd., R19/109, S. 1

nung I./Pol. Rgt.23 erhalte.[186] Mit demselben Datum ordnete der RF SSuChdDtPol im RMdI die Zusammenfassung der Polizei- und Reserve-Polizei-Bataillone zu Polizei-Regimentern an. Dieser Befehl enthält auch die Aussage: »Die Aufstellung der Regiments-Stäbe wird von Fall zu Fall befohlen.«[187] In einem Erlass des Chefs der Ordnungspolizei vom 29. März 1943 ordnete dieser an, dass ab sofort das I./SS-Pol.23, Heimatstandort Breslau, die Bezeichnung III./SS Pol. Rgt. 24 führt.[188] Am 21. April 1943 ordnete der Chef der Ordnungspolizei in einem Schnellbrief die Aufstellung eines Regimentstabes für das SS-Polizei-Regiment 24 an. Da auch eine Feldpostnummer für diesen Stab angefordert wurde, kann man davon ausgehen, dass bis zu diesem Zeitpunkt ein solcher Stab nicht existierte, obwohl drei Bataillone mit den Bezeichnungen I./SS-Pol. 24, II./SS-Pol. 24 und III./SS.-Pol. 24 (bisher I./Pol. 23) sich im Einsatz befanden.[189] Anscheinend hatte der RF SSuChdDtPol im RMdI versäumt, einen Befehl zur Aufstellung des Regimentstabes zu erteilen. Zu der Aufstellung im September 1942 des I. Bataillons des Polizei-Regiments 23 im Warthegau konnten leider keine Unterlagen gefunden werden. Es besteht aber keinerlei Zweifel, dass dieses Bataillon, das aus dem »Polizeiwachbataillon I Posen« hervorgegangen war, tatsächlich die Bezeichnung I./Pol. Rgt. 23 führte.

Dieser Wirrwarr setzte sich nach dem Krieg fort. Die Staatsanwaltschaften im Bundesgebiet waren auch mit dem Problem von zwei I./Pol. Rgt. 23 konfrontiert. Es wurde gegen Angehörige des I./Pol. Rgt. 23 wegen des Verdachts von NS-Gewaltverbrechen in Galizien in den Jahren 1943 bis 1944 ermittelt. In den Anfangsstadien dieser Ermittlungen kamen dann noch Listen mit 666 Namen ehemaliger Angehöriger des I./Pol. Rgt. 23 (vorher Pol. Btl. 307) dazu, die zu der Zeit im Bundesarchiv Koblenz zu finden waren.[190] Aber nicht nur die Staatsanwaltschaften im Bundesgebiet befassten sich mit der geschilderten Problematik, auch der sowjetische Geheimdienst versuchte in seiner Analyse krampfhaft die zwei verschiedenen I./Pol. Rgt. 23 in ein Regiment zu vereinen. Das Resultat war ein schier unverständliches Durcheinander, das dann auch noch an das MfS weitergegeben wurde. Das MfS schien diese KGB-Analyse voll und ganz als geprüfte Realität übernommen zu haben und hatte aus diesem Grund große Schwierigkeiten, weitere Ermittlungen zu Kriegsverbrechen in Galizien zu veranlassen. Details zu diesem Thema werden in einem weiteren Teil dieses Textes erläutert.

---

186 Ebd., S. 19
187 Ebd., R19/304, S. 208–210
188 Ebd., R19/109, S. 61
189 Ebd., S. 40f.
190 Bundesarchiv Ludwigsburg, B162/3555, S. 441

Galizien
1943

Die allgemeine Situation in Galizien

Galizien war bis September 1939 ein Teil Polens. Im so genannten Hitler-Stalin-Pakt vom 23. August 1939 vereinbarten Deutschland und die Sowjetunion eine Aufteilung Polens. Die deutsche Wehrmacht marschierte am 1. September 1939 in Polen ein. Nach wenigen Wochen brach der polnische Widerstand zusammen, Teile von Polen, wie z. B. das Wartheland, die vor 1919 dem Deutschen Reich angehört hatten, wurden wieder dem Reich angegliedert. Das Zentrum Polens wurde zum so genannten Generalgouvernement unter deutscher Besatzung. Die Ostteile des Landes, inklusive Galizien, wurden von der Sowjetunion besetzt. Nach dem Einmarsch deutscher Truppen in die Sowjetunion im Juni 1941 wurden zum 1. August 1941 die ehemaligen polnischen Wojewodschaften Lemberg, Tarnopol und Stanislau Bestandteil des Generalgouvernements und bildeten den Distrikt Galizien.[191] Der Distrikt umfasste 50 300 Quadratkilometer und hatte 5 210 000 Einwohner. Die Hauptstadt von Galizien war Lemberg (Lwów). 1941 hatte Lemberg eine Einwohnerzahl von 370 000, davon 160 000 Juden, 140 000 Polen und 70 000 Ukrainer.[192]

Aus einem geheimen Vortrag zum Thema »Sicherheitslage in Galizien«, der mit aller Wahrscheinlichkeit im 1. Halbjahr 1943 von einem namentlich nicht bekannten höheren SS-Offizier vor einem unbekannten Personenkreis gehalten wurde, ergibt sich folgender Situationsbericht:[193] Die Bevölkerungszahl Galiziens wird in dem Bericht mit 4,5 Millionen angegeben, davon waren 85 bis 90 Prozent Ukrainer. Es wird geschildert, dass von den Ukrainern die Deutschen überwiegend als Befreier vom Bolschewismus angesehen wurden, von den Polen aber als Feinde. Unter den Polen bestanden vier Widerstandsgruppen, die hauptsächlich durch aktive Flugblattpropaganda in Erscheinung traten. Aber auch bei den Ukrainern gab

191 Geheime Ereignismeldung, UdSSR Nr. 50, des Chef der Sicherheitspolizei und des SD, vom 12. August 1941, BStU, MfS-HA IX/11, AK 629/74, Bd.2,BStU Bl. 436–438

192 Ebd. S. 438

193 Bundesarchiv Ludwigsburg, B162/3557, S. 764–774

es drei Widerstandsgruppen: die Hetmann-Gruppe, die hauptsächlich aus Intellektuellen bestand, war zahlenmäßig unbedeutend; die Bandera-Gruppe, die einen ukrainischen Staat im Kampf gegen die Deutschen anstrebte und in fast allen Orten Galiziens Mitglieder hatte; und die Melnyk-Gruppe, die in Zusammenarbeit mit den Deutschen ebenfalls einen ukrainischen Staat anstrebte. Es wird weiter festgestellt, dass die allgemein freundliche Stimmung der ukrainischen Bevölkerung gegenüber den Deutschen sich zum Negativen veränderte. Das beruhte hauptsächlich darauf, dass die Deutschen sie vor allem zwangsweise als Arbeitskräften für das Reich rekrutierte, sowie auf der allgemein schlechten Wirtschafts- und Ernährungslage. Es wurde in diesem Bericht befürchtet, dass die Stimmung noch weiter absinken könnte.

Die Sicherheitskräfte in Galizien umfassten anhand dieses Berichts insgesamt 6 084 Angehörige. Davon waren:

- Truppenpolizei (SS-Polizeiverbände) 1 083 (das entsprach 2 Bataillonen)
- Gendarmerie (Deutsche Ortspolizei) 706
- Schutzpolizei des Einzeldienstes 210
- Sonderdienste (Zivilverwaltung) 382
- NSKK (Nationalsozialistisches Kraftfahrer Korps) 92
- Technische Nothilfe 56
- Ukrainische Polizei 3 555

Im Weltbild der Nazis wurde Galizien als der größte »Sündenpfuhl der Menschheit« angesehen, da hier so viele Juden wohnten. Sehr interessant ist in diesem Zusammenhang in dem geheimen Bericht folgendes zur »Lösung der Judenfrage« in Galizien vom SS- und Polizeiführer im Distrikt Galizien vom 30 Juni 1943 zu lesen:[194]

> »Lösung der Judenfrage im Distrikt Galizien
>
> Galizien war durch den Begriff ›galizischer Jude‹ wohl das Fleckchen Erde auf der Welt, das in Verbindung mit dem Judentum am besten bekannt und in aller Munde war. Hier lebten sie in großen kompakten Mengen, eine Welt für sich bildend, aus der immer wieder der Nachwuchs des übrigen Weltjudentums gespeist wurde. Zu Hunderttausenden begegnete man den Juden in allen Teilen Galiziens.

194 Bundesarchiv Berlin, R70/205

Nach der alten Statistik des Jahres 1931 wurden rd. 502.000 Juden gezählt. Diese Zahl dürfte sich seit 1931 bis zum Sommer 1941 bestimmt nicht verringert haben. Genaue Angaben über die beim Einmarsch der deutschen Truppen in Galizien vorhandenen Juden können nicht gemacht werden. Von den Judenresten Galiziens wurde lediglich am Ende des Jahres 1941 die Zahl von 350.000 angegeben. Dass diese Zahl nicht stimmt, ist aus der am Schluss bekannt gegebenen Aussiedlungsziffer zu ersehen. Allein die Stadt Lemberg beherbergte im Juli–August 1941 rd. 160.000 Juden.«

Dieser Bericht zur »Lösung der Judenfrage im Distrikt Galizien« kann als eine Stellungnahme zu dem Befehl des SS-Reichsführers Heinrich Himmler vom 11. Juni 1943 angesehen werden. In diesem Befehl ordnete Himmler die Auflösung aller jüdischen Wohngebiete im Generalgouvernement an.[195] Der Bericht ist in der Vergangenheitsform abgefasst. »Galizien war durch den Begriff ...«, »Hier lebten ...«, »Man begegnete ...«, »Lemberg beherbergte ...«. Mit anderen Worten, als dieser Bericht am 30. Juni 1943 geschrieben wurde, war mit aller Wahrscheinlichkeit Galizien bis auf etwa 15 Zwangsarbeitslager »judenfrei«. Die etwa 40 000 jüdischen Insassen dieser Zwangsarbeitslager wurden zum Bau und Unterhalt der kriegswichtigen Durchgangsstraße Dg.4 benötigt,[196] wie auch für Rüstungszwecke in Lemberg. Die dortige Einrichtung trug die Bezeichnung »Janowska-Lager«. Dieses Lager unterschied sich kaum von anderen Vernichtungslagern. Auch hier wurden Tausende von Juden getötet und ihre Leichen vernichtet.[197] Der benutzte Begriff »Aussiedlungsziffer« ist ein Euphemismus für getötete oder ins KZ transportierte galizische Juden.

Die genaue Anzahl der »ausgesiedelten« Juden ist in dem vorliegenden (unvollständigen) Bericht nicht angegeben. Wenn aber 1941 die Bevölkerung von Galizien mit 5,2 Millionen angegeben wurde und 2 Jahre später diese nur noch 4,5 Millionen betrug (siehe oben), kann man davon ausgehen, dass bis zu 700 000 Juden »ausgesiedelt« worden sind. So verringerte sich z. B. die Bevölkerung der Stadt Stanislau von 75 000 im Jahre 1941 auf 40 000 im Jahre 1943.[198] 1939 wohnten etwa 7 000 Juden in der Stadt Brzezany. 1940 stieg deren Zahl auf ca. 14 000 bis 15 000, da viele Juden aus dem Generalgouvernement in das von sowjetischen Streitkräften besetzte Ost-

195 www.fdj.de/infoportal/dbz/III-1942–1944.html
196 Bundesarchiv Berlin, R70/205
197 Leon W. Wells, Ein Sohn Hiobs, Carl Hanser Verlag, München 1963, S, 1–247
198 Bundesarchiv Ludwigsburg, B162/3556, S. 654

polen geflohen waren. Nach Abzug der Deutschen im Jahre 1944 betrug die Zahl der überlebenden Juden in Brzeżany 70.[199]

Im berüchtigten »Katzmannbericht« vom 20. Juni 1943 wird allerdings angegeben, dass »nur« 434 329 Juden »ausgesiedelt« wurden und dass Galizien jetzt »judenfrei« sei.[200]

In Tarnopol

In seiner Vernehmung am 7. Februar 1964 zum Sonderkommando 1005 durch die Hamburger Staatsanwaltschaft machte Götz Schlicht folgende Angaben zu seinem Einsatz in Galizien:[201]

> »Die Kompanie [die Kompanie, in der er im Warthegau diente] wurde etwa im März 1943 nach Tarnopol verlegt, ich führte dabei das Vorauskommando. Die anderen Kompanien [des I. Btl. des 23. Polizei Rgt.] lagen an anderen Orten. Kompanieführer war kurz vor der Verlegung oder erst in Tarnopol der Oberleutnant Mohr, der aus Sachsen stammt. Zu dieser Zeit stand meine Beförderung zum Reserveoffizier heran. Ich war anläßlich der Geburt meines 6. Kindes am 3. Februar 1943 in Berlin. Dabei hatte sich ergeben, dass meine Beförderung zum 20. April [Hitlers Geburtstag] feststand. Ich sah es damals so, daß ich aus der Misere endlich heraus kam. Ich wurde immer wieder gefragt, warum ich nicht befördert werde. Ich trug schon den silbernen Adler auf dem Arm, der nur Offizieren und den geprüften Offiziersanwärtern zustand. Als meine Beförderung bzw. die Nachricht davon sich verzögerte, schickte mich Oblt. Mohr Ende April 1943 nach Berlin zum Kommando der Schutzpolizei. Ich sollte mich dort bei Hauptmann Borgsen, dem Sachbearbeiter für Res. Off. Angelegenheiten, der zuvor mein Kompaniechef gewesen war, erkundigen. Die Beförderungsurkunde lag dort vor. Sie wurde mir ausgehändigt. Es war damals üblich, daß die neuernannten Offiziere nicht bei der bisherigen Einheit blieben. Meine neue Verwendung stand jedoch noch nicht fest. Nach einem Aufenthalt von 1–2 Wochen kehrte ich vorerst zur Kompanie zurück. Im Juli 1943 wurde ich zum Kommando der Schutzpolizei in Tschernigow abgeordnet.«

---

199 Ebd., B162/4138, S. 1589–1590
200 Ebd., B162/2102, S. 303
201 Ebd., B162/1328, S. 1722–1729

Was sagten aber andere Polizeiangehörige, die in Tarnopol stationiert waren, bei ihren Vernehmungen zu ihrem dortigen Einsatz?[202]

> »Bald nachdem die Kompanie in Tarnopol eintraf, wurde sie zur Räumung verschiedener Ghettos herangezogen. Die Räumungsaktionen folgten, bis auf eine Aktion, immer demselben Muster. Es mögen damals mindestens 10 solcher Aktionen unter Beteiligung von Angehörigen der 3. Kompanie stattgefunden haben.«[203]

Bei den Räumungsaktionen war einer der Offiziere der Kompanie, Mohr (Bendfeld traf erst am 7. Mai 1943 in Tarnopol ein), oder Schlicht zugegen.[204] Angehörige der 3. Kompanie wurden zum betreffenden Ort gebracht und mussten dann um das Ghetto eine Postenkette bilden. Danach mussten weitere Angehörige der 3. Kompanie die Bewohner des Ghettos aus dem Ghetto treiben und diese zu ihrem Exekutionsplatz eskortieren. Angehörige der Kompanie hatten ferner die Aufgabe, im Ghetto nach versteckten Juden zu suchen. Die Polizisten wurden angewiesen, auf Fliehende und Widerstand leistende Juden zu schießen. Es wurden bei diesen Aktionen innerhalb des Ghettos Schüsse abgegeben. Wer geschossen hatte und ob Juden erschossen worden sind, wollten die vernommenen Polizisten, bis auf drei Ausnahmen, nicht gesehen haben.

Der Historiker Henry Leide kommt zu einer ähnlichen Feststellung, bezogen auf die Aufklärungsbemühungen der MfS-Hauptabteilung IX/11 zu Angehörigen der SS-Polizei-Regimenter: »Die Ermittlungen ... erwiesen sich als mühsam, weil es eine Fülle von Belegen für einzelne Mordaktionen gab, jedoch die aufgespürten Angehörigen der Einheit in ihren Aussagen naturgemäß Geständnisse und gegenseitige Beschuldigungen vermieden.«[205] Am Exekutionsplatz, der sich in der Regel über einen Kilometer vom Ghetto entfernt befand, waren schon vorher Gruben ausgehoben worden. Die Polizisten mussten in einer Entfernung von ca. 100 Metern eine weitere Absperrkette um die Gruben bilden, um Schaulustige fernzuhalten und um zu verhindern, dass Juden fliehen konnten. Nachdem die Juden sich

---

202 Auswertung der Akten im Bundesarchiv Ludwigsburg, B162/1328-1331, B162/2102, B162/2117, B162/2287, B162/3554-3556, B162/4130-4146, B162/5659-5672, B162/6933, B162/7671-7676, B162/19220, B162/25959, B162/27011-27034; BStU, Akten, MfS HA IX/11

203 Bundesarchiv Ludwigsburg, B162/3555, S. 432

204 Ebd., S. 434

205 Leide, NS-Verbrecher, S. 120

entkleidet hatten, wurden sie von Angehörigen des Sicherheitsdienstes (SD) der SS in Reihen aufgestellt und so erschossen, dass sie automatisch in die Gruben fielen.

Ghettoräumung in Tarnopol:
In seiner Vernehmung am 18. November 1947 durch den sowjetischen Staatssicherheitsdienst machte ein Polizeiangehöriger der 3. Kompanie folgende Aussage:[206]

> »Im Mai 1943 wurden ich und noch 60 Polizeiangehörige einem Sonderkommando zugeteilt, das *Leutnant Schlicht* [Hervorhebung vom Autor] befehligte, und das der SD-Leitung der Stadt Tarnopol unterstand. Das Kommando sollte ›zur Säuberung des Ghettos‹ eingesetzt werden, wie uns Hauptmann Mohr (Kompanieführer der 3. Kompanie) mitteilte. [...] Unter Leitung von SD-Angehörigen holten wir ca. 3000 Menschen aus dem Ghetto, darunter Kinder, Frauen und Greise, stellten sie zu Kolonnen zusammen und führten sie zum Erschießungsort hinter der Stadt Tarnopol im Gebiet der dortigen Ziegeleien. Unser Polizei-Kommando hatte auch den Auftrag, den Erschießungsort zu bewachen. Die Erschießungen wurden von einem Spezialkommando, bestehend aus SD-Mitarbeitern aus Tarnopol, durchgeführt. Das SD-Kommando teilte die am Erschießungsort eingetroffenen Juden in Gruppen zu fünf Personen ein und zwang sie, sich völlig zu entkleiden. Alle Sachen und Wertgegenstände wurden auf einen Haufen gelegt und die entkleideten Leute an den Rand einer vorher ausgehobenen tiefen Grube geführt und aus Maschinenpistolen erschossen. An die Stelle der Erschossenen wurden die nächsten fünf Sowjetbürger geführt. So wurde den ganzen Tag über verfahren; nachts schüttete ein aus Todeskandidaten bestehendes Arbeitskommando die mit Leichen gefüllte Grube zu. Nach Abschluss der Erschießungen wurden die den Erschossenen abgenommenen Kleider und Wertsachen durch ein SD-Kommando auf Kraftfahrzeugen zu ihrer Dienststelle weggebracht. Kleinkinder wurden auf den Armen ihrer Mütter erschossen. Kranke, die nicht allein am Grubenrand stehen konnten, wurden von je zwei Gesunden gestützt. [...] Während dieser zwei Tage wurden dort insgesamt etwa 5000 Menschen ermordet.« (Unklar bei dieser Aussage ist: Wenn 3000 Menschen aus dem Ghetto in Tarnopol geholt wurden, woher kamen die zusätzlichen 2000 Menschen, die zu der Gesamtzahl von 5000 führten?)

206 BStU, Akte, MfS-HA IX/11 RHE-West 496/2, Bl. 385–386 u. Bl. 333–335; Bundesarchiv Ludwigsburg, Akte, B162/2117, S. 4541–4549

Ein anderer Polizeiangehöriger berichtete, dass er und andere Polizisten der 3. Kompanie schon im März und Anfang April 1943 an mehreren »Judenaktionen« im Ghetto von Tarnopol beteiligt waren. Die Angehörigen der 3. Kompanie mussten das Ghetto absperren, während SS-Angehörige Juden aus dem Ghetto herausholten und diese mit Lastkraftwagen abtransportierten. Gemäß Gerüchten wurden diese Juden in eines der Konzentrationslager gebracht.

Ghettoräumung in Rohatyn:
Diese soll zwischen dem 6. und 9. Juni 1943 unter Beteiligung der 1. Kompanie und eines Zuges der 3. Kompanie stattgefunden haben. Hauptmann Wieczorek, Kommandeur des Bataillons, führte die Polizeikräfte an. Die Juden wurden aus dem Ghetto auf den Marktplatz geführt und dort von SS-Angehörigen »gefilzt«. Die ihnen abgenommenen Wertsachen wurden in große Kisten verpackt, die schon bereitstanden. Die Juden wurden dann abgeführt. Die begleitenden Polizisten kehrten nach ca. 30 Minuten zurück. Etwa zur selben Zeit hörte man aus der Richtung, in der die Juden abgeführt worden waren, zahlreiche Schüsse. Bei dieser Aktion wurden ca. 200 bis 300 Juden exekutiert.

Zugtransport mit Juden in ein Vernichtungslager:
Nach den Aussagen mehrerer Polizeiangehöriger wurden diese im Sommer 1943 des Nachts in eine größere Stadt gebracht, nicht sehr weit von Tarnopol gelegen. Dort wurden sie in einer Schule untergebracht. Am Morgen erhielten sie Marschverpflegung und wurden mit Lkws zum Bahnhof gefahren. Auf einem Gleis stand ein Güterzug. In den mindestens 30 Güterwagen waren nackte Juden jeglichen Alters und Geschlechts. Schätzungsweise befanden sich in jedem Waggon ungefähr 200 zusammengepferchte Personen (insgesamt ca. 6 000). Die Wachmannschaft (ca. 25 bis 30 Mann) wurde vom Gruppenführer des 2. Zuges der 3. Kompanie befehligt. In diesem Fall war keiner der Offiziere der 3. Kompanie anwesend. Die Wachmannschaft wurde in einem Personenwagen transportiert. Ein Teil der Wachmannschaft befand sich in den Bremshäuschen verschiedener Güterwaggons. Diese Polizisten hatten den Auftrag, Fluchtversuche mit Waffengewalt zu vereiteln. Der Zug war ungefähr einen Tag unterwegs. An einer nicht näher definierten Stelle gelang es einer größeren Anzahl von Insassen aus dem fahrenden Zug zu springen und zu flüchten. Die Polizisten schossen auf die Flüchtige. Der Zug hielt aber nicht an. Die Insassen der Waggons wurden ins KZ Sobibor gebracht. Bei der Entladung stellten die Polizisten fest, dass in jedem Waggon viele Insassen schon verstorben waren,

da die Hitze groß war und es über längere Zeit nichts zu trinken gab. Es kursierte bei den Polizisten das Gerücht, dass die Überlebenden vergast werden sollten.

Ghettoräumung in Petrykow bei Tarnopol:
Dieses Ghetto soll am 20. Juni 1943 von Angehörigen der 3. Kompanie geräumt worden sein. Viele Juden hier sollen erschossen worden sein.

Ghettoräumung in Stryi:
Dieses Ghetto wurde von nahezu allen Angehörigen der 3. Kompanie im Sommer 1943 geräumt. Die Polizisten wurden in fünf bis sechs Lkws. dorthin transportiert. Hauptmann Mohr leitete diesen Einsatz. Ungefähr 1 000 Juden aus dem Ghetto wurden am Ortsrand von Stryi erschossen.

Ghettoräumung in Brzezany:
Dieser Ort gehörte zum Sicherungsbereich von Tarnopol. Die Liquidierung dieses Ghettos erfolgte Pfingsten 1943. Es wurden hier ca. 5 000 bis 6 000 Juden erschossen. Es ist anzunehmen, dass Angehörige der 3. Kompanie auch hier eingesetzt waren.

Ghettoräumungen in den Orten Zloczow, Brody, Grabov, Czortkow, Krasnoje und Premyslany:
Diese Ghettoräumungen wurden in den vorliegenden Protokollen nur am Rande erwähnt. Sie fanden in den Monaten Mai und Juni 1943 unter Beteiligung von Angehörigen der 3. Kompanie statt. Insgesamt sollen bei diesen »Säuberungen« ca. 5 000 Juden erschossen worden sein.

Ghettoräumung eines unbekannten Dorfes in der Umgebung von Tarnopol:
Hauptmann Mohr führte die Angehörigen der 3. Kompanie bei dieser Aktion. Die Räumung dieses Ghettos erfolgte nach dem beschriebenen Muster. Es wurden hier ca. 500 Juden erschossen. In diesem Fall sagte der vernommene Angehörige der 3. Kompanie aus, dass er zum Ende der Erschießungen sich in der Nähe des Massengrabes aufgehalten hatte. Er war Zeuge dessen, dass Mohr eigenhändig aus kurzer Entfernung einen vor der Grube stehenden Juden von hinten erschoss. Als der Zeuge ihn ansprach, wieso er diesen Juden erschossen habe, soll Mohr erwidert haben: »Jetzt habe ich meinen Sohn gerächt! Mein Sohn ist in Russland gefallen.«

Mohr musste geahnt haben, dass er nach Ende des Krieges wegen seiner Mordtat an diesem Juden hätte verurteilt werden können. Ein anderer Polizeiangehöriger aus Rheine sagte bei seiner Vernehmung 1965 aus, dass er Mohr Ende 1945 oder Anfang 1946 in Recklinghausen getroffen und gesprochen hätte. Der Polizeiangehörige wusste, dass Mohr während seines Einsatzes in Galizien ein Verhältnis mit einer Angehörigen einer deutschen Dienststelle hatte, obwohl er verheiratet war. Bei dem Gespräch in Recklinghausen deutete Mohr an, dass er mit dieser Frau in der Nähe von Recklinghausen auf dem Lande lebe. Der Polizeiangehörige nahm an, dass Mohr dort unter falschem Namen untergetaucht sei. Anmerkung: Mohr wurde am 8. Januar 1960 vom Amtsgericht Bonn für tot erklärt. Der Todeszeitpunkt wurde vom Gericht auf 12.00 Uhr am 31. Dezember 1945 festgesetzt.

Die beiden anderen Kompanien des Polizeibataillons müssen in anderen Orten an ähnlichen Aktionen beteiligt gewesen sein. Es liegt leider nur eine gesicherte Aussage eines Angehörigen der 1. Kompanie vor:

Einleitende Aktion zur Ghettoräumung in Drohobycz durch die 1. Kompanie:

Diese fand Ende Mai/Anfang Juni 1943 statt. Ca. 200 jüdische Männer, Frauen und Kinder wurden aus dem Ghetto in ein Gefängnis getrieben, das sich ca. 150 Meter entfernt vom Haupteingang des Ghettos befand. Der beteiligte Polizist konnte/wollte nichts über das weitere Schicksal dieser Juden gewusst haben.

Eine andere Aussage liegt von einem Angehörigen der 2. Kompanie über die Ghettoräumung in Drohobycz durch seine Kompanie vor:

Die Endräumung des Ghettos fand im Juni 1943 statt. Es waren ca. 100 Polizisten der 2. Kompanie und ca. 30 SD-Leute eingesetzt. Der Transport der aufgegriffenen Juden im Ghetto fand mit Lkws statt. Jeweils 30 bis 40 von ihnen wurden auf einen Lkw geladen. Drei bis vier Lkws waren bei dabei eingesetzt, die im Pendelverkehr die Juden zu einem Waldstück brachten, das etwa 10 Kilometer entfernt lag. Polizisten der 2. Kompanie begleiteten die Transporte. In diesem Waldgelände befand sich ein Graben von etwa 15 bis 20 Metern Länge und mehreren Metern Breite. Hier wurden die Juden nach Ablegen ihrer Kleidung von SD-Angehörigen erschossen. Auch aus dem Gefängnis in Drohobycz wurden Juden zu dieser Stelle transportiert. Mehrere hundert Juden wurden hier umgebracht.

Fliegendes Kommando: Ein Angehöriger der 2. Kompanie beschreibt folgendes:[207]

»Dieses ›Fliegende Kommando‹ bestand aus 20 Mann unter Führung eines Leutnants, der etwa 35 Jahre alt gewesen sein kann. Er war etwa 170 cm groß

207 Bundesarchiv Ludwigsburg, B162/3554, S. 322

> und ein dunkler Typ. Über den Einsatz dieses Kommandos habe ich Einzelheiten nicht erfahren. Es hieß nur, daß dieses Kommando eingesetzt wurde, wenn man irgendwo noch Juden festgestellt hatte. Ich weiß nur mit Sicherheit, daß dieses Kommando nicht zu unserer Kompanie gehörte. Es handelte sich nicht um berittene Polizei. Ich erinnere mich, daß dieses ›Fliegende Kommando‹ mit einem Lkw unterwegs war.«

Diese Aussage betrifft den Zeitpunkt der allgemeinen Auflösungen der Ghettos in Galizien. Gemäß der Beschreibung des namentlich unbekannten Leutnants könnte der beschriebene Leutnant Götz Schlicht gewesen sein. Götz Schlicht war zu diesem Zeitpunkt 35 Jahre alt. Er war von kleinem Wuchs und hatte dunkles Haar. Götz Schlicht trug zu dieser Zeit auch schon die Insignien eines Offiziers.[208]

Bei seiner Aussage im Februar 1964 behauptete Götz Schlicht, dass er Ende April 1943 von seinem Kompaniechef Mohr nach Berlin geschickt worden sei. Diese Aussage scheint eher unglaubwürdig zu sein. Gemäß den Aussagen von Polizeiangehörigen der Kompanie war einer der Kompanie-Offiziere bei den Ghetto-Auflösungen immer zugegen. Auch wenn Götz Schlicht noch nicht offiziell den Rang eines Offiziers hatte, so war er immerhin ein »Junker der Schutzpolizei« und mit den Insignien eines geprüften Offiziersanwärters versehen. Der 3. Offizier der Kompanie, Oberleutnant Bendfeld, traf erst am 7. Mai 1943 aus Berlin kommend bei der Kompanie ein. Wenn nun Hauptmann Mohr Götz Schlicht im April nach Berlin geschickt hätte, so hätte er, während der Abwesenheit von Götz Schlicht, persönlich bei allen Einsätzen der Kompanie bis zur Ankunft des Oberleutnants Bendfeld, dabei gewesen sein müssen. Es ist sehr schwer zu glauben, dass er wegen einer Gefälligkeit gegenüber Götz Schlicht so gutmütig war und eine solche Bürde auf sich genommen hat.

Interessant ist auch die Aussage von Götz Schlicht, dass er seinen Polizeidienst unterhalb des Rangs eines Offiziers als »Misere« empfand. Er scheint die Meinung gehabt zu haben, dass er für etwas Höheres bestimmt sei. Es könnte sein, dass er der Auffassung war, dass ihm eine höhergestellte Position Ansehen und Macht verleihen würde, in ähnlicher Form, wie ihm die Position eines Richters Ansehen und Macht verliehen hätte. Es ist auch durchaus denkbar, dass Götz Schlicht das »Fliegende Kommando« führte. Einer der Polizeiangehörigen der 3. Kompanie äußerte nämlich bei seiner Vernehmung:

---

208 Ebd., B162/1328, S. 1723

»Der andere Leutnant hieß Schlicht. Er sah etwas jüdisch aus. Es wurde gemunkelt, er sei Jude.«[209]

Diese Behauptung wurde von einem weiteren Polizisten der Kompanie bestätigt, der folgende Angabe machte:

»Er [Schlicht] war wohl der Adjutant des Kompaniechefs. Man munkelte, daß Schlicht nicht rein arisch war.«[210]

Wenn also in der Kompanie gemunkelt wurde, dass Götz Schlicht Jude sei, so ist es durchaus möglich, dass diese Äußerungen Götz Schlicht nicht lange verborgen geblieben sind. Welcher Meinung man auch immer über ihn sein konnte, er war nicht dumm. Falls er nun tatsächlich dieses Gerücht aufgeschnappt hatte, so könnte man annehmen, dass er sich nun veranlasst sah, das Gegenteil zu beweisen, indem er mit dem »Fliegenden Kommando« Jagd auf versprengte Juden machte. Es ist erstaunlich, mit welcher Leichtigkeit Götz Schlicht bei seiner Vernehmung seinen Einsatz in Tarnopol überspringt. Dass ihm dies möglich war, lag daran, dass die vernehmenden Staatsanwälte primäres Interesse an Informationen zum Sonderkommando 1005 hatten. Der Werdegang der einzelnen Polizeiangehörigen vom Zeitpunkt ihrer Verpflichtung zum Polizeidienst bis zum Einsatz beim Sonderkommando 1005 wurde deshalb nur sehr oberflächlich zur Kenntnis genommen.

In Lemberg

Die Auflösung des Ghettos in Lemberg begann am 31. Mai 1943.[211] Diese Aktion wurde von Angehörigen der 1. und 2. Kompanie durchgeführt und von der ukrainischen Miliz unterstützt. Nach ihrer Ankunft in Lemberg wurden die Polizisten in einer Kaserne am Rand der Stadt untergebracht. Am frühen Morgen des nächsten Tages wurden die Kompanie- und Zugführer zu einer Einsatzbesprechung zusammengeholt. Die Besprechung wurde von einem höheren SS-Führer geleitet, aber es waren auch noch weitere Angehörige der SS anwesend.

---

209 Ebd., S. 1685

210 Ebd., B162/27015, S. 16

211 Wells, Ein Sohn Hiobs, S. 143. Dieter Pohl stellt in seinem Buch »Nationalsozialistische Judenverfolgung in Ostgalizien 1941–1944 (S. 379) fest, dass die Auflösung des Ghettos am 20.06.1943 abgeschlossen war.

Das Ghetto war ziemlich groß und umfasste mehrere Straßen. Es war schon am Vorabend durch die ukrainische Miliz umstellt worden. Die Anzahl der Beteiligten an dieser Ghettoräumung soll sehr groß gewesen sein. Ein jüdischer Zeitzeuge schätzte, dass das SS-Personal (gemeint ist die SS, die Schutzpolizisten und die ukrainischen Sicherheitskräfte), das diese Räumung durchführte, in ca. 60 Lkws herangebracht wurde.[212] Ein Teil der Polizisten musste die Absperrung verstärken, während andere gemeinsam mit den Angehörigen der ukrainischen Miliz die Juden aus den Gebäuden trieben. Die Polizisten hatten den Befehl, auf Juden zu schießen, die zu flüchten versuchten oder Widerstand leisteten. Während der Räumung fielen häufiger Schüsse. Danach mussten die Polizisten die Gebäude gründlich nach versteckten Juden durchsuchen.

Die Ghettobewohner wurden auf einem Sammelplatz zusammengetrieben. Es befanden sich Männer, Frauen und Kinder jeglichen Alters darunter. Diese Juden sind dann mit der Straßenbahn in das Arbeitslager Janowska in Lemberg transportiert worden. Sie mussten sich auf dem Boden der Straßenbahn niederknien oder hocken, damit sie möglichst eng zusammenrückten. Dieser Transport wurde von ukrainischen Milizangehörigen bewacht. Die Räumung des Ghettos dauerte bis in die Abendstunden.

Am nächsten Tag, dem 1. Juni 1943, wurden alle Juden aus dem Ghetto, die über 30 Jahre bzw. unter 15 Jahre alt waren, und viele Mütter, die ihre Kinder nicht im Stich lassen wollten, gruppenweise unweit des Lagers exekutiert. Von den etwa 8 000 Bewohnern des Ghettos blieben am Ende des Tages etwa 800 übrig. Am nächsten Tag wurden von den verbliebenen 800 weitere 400 selektiert, die ebenfalls exekutiert wurden.[213] Es wäre hier noch zu erwähnen, dass vor dem Juni 1941 mindestens 160 000 Juden in Lemberg wohnten.[214] Nachdem im April 1944 Lemberg befreit worden war, wurden die überlebenden Juden statistisch erfasst. Der Überlebende Leon W. Wells, der eine Woche nach der Befreiung registriert wurde, erhielt die Nummer 184.[215] Seine gesamte Familie, inklusive aller Onkel, Tanten, Vettern, Nichten, Neffen, seine Eltern und sechs Geschwister, insgesamt 76 Personen, wurden umgebracht.[216]

Die 3. Kompanie erhielt vor dieser Aktion den Befehl, ein Kommando aufzustellen und diese Einheit nach Lemberg zu schicken. Alle Polizisten dieses Kommandos

212 Wells, Ein Sohn Hiobs, S. 143
213 Ebd., S. 144
214 Bundesarchiv Berlin, R70/205
215 Wells, Ein Sohn Hiobs, S. 274
216 Jewish and Israeli News, www.jta.org/news/article-print (24.07.2011)

müssen wohl spätestens zum Zeitpunkt der Massenerschießungen am 1. Juni 1943 in Lemberg eingetroffen sein. Dort wurde das Kommando in einer Kaserne untergebracht, in der vorher eine Einheit der ukrainischen Miliz gelegen hatte. Zu dem Ankunftsdatum der Polizisten in Lemberg erxistieren unterschiedliche Angaben. Einige Polizisten behaupteten, dass sie während der ersten Tage in Lemberg nichts zu tun hatten und sich ausruhen konnten. Andere wiederum schilderten, dass sie nach der Ankunft sofort zu den stattfindenden Exekutionen herangezogen worden sind. Dieses lässt die Annahme zu, dass nicht alle Polizisten aus Tarnopol zum gleichen Zeitpunkt in Lemberg eintrafen. Die Orte lagen etwa 140 Kilometer voneinander entfernt. Derjenige Polizist, der das Kommando von Tarnopol nach Lemberg brachte, sprach lediglich von »einem« Mannschaftswagen.[217] Ein weiterer Polizist sagte aus, dass die erste Gruppe der Polizisten, die nach Lemberg geschickt wurde, nach einigen Tagen wieder nach Tarnopol zurückkam, um ihre persönlichen Sachen abzuholen.[218] Die vernommenen Polizisten schätzten, dass ihr Kommando eine Stärke zwischen 30 und 80 Mann hatte. In einem Vernehmungsprotokoll des sowjetischen Staatssicherheitsdienstes vom 21. Januar 1948 machte der Vernommene Angaben zu 60 Polizisten und drei Polizeioffizieren (Mohr, Schlicht und Bendfeld), die beim SK 1005 tätig waren.[219] Ein anderer Polizist, der Koch bei der 3. Kompanie in Tarnopol war, sagte aus, dass er für die verbliebenen Polizisten in Tarnopol, nachdem das Polizeikommando nach Lemberg ausgerückt war, nur noch die Hälfte der Mahlzeiten vorbereiten musste.[220] Eine Polizei-Kompanie bestand aus drei Zügen. Jeder Zug sollte einen Offizier, sechs Unterführer und 42 Männer haben. Einschließlich des Kompanieführers sollte eine Kompanie aus vier Offizieren, 28 Unterführern und 145 Männern bestehen.[221] Da die 3. Kompanie über längere Zeit nur einen Offizier (Mohr) hatte, ist anzunehmen, dass die Gesamtstärke der Kompanie keineswegs eine Stärke von 145 Mann zählte.

Nachdem Götz Schlicht versetzt worden war, übernahm Leutnant Bendfeld das Kommando der Polizisten beim SK 1005. Das bedeutet, dass Hauptmann Mohr als einziger Offizier den verbliebenen Rest der Kompanie in Tarnopol führte. Das lässt auch die Annahme zu, dass dieser Rest eine Stärke von etwa 60 Mann hatte, während die andere Hälfte sich beim SK 1005 befand.

---

217 Bundesarchiv Ludwigsburg, B162/1328, S. 1608

218 Ebd. S. 1731

219 BStU, Akten, MfS-HA IX/11, RHE-West 496/2, Bl. 359-383

220 Bundesarchiv Ludwigsburg, B162/1328, S. 1679–1683

221 Bundesarchiv Berlin, R19/103, S. 31–37

Nach Ankunft in Lemberg bekam das Polizeikommando aus Tarnopol den Befehl, an den Massenerschießungen von Juden teilzunehmen. Diese Juden stammten aus dem Lemberger Ghetto und dem Janowska-Lager. Nun sollten die meisten von ihnen in den Sandgruben am Rande von Kleparow, einem Vorort von Lemberg, erschossen werden. Die Juden bezeichneten diese Erschießungsstätte einfach als »Sand«.[222]

Gemäß der Aussage der Polizisten befehligte SS-Untersturmführer Walter Schallock diese Erschießungsaktion.[223] Die 8 000 Juden aus dem Lemberger Ghetto befanden sich auf einem riesigen umzäunten Platz des Arbeitslagers Janowska, ungefähr 400 bis 800 Meter von der Erschießungsstätte entfernt. Ein Teil der Polizisten bekam den Befehl, den Ort zu sichern. Andere Polizisten mussten den Exekutionsplatz bewachen. Größere Gruppen von Juden (ca. 200 bis 300 Personen) wurden dann durch einen Hohlweg in die Sandgrube hineingeführt. Weitere Polizisten hatten die Aufgabe, diese Gruppen zu begleiten und jeden Fluchtversuch zu verhindern. In der Geländevertiefung mussten sich die Juden entkleiden. Sie mussten die abgelegte Kleidung gesondert nach Blusen, Hosen und Unterwäsche auf einzelne Haufen legen. Außerdem standen dort Körbe für Schmuck und Münzen. Sie wurden dann in die Grube hineingetrieben, wo sie sich in einer Breite von etwa 20 Metern gruppenweise nebeneinander mit dem Rücken zu den Schützen an eine Böschung hinlegen mussten. So wurden sie erschossen.

Die nächste Gruppe musste die Leichen von der Böschung herunterziehen und sich selbst an deren Stelle legen. Das Erschießungskommando bestand aus etwa sieben bis zehn SS-Angehörigen, die mit Maschinenpistolen in zwei Reihen vor der Grube aufgestellt waren. Während die vordere Reihe feuerte, lud die hintere Reihe die Waffen. Die Schützen tranken zwischendurch aus größeren Flaschen, von denen allgemein bekannt war, dass diese Alkohol enthielten. Es existieren starke Schwankungen bei der Zahlenangabe der Polizisten zu den erschossenen Juden. Diese reichen von 3 000 bis 20 000. Leon W. Wells, der selbst aus dem Ghetto in das Lager befördert wurde und Augenzeuge des ganzen Geschehens war, gab an, dass die Zahl der Erschossenen am ersten Tag ca. 7 200 betrug. Die Exekutionen wurden am zweiten Tag fortgesetzt. An diesem Tag wurden noch einmal 400 Juden erschossen.[224] Die Erschießungen endeten aber nicht nach dieser Aktion. Auch danach fanden fortwährend weitere kleinere und größere (bis zu 400 Menschen)

222 Wells, Ein Sohn Hiobs, S. 149–247
223 Bundesarchiv Ludwigsburg, B162/1328 S. 1750
224 Wells, Ein Sohn Hiobs, S. 144

Exekutionen statt. Fast jeden Morgen wurden Leichen von erschossenen Häftlingen aus dem Lager in der Verbrennungsstätte angeliefert.[225]

Die Polizisten des SK 1005 hatten auch die Aufgabe, alle weiteren Exekutionen im »Sand« zu bewachen. Von den insgesamt 25 ehemaligen Polizisten, die beim SK 1005 dienten und die nach 1945 vernommen wurden, liegen nur sehr ungenaue und spärliche Aussagen zu weiteren Exekutionen vor.

Am ersten Tag der Exekutionen ereignete sich folgender Vorfall:[226]

> »Ich erinnere mich noch daran, daß eine nackte Jüdin umfiel und Schaum vor dem Mund hatte. Sie hatte offensichtlich Gift genommen. Mehrere SD-Leute schrien nun fürchterlich herum und riefen nach einem Arzt. Das war bereits innerhalb einer Kolonne außerhalb der Umzäunung. Schließlich meldete sich innerhalb der Umzäunung ein Arzt. Er brachte es tatsächlich fertig, daß die Frau wieder das Bewußtsein erlangte. Sie stand taumelnd auf. Vor den Bemühungen des Arztes hatte man ihm versprochen, er und die Frau würden freigelassen. Als die Frau nun hoch kam, mußten sie und der Arzt mit der Kolonne an die Erschießungsstelle gehen. Das ist nicht richtig, die Frau wurde beschimpft, daß sie den Versuch gemacht hatte, sich zu vergiften. Sie wurde von ihren Leidensgenossen mit an die Erschießungsstelle geschleift. Dem Arzt wurde mit Geschrei vorgehalten, weshalb er sich nicht sofort als Arzt gemeldet habe. Beide Menschen wurden mit Peitschen geschlagen. Ein SD-Mann erstach den Arzt dann, als er lag, mit einem Dolch von rückwärts. Der Arzt wurde von vier nackten Juden mit zu der Erschießungsstelle genommen.«

Ein anderer Polizist berichtete:[227]

> »Ich kann mich daran erinnern, daß das Blut in Richtung auf das Dorf floß. Die SD-Leute haben dort einen Graben gegraben und einen Wall aufgeschüttet, dass das Blut nicht nach den Häusern in der Nähe zufloß.«

An einem der Tage wollten die SS-Schützen des Erschießungskommandos abgelöst werden, da sie offensichtlich ziemlich angetrunken waren. Hauptmann Mohr und Leutnant Schlicht befanden sich laut Aussagen von Beteiligten in der Nähe der

---

225 Ebd., S. 178

226 Bundesarchiv Ludwigsburg, B162/1328 S. 1695f.

227 Ebd., S. 1737–1742

Exekutionsstätte. Hauptmann Mohr forderte die Polizisten des Polizeikommandos auf, dass sie sich als Schützen melden sollten. Kein Einziger der von Hauptmann Mohr aufgeforderten Polizisten wollte sich freiwillig an diesen Erschießungen beteiligen.[228]

Das Sonderkommando 1005

1946 wurde eine breite Öffentlichkeit auf die Existenz eines solchen Kommandos aufmerksam gemacht. Im Prozess gegen die Hauptkriegsverbrecher vor dem Internationalen Militärgerichtshof in Nürnberg wurde das Sonderkommando 1005 thematisiert.[229]

Im Plädoyer des sowjetischen Oberjustizrats Smirnow erwähnt dieser, dass besondere Maßnahmen für die Exhumierung und Verbrennung der Leichen von Opfern der deutschen Aggression im Juni 1943 auf Befehl des Reichsministers Himmler und des Generalmajors der Polizei Katzmann getroffen worden seien. In Lemberg bildeten die Deutschen ein aus 126 Mann bestehendes Sonderkommando Nr. 1005. Leiter dieses Kommandos war Hauptsturmbannführer Scherlack (richtiger Name: Schallock). Die Aufgabe dieses Sonderkommandos war die Exhumierung und Verbrennung der von den Deutschen ermordeten Personen. Es wurde auch festgestellt, dass andere Sonderkommandos, die die Nummern 1005a und 1005b erhielten, an anderer Stelle auf dem Gebiet der UdSSR tätig waren.

Der Oberjustizrat stellte in diesem Zusammenhang interessanterweise noch einen Vergleich zu einer anderen Massenexekution an:

> »Um ihre Verbrechen zu verbergen, benutzten die Hitler-Mörder in der Gegend von Lemberg dieselben Methoden, die sie vorher bei der Ermordung der polnischen Offiziere im Walde von Katyn angewandt haben.«[230]

Mit dieser Aussage versucht Oberjustizrat Smirnow jeglichen Verdacht von einer sowjetischen Täterschaft an den Erschießungen der polnischen Offiziere durch sowjetische Sicherheitskräfte abzulenken. Diese Offiziere sind in den Monaten

228 Ebd., S. 1698

229 Der Prozess gegen die Hauptkriegsverbrecher vor dem Internationalen Militärgerichtshof, Nürnberg, 14. November 1945 bis 1. Oktober 1946, veröffentlicht 1947, BStU, Akten, MfS-HA IX/11, AK 629/74, Bd. 2

230 Ebd., Bl. 476–477

April und Mai 1940 auf Befehl des Politbüros der KPdSU exekutiert worden. Im Februar 1943 entdeckte die Wehrmacht diese Massengräber. Die Nazi-Propaganda nutzte diese Information, um sich in einem positiven Licht darzustellen und um die UdSSR zu verteufeln. Erst am 13. April 1990 gestand Michail Gorbatschow die sowjetische Alleinschuld an den Erschießungen der polnischen Offiziere ein.[231]

Die weiteren Ausführungen des Plädoyers zum Thema Sonderkommando 1005 beschäftigen sich hauptsächlich mit den Sonderkommandos 1005a und 1005b. Man kann den Eindruck gewinnen, dass die sowjetische Staatsanwaltschaft besser über diese Kommandos informiert war, als über das Kommando in Lemberg. So werden z.B. auch keine weiteren Ortschaften genannt, wo dieses Kommando zum späteren Zeitpunkt tätig war. Es ist außerdem festzustellen, dass die Einsatzorte der Sonderkommandos 1005a und 1005b vermischt sind. So gibt es keine eindeutige Zuordnung zu den Einsatzorten der Kommandos, aber es werden die Namen von Kriwoy-Rog, Nikolajew, Wosnessensk, Kiew und Riga erwähnt. In Babyn Jar bei Kiew sollen 40 000 bis 45 000 Leichen verbrannt worden sein; in der Nähe von Riga sollen 10 000 bis 12 000 Leichen vernichtet worden sein. Insgesamt wird davon ausgegangen, dass die beiden Sonderkommandos 1005a und 1005b ungefähr 100 000 ausgegrabene Leichen beseitigt haben. Übereinstimmend sind die Aussagen, dass nach jedem Einsatz an einem bestimmten Ort die Arbeitskommandos (diejenigen, die die Leichen verbrannten) erschossen wurden.

Wie schon vorher erwähnt, wurde die Hälfte der 3. Kompanie in Tarnopol mit einem Offizier (Götz Schlicht) als Kommando Ende Mai 1943 nach Lemberg geschickt. In den ersten Tagen in Lemberg war auch der Kompanieführer, Hauptmann Mohr, anwesend. Erst nach Ende der ersten Massenerschießung erfuhren die Betroffenen, dass ihr Kommando direkt der SS unterstellt worden war und sie die Bezeichnung »Sonderkommando 1005« (SK 1005) erhalten hatten.

Wie schilderten Angehörige das Geschehen beim SK 1005 bei ihren Vernehmungen?[232] Nach Ende der Massenerschießungen, gegen Abend, trafen beim SK 1005 mehrere hochrangige SS-Offiziere ein. Gemäß mehrerer Aussagen handelte es sich hier um den SS-Standartenführer Paul Blobel, Leiter aller »Enterdungsaktionen«, den SS-Hauptsturmführer Kurt Stawitzki, SD-Kommandant von Lemberg mit Zu-

---

231 Wikipedia (unter: Massaker von Katyn)

232 Auswertung der Akten im Bundesarchiv Ludwigsburg, B162/1328-1331, B162/2102, B162/2117, B162/2287, B162/3554-3556, B162/4130-4146, B162/5659-5672, B162/6933, B162/7671-7676, B162/19220, B162/25959, B162/27011-27034; BStU, Akten, MfS HA IX/11; Urteil vom 09.02.1968 des Landgerichts Hamburg, (50) 9/67. (Aufklärung von nationalsozialistischen Gewaltverbrechen in Galizien und insbesondere der des Sonderkommandos 1005)

ständigkeit für ganz Galizien, und um den SS-Untersturmführer Walter Schallock, Leiter des SK 1005 in Lemberg. Administrativ war das SK 1005 Stawitzki unterstellt. Die Polizisten des SK 1005 mussten auf einer freien Fläche ihrer Kaserne antreten und wurden vereidigt strengstes Stillschweigen über die Tätigkeit des SK 1005 zu bewahren. Es ist nicht klar, ob die 16 SS-Angehörigen des SK 1005 zu dieser Zeit ebenfalls vereidigt wurden.[233] Es ist ebenfalls nicht eindeutig, ob Blobel oder Stawitzki, oder auch beide, die Belehrung zur Geheimhaltungspflicht durchführten. Den Polizisten wurde erklärt, dass das Kommando eine besondere Aufgabe des RSHA und von Himmler persönlich erhalten habe. Es würde von ihnen der Eid gefordert, dass sie über alle Maßnahmen, die das SK 1005 durchführen sollte, Stillschweigen zu bewahren hätten. Zuletzt ergriff Schallock das Wort. Entweder Blobel oder Stawitzki soll sinngemäß das Folgende gesagt haben: »Was Sie heute erlebt haben und vielleicht noch in Zukunft erleben werden, darüber haben Sie zu schweigen bis an Ihr Lebensende. Wenn einer denkt, dass er das nicht durchhält, dann wird ihm Gelegenheit gegeben, in einem Erholungsheim darüber nachzudenken.«[234] Ein weiterer Polizist gab an, Blobel habe geäußert: »Wer glaube, das Geschehen nicht mit ansehen zu können, solle hervortreten!«[235] Der zitierte Polizist hatte das Gefühl, dass in einem solchen Fall der Betreffende ebenfalls liquidiert werden sollte. Das war anscheinend auch der Eindruck seiner Kameraden, da sich kein einziger Polizist meldete. Nach diesen Reden mussten die Polizeiangehörigen eine Erklärung unterschreiben und wurden auch noch durch Handschlag des höheren SD-Führers dazu verpflichtet, Stillschweigen zu wahren. Der zuerst zitierte Polizist meinte noch, bezogen auf die Identität des ersten Redners, »Schlicht muß sich seiner erinnern können«, da dieser SD-Führer mit seinen Kameraden (er rechnet anscheinend Schlicht dazu) in der dortigen Kantine einige Male getrunken habe.[236]

Die Vereidigung mit den geäußerten Drohungen wurde vertraulicher Gesprächsstoff von einigen Polizisten. Man fragte sich, ob ihnen als Geheimnisträger wohl dasselbe Schicksal drohen könnte wie den Mitgliedern des jüdischen Arbeitskommandos. Es war den Polizisten klar, dass die Juden des Arbeitskommandos alle er-

---

233 Bundesarchiv Berlin, R70 Polen/106, S. 200. Am 1.6.1944 wurden vom höheren SS- und Polizeiführer, Distrikt Galizien, 16 Angehörige des SD, die seit Beginn beim Sonderkommando 1005 tätig waren, für das Kriegsverdienstkreuz 2. Klasse mit Schwertern vorgeschlagen.

234 Bundesarchiv Ludwigsburg, B162/1328, S. 1708

235 Ebd., B162/3555, S. 538

236 Ebd., B162/1328, S. 1708

schossen werden sollten, da sie ja Geheimnisträger waren.[237] Weitere Belehrungen dieser Art fanden auch später noch statt.

In seiner Vernehmung am 4. März 1964 durch einen Staatsanwalt des Landgerichts in Hamburg machte der ehemalige SS-Untersturmführer Walter Schallock bei der Vernehmung in der Untersuchungshaft in Stuttgart-Stammheim folgende Angaben:[238]

> »Beim Sonderkommando 1005 habe ich sehr viel unternommen, um angeordnete Maßnahmen zu mildern. Ich habe auch einzelne Befehle nicht ausgeführt, und zwar unter Übernahme der vollen Verantwortung dafür. Am Anfang der Tätigkeit des Sonderkommandos 1005 war Blobel an der Arbeitsstelle. Auch Stawitzki war dabei. Er war der Abteilungsleiter IV. Schon am 1. Tag ordnete Blobel an, daß ein Erdbunker zur Unterbringung der jüdischen Arbeitskräfte an einer bestimmten Stelle angebracht werde. In Gegenwart von Stawitzki widersprach ich Blobel und sagte, das sei unmenschlich, diese Juden, die arbeiten sollten, in solchen Verhältnissen unterzubringen. Das sei menschenunwürdig. Der Bunker wurde dann an dieser Einsatzstelle nicht gebaut. Schließlich wurde eine Baracke errichtet, die zum Teil an einer Böschung stand.
>
> Von der Verbrennung der Leichen hatten wir keine Ahnung. Blobel wies uns ein. Ich meine Stawitzki, Edel, mich und evt. Rauch. Genau kann ich nicht sagen, wer noch dabei war.
>
> Aus einem Gespräch zwischen Blobel und Stawitzki entnahm ich, daß Blobel schon an anderer Stelle Leichenverbrennungen durchgeführt haben mußte.
>
> Ich wehrte mich damals nicht nur dagegen, die Gefangenen in einem Erdbunker unterzubringen, sondern auch dagegen, daß die Unterkunftsbaracke mit einem unmenschlichen Stacheldrahtzaun umgeben werden sollte. Wir sollten nämlich eine hohe Umzäumung aus Stacheldrahtrollen errichten. Stattdessen ließ ich zwei einfache Stacheldrahtzäune bauen und gab vor, ich hätte keine Stacheldrahtrollen bekommen. Mein Beweggrund war, ich wollte den Gefangenen diesen unmenschlichen, niederdrückenden Eindruck ersparen.

237 Ebd. S. 1618; S. 1705–1712
238 Ebd. S. 1787–1791

Ich habe auch hinsichtlich der Verpflegung viel für die Gefangenen getan. Ich ließ die Stärke des Kommandos größer melden, um für die Häftlinge größere Verpflegungsmengen zu bekommen. Das geschah im Einvernehmen mit der Schutzpolizei, die später für die Gefangenen kochte.«

Vorhalt: Diese Menschlichkeit Ihrerseits – wie sie es ansehen – erleichterte Ihnen doch die Bewachung der jüdischen Arbeitskräfte, indem sie über das Schicksal, das sie als Geheimnisträger erwartete, getäuscht wurden.

Antwort: »Ich wollte die Arbeitskräfte niemals täuschen. Bei Lemberg sind sie ja alle weggekommen. Ich habe dazu beigetragen. Ich ermöglichte ihnen, sich unauffällig Handwerkszeug in ihre Unterkunft mitzunehmen, weil ich diese Unterkunft niemals durchsucht habe.

Auf Fürsprache des Sanitäters der Schutzpolizei genehmigte ich auch, daß die jüdischen Arbeitskräfte in der Freizeit auf eigenen Wunsch musizieren konnten. Ich sah damals voraus, daß die Juden möglicherweise mit Hilfe dieser Musik eine Flucht verdecken wollten. Ich habe aber meine Gedanken für mich behalten.«

Frage: Wie begann die Beseitigung der Leichen in Lemberg?

Antwort: »Blobel, Stawitzki und ich fuhren nach der Sandgrube, wo die Massengräber waren. Es war ein großer PKW. Es war wohl der Wagen von Blobel. Draußen stand eine Anzahl von höheren SS- und Polizeioffizieren. Es waren etwa 6 oder 7 Mann.

Blobel ging draußen zunächst an die SS-Führer und Polizeioffiziere heran und besprach sich mit denen. Auch Stawitzki war bei denen. Ich stand abseits der Sandgelände.[!]

Irgendwo in der Nähe waren auch die jüdischen Arbeitskräfte. Blobel teilte sie auf. Die jüdischen Arbeitskräfte waren von Schutzpolizisten herangebracht worden.

Die Massengräber waren noch geschlossen. Sie wurden aufgegraben. Die jüdischen Arbeitskräfte hatten Handwerkzeug mitgebracht. Es wurde auch Brennholz herangebracht. Es wurde ein Scheiterhaufen gemacht. Die Arbeiten wurden von Blobel eingeteilt und geleitet. Er war etwa 8 oder 10 Tage bei uns.«

Frage: Waren dort vorher schon Leichen ausgegraben und verbrannt worden?

Antwort: »Nein. Vorher hatten dort noch keine Arbeiten stattgefunden. Daran kann ich mich mit 100 % erinnern. Anfangs wußte Blobel als einziger

Bescheid. Edel und Rauch kamen am ersten Tag erst mittags raus. Meiner Erinnerung nach war der Beginn der Enterdungsarbeiten Anfang Juli 1943.«

Blobel soll später mehrfach beim SK 1005 gewesen sein. Wer war dieser Paul Blobel? Er wurde 1894 geboren und war Architekt von Beruf. Er trat 1931 in die NSDAP und 1935 in die SS ein. Dort machte er Karriere im Sicherheitsdienst (SD). 1941 führte er das Einsatzkommando 4a, das in Baby Jar bei Kiew schätzungsweise 30 000 Juden tötete. Juni 1942 wurde er zum Führer des SK 1005 ernannt. Die Bezeichnung 1005 stammt von dem Aktenzeichen des Reichssicherheitshauptamtes zur Planung der Vernichtung der Massengräber. Zwischen Sommer 1942 und dem darauf folgenden Sommer soll Blobel solche Verbrennungsaktionen schon in Belzec, Treblinka, Sobibor und Auschwitz durchgeführt haben. Blobel wurde nach dem Krieg von einem Alliierten Gericht am 10. April 1948 zum Tode verurteilt und am 7. Juni 1951 in Landsberg gehenkt.[239]

Schallock erwähnte mit keinem Wort in seiner Aussage die Leichen der vorausgegangenen Erschießungen, die er ja selbst leitete.[240] Ein weiterer Polizeiangehöriger berichtete von seiner Ankunft an der zukünftigen Verbrennungsstätte, dass er dort eine Masse von aufgehäuften Leichen sah. Er beschrieb die Höhe der Leichenberge mit etwa vier bis fünf Metern, die sich über 50 bis 60 Meter in der Schlucht, in der die Erschießungen stattgefunden hatten, hinzogen.[241] Ein weiterer Zeitzeuge, in diesem Fall ein Mitglied des Jüdischen Arbeitskommandos, das die spätere Verbrennung der Leichen durchführte, berichtete allerdings, dass sein Kommando erst am 15. Juni 1943 zusammengestellt worden sei. Als das Kommando im »Sand« ankam, stellten die Mitglieder fest, dass man mit dem Bau einer Unterkunft für das Kommando schon begonnen hatte. Im Janowska-Lager herrschte das Gerücht, dass zuvor schon drei Brigaden dagewesen seien. Keine davon habe jedoch länger als drei Tage dort gearbeitet, bevor sie liquidiert wurden.

Die 4. Brigade bestand zunächst aus 42 Mann, wurde aber danach schnell auf ca. 120 Mann erweitert.[242] Als das Arbeitskommando am 15. Juni 1943 in der Schlucht eintraf, war bereits eine Verbrennungsaktion im Gange. Der Zeitzeuge konnte beobachten, dass ein Polizist in einem schwarzen Arbeitsanzug eine Pumpe bediente, die an ein Ölfass angeschlossen war und wie dieser damit Öl auf das Feuer pumpte.

---

239 Encyclopedia of the Holocaust (1990), Macmillan Pub. Co., New York

240 Bundesarchiv Ludwigsburg, B162/1328, S. 1750

241 Ebd. S. 1738–1740

242 Wells, Ein Sohn Hiobs, S. 152–172

Am Hang lagen große Holzstapel und die Schlucht selbst war mit Tausenden von Leichen gefüllt. Schallock (von Leon W. Wells als Scherlack bezeichnet) empfing das Arbeitskommando mit den folgenden Worten: »Habt keine Angst! Ihr werdet hier arbeiten, und wenn die Arbeit getan ist, kommt ihr wieder ins Lager.«[243]

Wenn, wie Schallock in seiner Aussage behauptete, Blobel ihn und andere SS-Angehörige in die Details der Verbrennungsaktion eingewiesen hat, könnte die am 15. Juni 1943 stattgefundene Verbrennung das Ende der Einweisungsperiode von über 8 bis 10 Tagen bedeuten.[244] Die neu Angekommenen wurden wie folgt in ihre Tätigkeiten eingewiesen: Drei Gefangene wurden zur Vervollständigung der Unterkunft delegiert. Der Rest wurde zur Verbrennung der Leichen eingeteilt. Bis zum 22. Juni 1943 schlief das Kommando, abgetrennt von allen anderen Gefangenen, im Janowska-Lager. Nach Fertigstellung ihrer Unterkunft (Bunker) im »Sand« schliefen sie dann dort. Der Bunker war etwa zehn Meter lang, sieben Meter breit und 1,60 Meter hoch. Vom Eingang führten ein paar Stufen ins Innere hinunter. Die Rückwand wurde von einem steilen Hügel gebildet. Die anderen Wände waren aus Holz und an den Außenseiten bis zum Dach mit Lehm und Sand abgedeckt. Vom Hauptweg führten sechs Stufen zu dem Hof vor dem Bunker hinunter. Alles war mit Stacheldraht eingezäunt, dessen Abstand zu den Seitenwänden des Bunkers ca. 4,5 Meter und zur Vorderwand zwei Meter betrug. Vor der Tür zum Bunker befand sich das Zauntor, das immer von zwei Schupos bewacht wurde. In diesem Bunker konnten die Gefangenen auf Stroh schlafen. In einer Entfernung von etwa 30 Metern befand sich das Zelt der Schupos, die die Gefangenen bewachten.[245] Man erkennt anhand dieser sehr detaillierten Beschreibung, dass man den Aussagen von Schallock keinen Glauben schenken darf.

Gemäß der Aussage eines Polizisten wurden zuerst diejenigen Leichen verbrannt, die aus den vorherigen Massenerschießungen stammten. Es soll etwa vier Wochen gedauert haben, bis diese Leichen verbrannt werden konnten.[246] Erst danach wurden die alten Massengräber geöffnet und die »Enterdungsaktion« konnte ihren Anfang nehmen.

Schallock entdeckte anscheinend seine Menschlichkeit gegenüber Juden erst nach Ende des Krieges. Beim SK 1005 soll er wiederholt gesagt haben: »Juden sind doch keine Menschen.«[247]

---

243 Ebd., S. 156

244 Bundesarchiv Ludwigsburg, B162/1328, S. 1787–1791

245 Wells, Ein Sohn Hiobs, S. 177f.

246 Bundesarchiv Ludwigsburg, B162/1328, S. 1753

247 Ebd. S. 1741

Ein Polizist sagte aus, dass zu einem für ihn nicht mehr bestimmbaren Zeitpunkt in der Nähe von Lemberg schätzungsweise mindestens 100 Juden, unter denen sich Männer, Frauen und Kinder befanden, von Polizisten eskortiert werden mussten. Er konnte sich nicht mehr erinnern, wo der Ausgangspunkt und wo das Ziel für diesen Transport waren. Es handelte sich um einen Fußmarsch und Schallock soll dabei anwesend gewesen sein. Der Polizist berichtete weiter: »Ein männlicher Jude, der Schallock irgendwie aufgefallen war und einige Meter von der Kolonne abseits lief, wurde plötzlich von Schallock mit der Pistole erschossen. Anschließend machte Schallock darüber eine Bemerkung, etwa dahingehend, daß es jedem so gehen werde, der aus der Reihe tanze.«[248] Bei der »Enterdungsaktion« in Lemberg war Schallock ständig anwesend. Er beteiligte sich auch persönlich an weiteren Erschießungen von kleineren Gruppen von Juden in der Folgezeit.[249]

Am 19. Juni 1943 wurden ein Zimmermann und sein Gehilfe aus dem Kommando zu einer Reparatur in die Schupo-Unterkünfte abkommandiert. Es gelang dem Gehilfen zu fliehen, woraufhin Schallock nicht nur eigenhändig den Zimmermann erschoss, sondern als Sühnemaßnahme auch noch sieben von ihm selektierte Gefangene exekutierte.[250]

Am 1. Juli 1943 stellte Schallock fest, dass einige der Gefangenen sich nicht aufrecht halten konnten. Diese hatten schon den sechsten oder siebenten Tag Typhus. Schallock überprüfte persönlich den Bunker und fand dort Kranke, die nicht aufstehen konnten. Er befahl, diese Kranken ordentlich anzuziehen, denn sie kämen ins Krankenhaus. Abends fuhr ein Lkw vor, auf den die Kranken verladen wurden. Der Lkw fuhr mit dem Heck bis ans Feuer. Ein SS-Scharführer erschoss die 18 Kranken und am nächsten Morgen war nur noch die Asche übrig.[251] Das jüdische Arbeitskommando erhielt daraufhin »Neuzugänge«.

Walter Schallock wurde 1903 geboren. Er war kaufmännischer Angestellter in einem Kaufhaus. Seit 1931 gehörte er der SS an und bekleidete verschiedene Positionen im besetzten Polen, bevor er im Sommer 1943 das SK 1005 übernahm. Im Herbst 1944 wurde er nach Dänemark versetzt. 1945 bis 1949 verbrachte er in dänischer Kriegsgefangenschaft bzw. in Haft, da er 1948 zu drei Jahren Haft verurteilt wurde. Anschließend war er bis 1956 arbeitslos. Er wurde in der Bundesrepublik im April 1961 erneut verhaftet. Das Verfahren gegen ihn wurde am 18. Dezember

248 Bundesarchiv Ludwigsburg, B162/3555, S. 440

249 Ebd., S. 539

250 Wells, Ein Sohn Hiobs, S. 173f.

251 Ebd., S. 189–191

1968 wegen Verhandlungsunfähigkeit eingestellt.[252] Walter Schallock verstarb am 2. September 1974 in Heide.[253]

Der Stellvertreter von Walter Schallock beim SK 1005 war Oberscharführer Hans Rauch. Er stammte aus München und war zu der Zeit ungefähr 32 Jahre alt und auch der direkte Vorgesetzte der SD-Angehörigen beim Kommando.[254] Auch er hat unmittelbar an vielen Massenerschießungen mit dem SD-Kommando mitgewirkt.[255] Im Juni 1947 erkannte ein früheres Mitglied des jüdischen Arbeitskommandos ihn in München auf einer Straße. Bei seiner Festnahme durch die deutsche Polizei stritt Rauch zunächst alles ab. Er heiße Rausch und nicht Rauch, und er konnte sogar einen Ausweis mit diesem Namen vorweisen sowie eine sowjetische Entlassungsurkunde, nach der er in der Tschechoslowakei gefangen genommen, aber nach kurzer Zeit entlassen worden war. Auf Veranlassung von Leon W. Wells, der von der Verhaftung benachrichtigt worden war, wurde er dann einer amerikanischen Dienststelle übergeben. Dort gestand Hans Rauch seinen wirklichen Namen, gab aber an, lediglich Kraftfahrer beim SK 1005 gewesen zu sein. Als er in sowjetische Kriegsgefangenschaft geriet, besaß er schon gefälschte Dokumente und hatte sich eine andere Biografie gegeben. Im Alter von 18 Jahren war er 1932 der NSDAP beigetreten. Rauch wurde von den Amerikanern an Polen ausgeliefert, wo er polizeilich gesucht wurde. Nach einer Gerichtsverhandlung wurde er am 24. Juni 1949 zum Tode verurteilt.[256]

Der direkte Vorgesetzte von Walter Schallock in Galizien war der SS-Sturmbannführer Kurt Stawitzki. Dieser wurde 1900 geboren und war von Beruf Polizist. Er trat 1932 in die NSDAP und die SS ein. Seit 1934 war er Mitglied der Gestapo. Nachdem er mehrere Positionen im besetzten Polen bekleidet hatte, kam er 1941 nach Lemberg. Dort war er zunächst Leiter des Einsatzkommandos zur besonderen Verwendung und danach Kommandeur der Sicherheitspolizei und des Sicherheitsdienstes IV. Am 1. Mai 1945 erhielt er in Flensburg falsche Papiere unter dem Namen Kurt Stein und nutzte diesen Namen bis zu seinem Tod im Jahre 1959. Bis dahin lebte er ab 1945 unbehelligt in Bad Godesberg und war von 1953 bei der Deutschen Forschungsgemeinschaft in der Registratur tätig. Die wahre Identität von Kurt Stawitzki konnte erst 1970 festgestellt werden.[257]

---

252 Bundesarchiv Ludwigsburg, B162/2287, S. 8

253 Bundesarchiv Ludwigsburg, Karteikarte von Walter Schallock

254 Bundesarchiv Ludwigsburg, B162/2117, S. 4573

255 Ebd., S. 4589

256 Wells, Ein Sohn Hiobs, S. 325–333

257 Pohl, Judenverfolgung in Ostgalizien, S. 389 u. S. 421

Der Ausgrabungsort der »Enterdungsaktion« lag am Stadtrand von Lemberg und konnte von der Haltestelle einer dort verkehrenden Straßenbahn in etwa 15 Minuten zu Fuß erreicht werden. In der Nähe befand sich ein jüdischer Friedhof, dessen Gedenksteine umgestürzt waren. Die etwa 20 Massengräber lagen in einem Tal (von einigen Polizisten auch als Schlucht bzw. als Mulde bezeichnet), das an dieser Stelle etwa 200 Meter lang und 100 Meter breit war. Dieses Tal befand sich in einem hügeligen Gelände, bewachsen mit Sträuchern und Büschen, insbesondere Himbeerbüschen. Die Verbrennung der ausgegrabenen Leichen, die teilweise in Verwesung übergegangen waren, erzeugte einen sehr unangenehmen Geruch. Dieser Geruch konnte auch in der Stadt Lemberg wahrgenommen werden. Es ist deshalb nicht erstaunlich, dass in der jiddischen Zeitung »Forwerts«, die in New York erschien, in der Ausgabe vom 28. Mai 1944 folgender Artikel zu lesen war:

> »Nazis verbrennen Leichen von ermordeten Juden in Polen.
> London, den 27. Mai 1944 (Jüdische Telegraphenagentur).
> Ein Bericht, der heute hier aus Polen eintraf, gibt bekannt, daß die Nazis jetzt dort die Leichen von ermordeten Juden ausgraben und verbrennen, um die Spuren von den nazischen Verbrechen zu verwischen. Derselbe Bericht, der bei der polnischen Exilregierung eintraf, gibt weitere Einzelheiten bekannt über die Ermordung von Juden und über den heldischen jüdischen Widerstand.«[258]

Dieser Artikel schien wenig Beachtung gefunden zu haben, da er aus inoffiziellen jüdischen Quellen stammte und zu der Zeit nicht verifiziert werden konnte.

Beim SK 1005 bestand die Hauptaufgabe der Polizisten darin, einen doppelten Absperrring zu bilden und das jüdische Arbeitskommando in seiner Unterkunft zu bewachen. Der innere Ring befand sich etwa 100 Meter vom Ausgrabungsort entfernt. Der äußere Ring bestand aus fünf bis sechs Punkten, von denen man das Gelände überblicken konnte. Um ihren Dienst verrichten zu können, erhielten die Polizisten wegen der bestialischen Geruchsbelästigung Sonderzuteilungen an Alkohol.[259]

Wie wurden die Polizisten von Mitgliedern des jüdischen Arbeitskommandos wahrgenommen? Leon W. Wells machte dazu folgende Aussagen, wobei er die Po-

258 Bundesarchiv Berlin, R 58, Film 77995

259 Bundesarchiv Ludwigsburg, B162/3555, S. 439

lizisten als »Schupos« bezeichnete:[260] Am Ende des ersten Tages des Arbeitskommandos im »Sand« musste dieses Kommando abends wieder zurück ins Lager. Zuständig für die ordnungsgemäße Rückkehr des Kommandos war »der Führer der Schupos« (Götz Schlicht?).[261] Am Dienstag, dem 29. Juni 1943, konnten einige Angehörige des Arbeitskommandos heimlich eine Erschießungsaktion beobachten. Es wurden insgesamt 275 Juden erschossen. Bei dieser Aktion konnten Mitglieder des Kommandos außerdem beobachten, dass die Schupos an der Exekutionsstätte auf die Gefangenen eindroschen und sie anbrüllten, schneller den Befehlen zu gehorchen.

Am Sonntag, dem 27. Juni 1943, brauchte das Arbeitskommando nicht arbeiten. Es gelang einigen Gefangenen einen Flüsterkontakt mit den »Schupos« aufzunehmen, die das Kommando bewachten. Den Polizisten war ein solcher Kontakt strengstens untersagt. Die Schupos zeigten sich bereit, Wurst, Butter, Eier, Wodka, Zigaretten, kurzum alles, was die Gefangenen gebrauchen konnten, zu besorgen. Die Lieferungen sollten mit Gold bezahlt werden. Bei den Enterdungen wurden bei den Leichen, die bekleidet waren, immer wieder Schmuckgegenstände und Goldmünzen gefunden. Wer mit Gold ertappt wurde, konnte erschossen werden. Im Laufe der Zeit erfuhren die Gefangen, dass die meisten Polizisten aus Berlin stammten und dem 23. SS-Polizei-Regiment angehörten. Da die Schupos lediglich einen Sold von 3,60 RM pro Tag erhielten, war bei ihnen die Verlockung sehr groß, ein zusätzliches Nebeneinkommen zu erzielen. Nach Exekutionen bekam so nicht nur das Arbeitskommando »neue« Kleidung, wobei sich die Schupos die besten Sachen nahmen.

An der zweiten Einsatzstelle florierte der Handel förmlich. Da es kälter wurde, machten sich die Schupos bei der Wache am Zaun zur Unterkunft des Arbeitskommandos ein Lagerfeuer. Die Gefangenen trugen dafür das Holz hinaus, was zur Folge hatte, dass sie bei dieser Gelegenheit gegen Goldstücke Zigaretten, Alkohol und andere Sachen erhielten. Mit einem Schupo tauschten die Gefangenen eine Zeitung gegen ein 20-Dollar-Goldstück. So erfuhren sie, dass die Rote Armee schnell vorrückte. Die Mitglieder des Arbeitskommandos entschlossen sich zu fliehen, da sie damit rechneten, erschossen zu werden, falls die Rote Armee weiter vorrücken sollte. Man plante, ein Tauschgeschäft zu nutzen und bei einer Holzlieferung für das Feuer der Schupos beide Wachhabende zu überwältigen. Die beide Polizisten wurden niedergeschlagen und verletzt. Einer von ihnen wurde 1964 von der deutschen Staatsanwaltschaft verhört. Er erwähnte natürlich mit keinem Wort

260 Wells, Ein Sohn Hiobs, S. 147–247
261 Ebd., S. 159

den Handel mit einem Mitglied des Arbeitskommandos, der zu dem Ausbruch geführt hatte. Gemäß seiner Aussage gelang es nur einem Teil des Arbeitskommandos zu fliehen, da die alarmierten Polizisten aus ihrem Wachzelt sofort eingriffen.[262] Es ist nicht bekannt, wie viele Gefangene von den Polizisten auf der Flucht erschossen wurden.

Diese Schilderung von Leo W. Wells vermittelt ein ganz anderes Bild von den Angehörigen des SK 1005, als das, das ihre Vernehmungsprotokolle über 20 Jahre später zeichnen. In diesen Protokollen wird überwiegend von der Bewachung der Verbrennungsstellen durch die zwei Bewachungsringe der Polizisten berichtet. Angaben zur direkten Bewachung des Arbeitskommandos durch Polizisten gab es nur in einem Fall. Bei seiner Vernehmung machte dazu ein ehemaliger Polizist die folgende Aussage:

> »Das jüdische Arbeitskommando wurde in der Baracke (Bunker) sowie auch bei der Arbeit in der Schlucht von Angehörigen unseres Kommandos bewacht.«[263]

Die Polizisten an der Verbrennungsstelle hatten den Befehl, ausschließlich Schallock, Rauch, Mohr, Schlicht und Bendfeld den Zutritt zu gestatten. Alle anderen wären abzuweisen.[264] In der Nähe des Wachzeltes der Polizisten an der Verbrennungsstelle geschah es öfters, dass hier Leichen abgeliefert wurden.[265] Sehr spärliche Angaben liegen dazu vor, dass fünf namentlich erwähnte Polizisten an den Erschießungen teilgenommen hatten. Diese Angaben stammen aus sowjetischen Protokollen vom November und Dezember 1947 von der Vernehmung zweier Polizisten.[266] Ein dritter Polizist, der ebenfalls im Dezember 1947 verhört wurde, gab allerdings bei seiner Vernehmung durch die deutsche Staatsanwaltschaft im Jahre 1964 an, dass er mit Schlägen und Essensentzug dazu gebracht worden war, falsche Angaben zu machen.[267] Die Angaben zur Beteiligung der Polizisten an Erschießungen sind deshalb fragwürdig. Die meisten der Vernommenen betonten bei den Befragungen durch deutsche Staatsanwaltschaften, dass keiner der Polizisten während ihres Einsatzes beim SK 1005 an Exekutionen beteiligt gewesen sei.

---

262 Bundesarchiv Ludwigsburg, B162/1328, S. 1762
263 Ebd., B162/27015, S. 24
264 Ebd., B162/1328, S. 1709
265 Ebd., S. 1741
266 Ebd., B162/2117, S. 4548, S. 4564 u. 4570f.
267 Ebd., B162/1328, S. 1688

Der Poliziste Willy König hatte die Aufgabe, am Anfang der Verbrennungsaktion den Kompressor zu betätigen, mit dem brennbare Flüssigkeit auf die Leichen gespritzt wurde. Danach wurde er mit der Entgegennahme des gesammelten Goldes aus der Asche beauftragt.[268]

Leon W. Wells erwähnte ihn ebenfalls in seinem Buch:

> »Auf unserer Baustelle taucht häufig ein Schupo namens König auf. Er ist für die Ölpumpe verantwortlich. Er prügelt alle ohne Unterschied, ob sie arbeiten oder nicht. Er sieht brutal aus, ist mittelgroß, eher korpulent, und kommt aus der Umgebung von Berlin. Er bespitzelt sogar seine eigenen Kollegen und denunziert sie beim Sicherheitsdienst, so dass ihn die Schupos nicht ausstehen können.«[269]

Allerdings äußerte sich keiner der vernommenen Polizisten in ihren Protokollen abfällig zu Willy König. Keiner wollte ihn denunzieren.

Bei einer großen Erschießungsaktion am 26. Oktober 1943 stellte das Arbeitskommando fest, dass nicht alle Juden getötet worden waren. Unter den angeblich Erschossenen befanden sich sogar einige, die nicht einmal verwundet waren. Angehörige des Arbeitskommandos stapelten in der Nähe dieser Leute Kleidung, Schuhe, Zuckerwürfel und Geld. Am nächsten Tag wurde festgestellt, dass die ausgelegten Gegenstände verschwunden waren. Beim Frühstück wurde beobachtet, wie ein Polizist eine der »lebenden Leichen« zur Feuerstelle führte. Als der Schupo-Führer (Heinz Bendfeld?) erschien, zückte er seine Pistole und erschoss den Mann.[270]

Bei der Auswertung der Protokolle aus Ludwigsburg konnten leider keinerlei Angaben zur Zusammensetzung des Sonderkommandos und zur Anzahl der Polizisten ermittelt werden, die die Aufgabe hatten, das Arbeitskommando an der Verbrennungsstelle zu bewachen. Was sich bei der Bewachung der Unterkunft des Arbeitskommandos abspielte, bleibt ebenso unerwähnt, wie der florierende Handel zwischen den Polizisten und dem Arbeitskommando. Anhand der Beschreibung von Leon W. Wells kann man aber annehmen, dass die meisten Polizisten keine fanatischen Nationalsozialisten waren.

---

268 Ebd., S. 1612
269 Wells, Ein Sohn Hiobs, S. 167
270 Ebd., S. 224–229

Wie ging die Verbrennung der Leichen vor sich? Gemäß den Aussagen der Polizisten wurden Roste aus Eisenschienen aufgebaut. Allerdings meint ein Zeitzeuge des Arbeitskommandos, dass der Rost aus schweren Holzbohlen bestand, nur versuchsweise wurde mit einem eisernen Rost experimentiert. Dieses Experiment soll aber nicht erfolgreich gewesen sein, da die Metallkonstruktion unter der Hitze und dem Gewicht der Leichen sich verbog und diese herabstürzten.[271] Die Leichen wurden, gemischt mit Meter-Holz, zu viereckigen Scheiterhaufen aufgeschichtet. Die Grundfläche war etwa 10 Meter im Quadrat und etwa ein Meter über dem Erdboden. Die Scheiterhaufen sollen eine Höhe von über 2 Metern gehabt haben. Der »Zähler« führte mit Papier und Bleistift Buch, wieviele Menschen hier täglich verbrannt wurden. Jeden Abend meldete er die Zahl der »Figuren« (Bezeichnung von Schallock für die Leichen) an Schallock. Der Zähler durfte nicht einmal den Schupos diese Zahl bekannt geben.[272]

Während die Scheiterhaufen brannten, wurden immer neue Leichen hinauf geworfen.[273] Zu diesem Zweck wurden Laufstege in etwa einem Meter Höhe mit Treppen an allen vier Seiten um die Brandstelle errichtet. Eine Kolonne von »Trägern« schaffte auf Bahren neue Leichen heran.[274] Zuerst konnten »nur« etwa 500 Leichen auf dem Rost aufgeschichtet werden. Nach einiger Zeit, mit größerer »Erfahrung«, wurden mehr als 2 000 Leichen pro Haufen aufgeschichtet.[275]

Die Leichen der Erschossenen aus dem Lemberger Ghetto, die schon zwei Wochen in der Hitze herumgelegen hatten, mussten beim Transport zum Scheiterhaufen an Händen und Füssen gepackt werden. Sehr oft glitten sie aus den Händen der damit beauftragten Gefangenen, da sich die Haut der Toten ablöste. Wenn sich dadurch der Transport der Leichen verlangsamte, wurden die Gefangenen ausgepeitscht.[276] Aus den Massengräbern wurden die Toten von Angehörigen des jüdischen Arbeitskommandos mit langen Haken aus den Gruben gezogen. Auch hier übernahm eine Kolonne von Trägern den Transport auf Tragbahren zur Brandstätte.

Am Anfang wurde noch ein Kompressor eingesetzt, mit dem der »Brandmeister« Öl vor dem Abbrennen auf die Scheiterhaufen spritzte. Diese Methode wurde bald aufgegeben und das jüdische Arbeitskommando musste das Öl mit Eimern

---

271 Ebd., S. 213
272 Ebd., S. 163
273 Bundesarchiv Ludwigsburg, B162/1328, S. 1753
274 Wells, Ein Sohn Hiobs, S. 182
275 Ebd., S. 193
276 Ebd., S. 162

auf die Haufen gießen. Der »Brandmeister« hatte auch dafür zu sorgen, dass die Leichen richtig gelegt wurden und dass das Feuer richtig brannte. Dann wurde der Scheiterhaufen angesteckt, während daneben noch Rinnen ins Erdreich ausgehoben wurden, in das das Leichenfett hineinlaufen konnte. Die jüdischen Arbeitskräfte schöpften immer wieder das Fett auf den Scheiterhaufen zurück.[277]

Am 21. Juni 1943 traf ein Lastwagen beladen mit Grabsteinen vom jüdischen Friedhof an der Verbrennungsstelle ein. Die Steine wurden in einem Viereck in der Schlucht ausgelegt. Die Fugen wurden mit Zement verfüllt. Die Asche von den Feuerstellen wurde in Körben zum »Ascheplatz« gebracht und dort in Mehlsieben, wie sie allgemein im Haushalt verwendet wurden, gesiebt. Die Rückstände wurden nach Metallteilen, Edelmetall und Knochen sortiert. Gold wurde in einer großen Kiste gesammelt. Wenn jeweils 50 Kilogramm beisammen waren, wurde das Gold zur Bank geschickt.[278] Die übrig gebliebenen Knochen wurden auf dem Steinboden mit harten Holzstampfern zu Staub zerkleinert. Knochen, die übrig blieben, wurden noch ein zweites Mal verbrannt. Später wurde eine Maschine heran geschafft, die wie ein Zementmischer aussah und von einem Dieselmotor angetrieben wurde. In der Trommel dieser Maschine befanden sich dicke, eiserne Kugeln, die die Knochen zerkleinerten.[279] Diese Maschine soll eine Kapazität von drei Kubikmetern nicht verbrannter Knochen pro Stunde gehabt haben.[280] Anschließend wurden die zermahlenen Reste und die Asche in der umliegenden Gegend verstreut.

Der Historiker Thomas Sandkühler beschreibt in seinem Buch »›Endlösung‹ in Galizien« eine etwas abweichende Version der »Enterdungs- und Verbrennungsaktion«.[281] Er bestätigt, dass das jüdische Arbeitskommando arbeitsteilig organisiert worden war. Eine Gruppe zog mit Eisenhaken die Leichen aus den Massengräbern und brachte diese mit Tragen zu den bis zu 10 Meter hohen Scheiterhaufen, die dann mit Teer und Benzin übergossen und angezündet wurden. Aufgabe des »Brandmeisters« war es, das Feuer mit langen Schürhaken in Gang zu halten. Der »Zähler« musste über die »Figuren« eine Strichliste führen und Schallock jeden Abend das Ergebnis mitteilen. Eine weitere Gruppe siebte die Asche nach nicht verbrannten Knochen und Wertgegenständen durch. Für die Zerkleinerung der

277 Bundesarchiv Ludwigsburg, B162/1328, S. 1703

278 Wells, Ein Sohn Hiobs, S. 232

279 Ebd., S. 204

280 Der Prozess gegen die Hauptkriegsverbrecher vor dem Internationalen Militärgerichtshof, Nürnberg 14. November 1945 bis 1. Oktober 1946, veröffentlicht 1947, BStU, Akten, MfS-HA IX/11, AK 629/74, Bd. 2

281 Thomas Sandkühler, »Endlösung« in Galizien, Verlag J.H.W. Dietz Nachfolger, Bonn 1996, S. 277f.

Knochen wurde eine »Knochenmühle« genutzt. Die Asche und die zerkleinerten Knochen wurden in der Umgebung verstreut. Das jüdische Arbeitskommando soll bis auf 2000 »Figuren« und bis zu acht Kilogramm Gold täglich gebracht haben, bestätigt Sandkühler in seinem Buch.

Des Weiteren zitiert er das Vernehmungsprotokoll vom 4. September 1961 eines Überlebenden des jüdischen Arbeitskommandos beim SK 1005 in Lemberg.[282] Dieser Überlebende sagte aus, dass er beim Kommando als »Brandmeister« eingesetzt war. Er berichtete, dass er und seine Gehilfen, auf Anweisung von Schallock, Kappen mit Teufelshörnern tragen mussten, die Schallock extra anfertigen ließ. Sie mussten auch schwarze Arbeitsanzüge und schwarze Stiefel tragen, um »teufelsähnlich« auszusehen, da das Gelände buchstäblich die Hölle auf Erden war. Leon W. Wells, der ebenfalls die Funktion als »Brandmeister« bei seinem Kommando ausübte, bestätigte diese Aussage. Er berichtete sogar, dass der »Brandmeister« und sein Gehilfe zwei Garnituren der Teufelskostüme hatten. Sie durften nichts anderes mehr tragen.[283] Es ist schon bemerkenswert, dass kein einziger Polizist in den Vernehmungen von einem solchen bizarren Vorgehen berichtete. Dabei hätten die Polizisten mit einer solchen Aussage weder sich noch einen ihrer Kameraden in irgendeiner Weise belastet. Aber solche Aussagen existieren nicht in den ausgewerteten Vernehmungen.

Etwa vier oder fünf Monate nach Beginn der »Enterdungen« kam es – wie schon erwähnt – zu einem Fluchtversuch jüdischer Arbeitskräfte an der zweiten Verbrennungsstelle bei Lemberg, in einem bewaldeten Gebiet (Krzywicki Wald) des Vororts Tschewitschitza.[284] Das jüdische Arbeitskommando war hier in einem Zelt untergebracht. Hersches, der Führer des Kommandos, entkam zusammen mit einigen anderen. Diejenigen, die aufgegriffen wurden, sollen erschossen worden sein. Nach diesem Fluchtversuch erhielten alle jüdischen Arbeitskräfte Fußketten. Der Historiker Dieter Pohl stellt in seinem Buch zur nationalsozialistischen Judenverfolgung in Galizien fest, dass von den 126 Juden des Arbeitskommandos zwölf der Geflüchteten den Krieg überlebten.[285]

Der Leiter des Sonderkommandos Schallock soll einem der Polizisten gesagt haben, dass im Verlauf von sieben Monaten in den Gebieten von Kleperowo und

---

282 Ebd., S. 278 u. S. 522

283 Wells, Ein Sohn Hiobs, S. 203f.

284 Sandkühler, »Endlösung«, S. 278 u. S. 522; Leon Wells beschreibt diese Stelle als Wald von Lesienice im Vorort Lyczakow von Lemberg, in: Wells, Ein Sohn Hiobs, S. 279

285 Pohl, Judenverfolgung in Ostgalizien, S. 380

Tschewitschitza vor Lemberg 90 000 Leichen verbrannt wurden.[286] Diese Zahl wurde von einem anderen Polizisten bei seiner Vernehmung bestätigt.[287] Wenn in Lemberg beim Einmarsch der deutschen Armee im Juni 1941 160 000 Juden lebten, stellt sich die Frage, was mit den übrigen 70 000 Juden passiert ist. Nach Leon W. Wells wurden diese unter bestialischen Umständen mit Zügen zu dem schon damals berüchtigten Vernichtungslager Belzec, nahe Lublin, gebracht.[288]

Bei seiner weiteren Vernehmung sagte der erste Polizist aus, dass Stawitzki für die Vernichtung von 200 000 Leichen verantwortlich gewesen sei.[289] Bedauerlicherweise erfolgten keine Nachfragen von den sowjetischen Vernehmungsoffizieren, wieso Stawitzki für die Vernichtung von so viel mehr Leichen im Gegensatz zu Schallock verantwortlich gewesen ist. Schallock hatte eindeutig die Zuständigkeit für die »Enterdungsaktionen« in Lemberg und später in Stanislau. Stawitzki war aber administrativ sein Vorgesetzter, mit Zuständigkeit für den Bezirk Galizien. Die unterschiedlichen Zahlenangaben können jedoch auch darauf beruhen, dass noch ein zweites Sonderkommando 1005 in Galizien tätig war, das administrativ ebenfalls Stawitzki unterstellt war. Am Anfang dieses Kapitels wurde festgestellt, dass sich ein zweites Polizei-Bataillon in Galizien aufgehalten haben könnte. Wenn man davon ausgeht, dass die Aussage von der Vernichtung von 200 000 Leichen in Galizien der Wahrheit entspricht, so würde es bedeuten, dass das zweite SK 1005 an unbekannten Orten in Galizien an die 110 000 Leichen verbrannte. Schallock soll gegenüber Polizisten geäußert haben, dass sein Kommando in Lemberg erfolgreicher als andere Kommandos war und er deshalb von oben belobigt worden sei.[290] Das wiederum könnte heißen, dass der Polizist mit seiner Angabe von 200 000 Toten auch die in Stanislau verbrannten dem ersten SK 1005 zuordnete. Demnach hätte das Kommando unter Schallock 102 000 Leichen und das zweite Kommando »nur« 98 000 Leichen vernichtet.

Ein anderer Polizist, der davon sprach, dass im Kommando von noch einem anderen SK 1005 gesprochen wurde, berichtete, dass der für die Wäsche im Kommando zuständige Polizist die Handtücher mit der Bezeichnung SK 1005 mit einem

286 BStU, Akten, MfS-HA IX/11, RHE-West 496/2, BStU Bl. 354. russisches Protokoll der Vernehmung von M. K. am 05.01.1948 durch den sowjetischen Geheimdienst

287 BStU, Akten, MfS-HA IX/11, RHE-West 496/2, BStU Bl. 390. russisches Protokoll der Vernehmung von K. R. am 18.11.1947 durch den sowjetischen Geheimdienst

288 Wells, Ein Sohn Hiobs, S. 142

289 BStU, Akten, MfS-HA IX/11, RHE-West 496/2, BStU Bl. 360. russisches Protokoll der Vernehmung von M. K. am 21.01.1948 durch den sowjetischen Geheimdienst

290 Bundesarchiv Ludwigsburg, B162/1328, S. 1700

zusätzlichen Buchstaben markierte. Leider konnte sich der vernommene Polizist nicht mehr an diesen Buchstaben erinnern.[291] Der für die Verpflegung des Kommandos zuständige Polizist, berichtete, dass er, als er in Lemberg beim SS-Gruppenwirtschaftslager Verpflegung empfing, einmal gehört habe, wie der SS-Unterführer im Wirtschaftslager ihn fragte, ob er dem Sonderkommando 1005 mit einem Buchstaben angehöre. Als der Polizist dieses verneinte und lediglich die Bezeichnung »SK 1005« angab, war dieses auch in Ordnung.[292] Hier handelt es sich um einen ziemlich eindeutigen Hinweis darauf, dass das SS-Gruppenwirtschaftslager zwei SK 1005 verpflegte.

Zu Beginn des Kapitels wurde festgestellt, dass die Zahl der Truppenpolizei mit 1083 Mann zwei Polizei-Bataillonen entsprechen könnte. Ein ehemaliger Angehöriger des Polizei-Bataillons 223 oder 323, seine weitere Zugehörigkeit ist nicht mehr erinnerlich, machte folgende Angaben:[293] Sein Bataillon befand sich vom Sommer 1942 bis Juni 1943 in Paris, Frankreich. Die Einheit wurde dann nach Galizien an einen nicht mehr erinnerten Ort, nicht weit von Tarnopol, verlegt. Im Juli/August 1943 kam sein Bataillon nach Lemberg. Das Bataillon räumte dort ein Judenlager, das sich außerhalb Lembergs befand. Es wurden hier ungefähr 800 bis 1 000 Juden von SS-Angehörigen erschossen. Die Polizisten hatten die Aufgabe, die Juden aus dem Lager zu der Erschießungsstätte zu eskortieren und das ganze Geschehen abzusichern. Von diesem Zeitpunkt bis August 1944 unterstand das Bataillon dem SS-Polizei-Führer Rietsch und trug die Bezeichnung »Kommando Rietsch«. Die Postanschrift, die vom MfS in einem beschlagnahmten Notizbuch gefunden wurde, lautet: »Zugwachtmeister Otto L., Lemberg, bei SS Pol.-Führer Kommando Rietsch«. Dieses könnte bedeuten, dass das Bataillon an einer streng geheimen Reichsache teilnahm. Da die gesamte Post an das Kommando adressiert war, könnte man annehmen, dass die Post im Kommando zensiert wurde, bevor man sie an die Empfänger weiterleitete. Man kann deshalb ferner annehmen, dass die ausgehende Post ebenfalls vom Kommando zensiert wurde.

Nach der Massenerschießung in Lemberg hatte das Bataillon unter dem Befehl des SS-Polizeiführers Rietsch angeblich lediglich die Aufgabe, Wälder auf der Suche nach Partisanen zu durchkämmen. Im Sommer 1944 endete die Unterstellung des Bataillons unter das »Kommando Rietsch«. Es lag zu dieser Zeit im Raum von

---

291 Ebd., S. 1740

292 Ebd., S. 1736

293 BStU, Akten, Cbs. AU 64/53, Untersuchungsvorgang 1132/51, Bl. 7–15, Vernehmungsprotokoll des MfS von Otto L., 3.–16.10.1951 in Halle

Tarnopol und es ist durchaus denkbar, dass gerade dieses Bataillon der Aufgabe eines zweiten SK 1005 in Galizien nachging. Partisanenbekämpfung bzw. -suche war eine normale Aufgabe der Polizei-Bataillone. Nicht normal war die Tatsache, dass eine Polizeieinheit einem mysteriösen SS-Kommando unterstellt wurde. Der vernommene Polizist hatte wohl Angst, weitere Details zu schildern, da er eventuell dadurch eine Todesstrafe hätte befürchten müssen. Dennoch wurde er, obwohl er ein Bein im Kriege verloren hatte, in der DDR wegen seiner Teilnahme an der Massenerschießung in Lemberg zu einer Gefängnisstrafe von 15 Jahren verurteilt.[294]

Ein anderer Polizist gab bei seiner Vernehmung an,[295] dass er 1943 zum 2. Bataillon des 4. Polizei-Regiments in Paris versetzt wurde. Im Frühjahr 1943 wurde dieses Bataillon nach Stanislau in Galizien verlegt. Dort behielt es seine Bezeichnung II/4. SS-Pol.-Rgt. Dem Mann war bekannt, dass zeitgleich eine weitere Polizeieinheit in Stanislau stationiert war. Er konnte dazu aber keine weiteren Angaben machen. Bei dieser Einheit handelte es sich nach aller Wahrscheinlichkeit um die 1. Kompanie des I/23. SS-Polizei-Regiments sowie dessen Bataillonsstab. Da der vernehmende Staatsanwalt nur am I/23 SS-Pol.-Rgt. und dessen Kommandeur Major Josef Wieczorek interessiert war, unterließ er eine weitere Befragung des Angehörigen des II/4. SS-Pol.-Rgt. zu seinen Aufgaben in Galizien. Man kann aber annehmen, dass das II/4. SS-Pol.-Rgt. diejenige Einheit war, die eine Gruppe seiner Polizisten dem »Kommando Rietsch« zur Verfügung stellte.

Nach Erfüllung seiner Aufgabe wurde das SK 1005 im Januar 1944 aus Lemberg nach Stanislau in Galizien verlegt. Nach seiner Ankunft dort hatte das Kommando den Befehl, etwa 3000 in einem dortigen Lager befindliche Juden zu erschießen. Anschließend wurden ihre Leichen sowie etwa 9000 aus Massengräbern bei Stanislau »Enterdete« verbrannt. Im März 1944 steckte das Kommando die dortige Synagoge in Brand. Anfang April 1944 war das SK 1005 gezwungen, seine dortigen Aktivitäten einzustellen, da die Rote Armee auf die Stadt vorrückte. Die etwa 100 Angehörigen des jüdischen Arbeitskommandos wurden bei der Räumung von Stanislau auf dem dortigen jüdischen Friedhof erschossen und ihre Leichen ebenfalls verbrannt. Das SK 1005 wurde dann nach Drahobycz in Galizien verlegt. Dort wurde das SK 1005 aufgelöst und die Polizisten konnten wieder zu ihren Polizeieinheiten zurückkehren.

---

294 BStU, MfS ASt Bd 82, Gerichtsentscheidungen: LG/BG Cottbus 530116 Az. 1209/52; LG/BG Cottbus 521105 Az. 1209/52; Ob. Gericht der DDR 521209 Az. 1aUst46/52

295 Bundesarchiv Ludwigsburg, B162/3555, S. 403

Schlichts Rolle beim SK 1005

Doch nun zu Götz Schlicht und eine kritische Betrachtung seiner Aussage zum SK 1005: In seiner Vernehmung am 7. Februar 1964 schilderte Götz Schlicht seinen ganzen Lebenslauf, bis einschließlich seiner damaligen Tätigkeit beim UFJ, ohne seinen Einsatz beim SK 1005 auch nur einmal erwähnt zu haben. Erst auf Nachfrage des vernehmenden Staatsanwalts gab er zu, dass er dem SK 1005 angehörte. Im Protokoll steht folgender Dialog:[296]

> *»Frage: Gehörten Sie dem Sonderkommando 1005 in Lemberg an?*
> Antwort: Ich wurde von Tarnopol aus m.E. nach im Juni 1943 dem Kommando, das die Kompanie nach Lemberg abgestellt hatte, nachgeschickt. Ich kann den Zeitpunkt nicht mehr genau angeben. Der am weitesten zurückliegende Eindruck von meiner Berührung mit diesem Kommando ist die Vorstellung, daß der Pol. Meister Hartmann als Zugführer mir an der Verbrennungsstelle eine Meldung machte. Seine gezwungene Haltung habe ich noch in Erinnerung, mit der er mir als ehemaligen Untergebenen gegenübertrat. Ich gehörte etwa einen Monat zu diesem Kommando. Der Leiter der Tätigkeit an der Verbrennungsstelle war ein SD-Untersturmführer. Er hatte einen sehr kräftigen Händedruck. Ich sah ihn nur einige Male. Er hatte mir gegenüber die Stellung eines Vorgesetzten. Meine Schutzpolizisten hatten eine Absperrkette zu bilden. Das Kommando der Schutzpolizei war in 2 Hälften aufgeteilt. Das hatte Hartmann bereits eingeteilt. Diese beiden Teilkommandos standen umschichtig auf Posten. Als ich kam, lief das alles schon. Im Inneren der Postenkette war eine Verbrennungsstelle innerhalb einer tiefen Schlucht. Von den Postenplätzen aus konnte man diese Schlucht nicht einsehen. Jedenfalls von den meisten Plätzen aus konnte man nichts sehen. Man konnte aber an diese Schlucht herangehen. Ich selbst habe mir die Schlucht auch angesehen. Meiner Überzeugung nach muß jeder Kommandoangehörige die Vorgänge an der Verbrennungsstelle deutlich gesehen haben. Ich kann mir keinen Angehörigen unseres Kommandos vorstellen, der nicht herangegangen ist, um sich das anzusehen. Ich kann mich genau nur an eine Postenkette erinnern, die in einem größeren Abstand von einigen hundert Metern aufgestellt war. Vielleicht kann es an einer Stelle auch nur 100 m gewesen sein. Der Sinn der gan-

---

296 Ebd., B162/1328, S. 1722–1729

zen Geschichte, d.h. der Bewachung durch die Schutzpolizei war, den Zugang von unbefugten Personen zu verhindern. Schon damals hatte ich die persönliche Auffassung, daß die Exhumierung der Leichen aus den Massengräbern und ihre Verbrennung die Beseitigung von Verbrechensspuren bedeutete. Schon damals ging ich davon aus, daß man höhern Orts den Krieg für verloren hielt bzw. zumindest damit rechnete, daß die Russen bis nach Lemberg vordringen würden.
Frage: Wissen Sie, ob mehrere solcher Kommandos bestanden?
Antwort: Nein. Unser Kommando war für mich das einzige Sonderkommando dieser Art. Ich habe auch nicht weiter darüber gedacht, ob mehr solcher Kommandos bestehen könnten.
Frage: Hatte der Untersturmführer, der Schallock hieß, Vorgesetzte?
Antwort: Natürlich hatte der Untersturmführer Vorgesetzte. Ich habe nur einmal einen Vorgesetzten von Schallock gesehen. Das war aber wohl in Lemberg und mit Sicherheit nicht an der Verbrennungsstelle. Es war ein SD-Hauptsturmführer.
Frage: Wurden Sie über Geheimhaltung belehrt?
Antwort: Dieser Hauptsturmführer hat uns die Verpflichtung auferlegt und mich durch Handschlag verpflichtet, über alle Vorgänge an der Verbrennungsstelle, also Exhumierung, Leichenverbrennung und Verstreuung der Asche strengstes Stillschweigen zu bewahren. Bei dieser Verpflichtung habe ich den Hauptsturmführer gesehen. Es kann sein, daß auch Oberlt. Mohr bei dieser Gelegenheit anwesend war.
Frage: Wurden die Pol.-Beamten bei dieser Gelegenheit auch verpflichtet?
Antwort: Das kann ich nicht mehr sagen. Ich kann mich aber auf jeden Fall an einen Handschlag mit einem SS-Hauptsturmführer erinnern. Das war irgendwo in Lemberg.
Frage: Wußten Sie, daß der Untersturmführer unter dem Befehl des Standartenführers Blobel, dem weitere Sonderkommandos dieser Art unterstanden, arbeitete?
Antwort: Der Name Blobel ist mir unbekannt. Ich wußte auch nichts von weiteren Kommandos dieser Art.
Auf Vorlage der Bilder 11a erklärt der Zeuge:
Diese Person ist mir unbekannt.
Vorhalt: Das ist der Untersturmführer Schallock.
Antwort: Ich kann mich an diesen Mann nicht erinnern.

Auf Vorlage der Bilder 11a:
Auch diese Person ist mir unbekannt.
Vorhalt: Das ist Hauptsturmführer Harder.
Antwort: Der Name sagt mir nichts. Ich kann auch nicht sagen, ob dies der Hauptsturmführer sein könnte, der mich mit Handschlag verpflichtete, der war m. E. älter.
Frage: Was wurde aus den Arbeitskräften des Sonderkommandos?
Antwort: Die Arbeitskräfte sollen erschossen worden sein, nachdem die gesamte Exhumierung abgeschlossen war. Ich habe davon entweder nach dem Krieg gehört oder brieflich davon erfahren. Das muß nach dem Krieg gewesen sein. Ich nehme an, daß ich gehört habe, daß der SD die Arbeitskräfte erschossen hat. Ich kann nicht mehr sagen, wer mir das erzählt hat.
Auf Vorhalt der Aussage Brödler v. 10. Dez. 1963, Lt. Schlicht sei mit dem Kommando ausgerückt, zu dieser Zeit aber erst Offiziersanwärter gewesen, erklärt der Zeuge:
Der Zeuge Brödler muß sich irren. Ich erinnere mich genau daran, daß ich als Leutnant von Berlin zurückkehrte und in Tarnopol noch einige Wochen blieb, bevor ich als Leutnant zum Kommando kam.
Auf Vorhalt der Aussage des Zeugen Grau v. 11.11.1963, Schlicht sei die rechte Hand des Kompaniechefs gewesen, erklärt der Zeuge:
Ich hatte zu ihm ein gutes Verhältnis. Er ließ mir auch Reitunterricht geben. Ich ritt öfter mit Mohr aus.«

Was die Ankunft beim SK 1005 betrifft, behauptete Götz Schlicht, dass er im Juni 1943 dem Kommando aus Tarnopol »nachgeschickt« wurde. Wie sich herausstellte, erstreckte sich die Verlegung des Kommandos über mehrere Tage, da anscheinend nur ein Truppentransporter zur Verfügung stand. Die ersten Polizisten, die nach Lemberg geschickt wurden, mussten sogar nach Tarnopol zurückkehren, um ihre persönlichen Sachen abzuholen. Das Wort »nachgeschickt«, das Götz Schlicht benutzte, scheint in diesem Fall nicht den Tatsachen zu entsprechen. Es könnte aber durchaus sein, dass er mit der letzten Gruppe von Polizisten in Lemberg eintraf.

Einer der Polizisten wusste zu berichten, dass er und andere bei Ankunft in Lemberg gerade in eine Erschießungsaktion »platzten«.[297] Erst zu diesem Zeitpunkt

297 Ebd., B162/3555, S. 538

war das Polizei-Kommando vollständig in Lemberg eingetroffen. Das Datum, an dem die großen Massenerschießungen stattfanden, war der 1. Juni 1943. Mehrere Polizisten berichteten auch, dass sie »unter Führung« von Götz Schlicht mit dem Kommando nach Lemberg versetzt wurden.[298]

Mit der Behauptung, er sei »nachgeschickt« worden, wollte Götz Schlicht vermutlich den Eindruck erwecken, er sei zum Zeitpunkt der Massenerschießungen nicht beim Kommando gewesen.

Seine Anwesenheit bei den Massenerschießungen stützt sich auf die Aussage eines Polizisten vor Ort.[299] Der Polizist war sich aber nicht sicher, ob es der erste oder zweite Tag war. Am ersten Tag der Erschießungen dauerte diese Aktion von den frühen Morgenstunden bis in die Nacht. Die Aktion wurde dann wegen schlechter Sichtverhältnisse abgebrochen. Am zweiten Tag wurden die Juden, die den Vortag überlebt hatten, erschossen. Es ist nachvollziehbar, dass die SS-Männer des Erschießungskommandos nach etlichen Stunden ihres sehr langen Einsatzes am ersten Tag von den Polizisten abgelöst werden wollten. Sie fragten deshalb den ranghöchsten Polizeiangehörigen, Hauptmann Mohr, nach freiwilligen Polizisten für ihre Ablösung.[300] Gemäß der Aussage des zitierten Polizisten war Götz Schlicht da anwesend.

Ein zweiter Hinweis darauf, dass Götz Schlicht schon am ersten Tag bei den Erschießungen anwesend war, ist seine eigene Aussage, dass er von einem Hauptsturmführer per Handschlag »irgendwo in Lemberg« verpflichtet worden sei und über die Tätigkeiten des SK 1005 Stillschweigen zu wahren hatte. Gemäß der Aussage mehrerer Polizisten fand diese Verpflichtung/Vereidigung am Abend des 1. Erschießungtages statt. Diese Polizisten des Kommandos wurden ebenfalls per Handschlag zum Stillschweigen verpflichtet/vereidigt.

In der ersten Massenexekution, die sich über zwei Tage erstreckte, wurden zunächst Gefangene des Janowska-Lagers erschossen. Danach erfolgten weitere kleinere Exekutionen bzw. es wurden die Erschossenen aus dem Janowska-Lager zur Verbrennung gebracht. Nach vorliegenden Aussagen haben die Exekutionen bis August 1943 stattgefunden, bis das Kommando zu seinem zweiten Einsatzort verlegt wurde. Wenn Götz Schlichts Behauptung, er sei nur etwa einen Monat beim SK 1005 gewesen, stimmt, müssten die Aussagen der anderen Beteiligten falsch sein. Doch die aus den Materialien gewonnene Erkenntnis besagt, dass Götz Schlicht etwa zwei Monate beim SK 1005 gedient hat.

---

298 Ebd., B162/1328, S. 1693

299 Ebd., S. 1698

300 Ebd.

Wohlweislich überspringt Götz Schlicht in seiner Vernehmung, genau wie Walter Schallock, jeglichen Hinweis zu den Massenerschießungen.

Gibt es etwas, das die Anwesenheit Götz Schlichts bei der Enterdungsaktion in Frage stellt?

In seiner Aussage vom 16. Dezember 1963 gab Götz Schlicht an, dass er während seiner Anwesenheit in Lemberg im dortigen Schutzpolizei-Kasino untergebracht war. Zu seinem Tagesablauf schilderte er folgendes:[301]

> »Mein Aufenthalt an der Vernichtungsstelle sah so aus, dass ich mich morgens von dem Lkw, der die Verpflegung für meine Leute brachte, in meiner Unterkunft abholen ließ und mich solange an der Vernichtungsstelle aufhielt, bis der Lkw entladen und die Verpflegung verteilt war. Dann fuhr ich mit dem Lkw zu meiner Unterkunft zurück. Mein Aufenthalt an der Vernichtungsstelle dauerte jeweils höchstens 1 oder 2 Stunden.«

Der Nachfolger von Götz Schlicht, der ehemalige Leutnant der Schutzpolizei Heinz Bendfeld, gab in seiner Aussage vom 10. Dezember 1963 an, dass er im Kasino des KdO in Lemberg untergebracht war[302] und schilderte noch folgendes:[303]

> »Ich bin jeden Tag allerdings an der Arbeitsstelle gewesen. Ich bin wohl gegen 10 Uhr an der Arbeitsstelle erschienen und etwa 5–6 Stunden draußen geblieben. Meistens blieb ich bis zum Abschluss der täglichen Arbeiten [bei] meinem Kommando.«

Das Buch von Leon W. Wells enthält eine Skizze zum Janowska-Arbeitslager. Auf dieser Skizze ist ein SS-Kasino innerhalb des Janowska-Lagers eingezeichnet.[304] Mit aller Wahrscheinlichkeit existierte nur ein solches Kasino in Lemberg, das von den Offizieren des SS, des SD und der Polizei in Anspruch genommen wurde. Dieses Kasino befand sich innerhalb des Janowska-Arbeitslagers.

Wenn diese Aussagen zutreffen, relativiert das die Anwesenheit von Götz Schlicht an der Enterdungsaktion nur zu einem absoluten Minimum. Man kann sich kaum vorstellen, dass ein Kommandierender von 60 Polizisten sich an der

---

301 Ebd., S. 156

302 Ebd., S. 177

303 Ebd., S. 179

304 Wells, Ein Sohn Hiobs, Karten, ohne Seitenzahl

»Arbeitstelle« seiner Untergebenen täglich nur ein bis zwei Stunden aufgehalten hat. Interessant ist auch, dass Götz Schlicht meint, er sei im Kasino der Schutzpolizei untergebracht gewesen. Heinz Bendfeld hingegen aussagt, dass er im Kasino des Kommandeurs der Ordnungspolizei beherbergt wurde. Dieses lässt vermuten, dass Götz Schlicht in seiner Aussage auf keinen Fall in die Nähe von einem Befehlshaber in Lemberg gebracht werden wollte und noch weniger, dass er innerhalb des Janowska-Lagers schlief.

Zu seiner Beförderung zum Offizier gab Götz Schlicht an, dass er schon im April 1943, bei einem Aufenthalt in Berlin, zum Offizier befördert worden wäre. Wenn das so war, hätte er mit Sicherheit nicht das Kommando über die Polizisten beim SK 1005 erhalten, da er dann schon im Monat Mai zu einer anderen Polizeieinheit versetzt worden wäre. Es herrschte die allgemeine Regel beim Militär, wie auch bei Polizei-Einheiten, dass diejenigen, die aus den Mannschaftsrängen zum Offizier befördert wurden, nicht bei der Einheit blieben. Stattdessen wurden diese neu ernannten Offiziere zu einer anderen Einheit versetzt. Wenn Götz Schlicht wie behauptet, schon im April in Berlin zum Offizier befördert worden wäre und erst im Mai nach Tarnopol zurückkehrte, wollte er damit höchstwahrscheinlich vertuschen, dass er tatsächlich zu dieser Zeit in Galizien Polizeikommandos zur Auflösung von Ghettos befehligte.

Es ist zu belegen, dass er der erste Führer des Polizeikommandos beim SK 1005 war. Hauptmann Mohr, der die Hälfte seiner Kompanie abgeben musste, ist wohl öfters nach Lemberg gekommen, um festzustellen, was mit »seinen« Polizisten geschah. Nachdem nun Götz Schlicht beim Kommando in Lemberg die Benachrichtigung erhielt, dass er zum Leutnant befördert wurde, musste ein weiterer Offizier aus der Kompanie das Kommando von Hauptmann Mohr in Lemberg übernehmen. Bei diesem Offizier handelte es sich um Leutnant Heinz Bendfeld. Dieser befehligte das Polizeikommando beim SK 1005 bis zu seiner Auflösung im Frühjahr 1944. Dazu Heinz Bendfeld bei seiner Vernehmung:[305]

> »Etwa Ende Juli 1943 erhielt ich den Befehl mich in Lemberg zu melden. Am Tag meiner Ankunft wies mich Hauptmann Mohr in meine neue Aufgabe ein. Ich sollte die Führung des im Juni abgestellten Kommandos übernehmen, und zwar im Austausch gegen den bisherigen Polizeioffizier. Der von mir abge-

305 Bundesarchiv Ludwigsburg, B162/3554, S. 348

löste Offizier sollte zur Frontbewährung abgestellt werden, da er befördert werden sollte und bisher wenig Fronterfahrung hatte.«

Mehrere Polizisten bestätigten ebenfalls in ihren Aussagen, dass Götz Schlicht in Lemberg zum Leutnant befördert wurde:

> »Sein Leutnantspatent erhielt er [Götz Schlicht] aber schon kurze Zeit später beim SK.«[306]

Und:

> »Schlicht war nur kurze Zeit bei uns [SK 1005]. Er wartete immer auf sein Offizierspatent und bekam es beim Kommando.«[307]

Einer der Polizisten erinnerte sich:

> »Ich kann mich noch genau daran erinnern, daß er [Götz Schlicht] seine Beförderung zum Leutnant bei uns feierte. An diese Feier kann ich mich deswegen erinnern, weil er sich dazu einige Flaschen Schnapses – können ein oder zwei Flaschen gewesen sein – von den Marketendervorräten des Kommandos aus dem verschlossenen Raum herausholte. [...] Kurz nach der Beförderungsfeier kam Schlicht vom Kommando weg.«[308]

Kann man von selektiver Amnesie sprechen? Es ist schon erstaunlich, dass Götz Schlicht angeblich nicht den Namen Blobel kannte und Schallock nicht auf einem Foto erkennen konnte oder wollte. Da fast alle Polizisten bei ihren Vernehmungen den Namen Harder nicht kannten, kann man in diesem Fall das Nichtwissen von Götz Schlicht akzeptieren. Im Fall von Blobel und Schallock aber verfolgte Götz Schlicht anscheinend das Ziel, nur keine Nähe zu diesen SS-Führern zu zeigen. Dabei liegt die Aussage eines Polizisten vor, dass Götz Schlicht mit diesen SS-Führern »in der dortigen [Lemberg] Kantine einige Male getrunken haben muß«.[309]

---

306 Ebd., B162/1328, S. 1693
307 Ebd. S. 1731
308 Ebd.
309 Ebd., S. 1708

Charakterliche Einschätzungen: Einer der Polizisten sagte dazu:

> »Er [Götz Schlicht] war bei uns nicht beliebt. Er war ein Streber und persönlich eitel. Ich hielt ihn für einen Blender, hatte aber ein gutes Verhältnis zu ihm. Meine Kameraden lehnten ihn ab. Er war wohl Jurist.«[310]

Auffallend ist auch die Tatsache, dass Götz Schlicht in seiner Aussage seinen Kompaniechef Mohr mit dem Rang eines Oberleutnants erwähnt, obwohl dieser seit etwa März 1943 bereits Hauptmann war. Wenn die anderen Polizisten in ihren Aussagen Götz Schlicht erwähnten, sprachen sie so gut wie immer von »Leutnant Schlicht«, obwohl er zu den genannten Zeitpunkten noch gar nicht Leutnant war. 1944 wurde Götz Schlicht ebenfalls zum Oberleutnant befördert. Anscheinend war es ihm, wenn auch vielleicht unbewusst, angenehmer, als ehemaliger Oberleutnant von einem anderen Oberleutnant zu sprechen als von einem Ranghöheren. Es könnte aber jedoch sein, dass Götz Schlicht der Auffassung war, dass Mohr den Rang eines Hauptmannes nicht verdient hätte und er ihn deshalb weiterhin einfach als Oberleutnant betitelte.

Nun zur juristischen Relevanz:

> »Nach dem Ergebnis der Ermittlungen besteht ein genügender Anlaß zur Erhebung der öffentlichen Klage (§ 170 Abs. 1 StPO) gegen keinen der ermittelten Angehörigen des I/SS-Polizei-Regiments 23. Das Verfahren ist daher gegen sämtliche Beteiligte aus den jeweils erörterten Gründen einzustellen.«[311]

Zu Götz Schlicht besteht im Einzelnen noch folgende Aussage:

> »M o r d – oder Beihilfe zum Mord subjektiv nicht nachweisbar. Der Zeuge rechnete nach den gesamten Umständen zwar damit, dass die Juden getötet werden sollten. Er hat sich nach eigenen Angaben jedoch weder an ihrer Zusammentreibung noch an ihrem Abtransport beteiligt. Vorsätzliche Förderung der Tötung der Juden ist ihm nicht nachweisbar.«[312]

---

310 Ebd., B162/1328, S. 1745
311 Ebd., B162/3556, S. 778f.
312 Ebd., S. 761

Gemäß der bestehenden Rechtsauffassung verjährten Delikte des Totschlags, die sich während des Zweiten Weltkrieges abspielten, im Jahre 1960. In der Zeit danach unterlag nur noch nachgewiesener Mord der Strafverfolgung. Verurteilungen wegen Mordes konnten zudem nur auf Basis von Augenzeugenbeweisen ausgesprochen werden.[313] Die Anwendung dieser Kriterien durch die Staatsanwaltschaft führte dazu, dass Götz Schlicht nicht belangt werden konnte. Es stellt sich natürlich die Frage, ob die nachweisbaren Unwahrheiten in der Aussage von Gőtz Schlicht zu einem anderen Ergebnis geführt haben könnten. Es gab aber keinen Zeugen, der hätte aussagen können, dass Gőtz Schlicht persönlich einen Juden erschossen hätte. Die Staatsanwaltschaft hatte somit keine andere Wahl, als Gőtz Schlicht aus Mangel an solchen Beweisen zu entlasten.

Exkurs: Zentralstelle zur Aufklärung nationalsozialistischer Gewaltverbrechen, Ludwigsburg:

Ohne die Unterlagen aus Ludwigsburg wäre es nicht möglich gewesen, den Lebenslauf von Götz Schlicht auch nur annähernd so gut zu rekonstruieren. Die Zentralstelle wurde am 1. Dezember 1958 als zentrale Votermittlungsbehörde zu NS-Verbrechen gegründet. Es wurden aber Verbrechen mit Tatorten in Deutschland (inklusive der neu eingegliederten Gebiete) ausgeklammert, genauso wie Kriegsverbrechen, die von der Wehrmacht begangen worden waren. 1959 wurde zudem noch eine weitere Gruppe Tatverdächtiger ausgesondert. Diejenigen, die sich an der Vorbereitung zu Exekutionen beteiligt hatten, d. h. diejenigen die die Opfer zusammentrieben, bewachten und zur Exekution eskortierten, sollten im Allgemeinen als kleine Befehlsempfänger, ebenfalls nicht belangt werden.[314] 1964 wurde die Zuständigkeit der Zentralstelle für NS-Verbrechen auf das Bundesgebiet erweitert.[315] Trotz dieser Restriktionen wurden, beruhend auf diesen Vorermittlungen, immerhin mehr als 400 Verfahren gegen NS-Verbrechen eingeleitet, die zu der Verurteilung von fast 900 Angeklagten führte.[316]

313 Ebd., S. 721; Pohl, Judenverfolgung in Ostgalizien, S. 396

314 Christian Frederik Rueter, Das Wunder von Ludwigsburg, in: Der Tagesspiegel, 23.11.2008, S. 8

315 www.zentrale-stelle.de (26.11.2008)

316 Christian Frederik Rueter, Das Wunder von Ludwigsburg, in: Der Tagesspiegel, 23.11.2008, S. 8

Einsatz in Tschernigow, Karlsruhe, Berlin und Laibach 1943–1945

In seiner Vernehmung am 7. Februar 1964 durch die Staatsanwaltschaft machte Götz Schlicht auch Angaben zu seinem weiteren Polizeidienst:[317]

> »Im Juli 1943 wurde ich zum Kommando der Schutzpolizei in Tschernigow abgeordnet. Kommandeur der Schutzpolizei war m.E. nach der Oberst Aßmus. Ich wurde dort einem ukrainischen Ausbildungsbataillon als Lehroffizier zugeteilt. Im Zuge der Kriegsereignisse ging ich mit dem Kommando der Schutzpolizei bis nach Karlsruhe zurück. Dort wurde die Dienststelle im Januar 1944 aufgelöst. Ich kehrte zum Gruppenkommando der Schutzpolizei Berlin-Mitte zurück. Von dort wurde ich im Juli 1944 abgeordnet nach Laibach. Dort wurde ich als Lehroffizier der slowenischen Landwehr zugeteilt. Ich habe dort die Ausbildung der slowenischen Gerichtsoffiziere über die Anwendung der deutschen Kriegsstrafverfahrensvorschriften belehrt. Die Gerichtsoffiziere waren sämtlich Volljuristen. In dieser Stellung blieb ich bis zur Kapitulation.«

Tschernigow

Die ukrainische Stadt Tschernigow (Cernigov) liegt ca. 130 Kilometer nördlich von Kiew an der Desna (Fluss). Vor der Besetzung der Stadt durch deutsche Truppen am 12. September 1941 zählte sie 70 000 Einwohner. Unter ihnen befanden sich ca. 10 000 jüdische Bürger. Diese wurden fast alle von einem Teilkommando des deutschen Einsatzkommandos 4a im Oktober 1941 erschossen.[318] Nach der Befreiung der Stadt durch die Rote Armee am 21. September 1943 zählte die Stadt nur noch 40 000 Einwohner mit 260 überlebenden Juden.[319]

---

317 Bundesarchiv Ludwigsburg, B162/1328, S. 1724

318 Ebd., B162/7673, S. 500 u. S. 512. Im zitierten Text wird das Einsatzkommando fälschlicherweise als Sonderkommando bezeichnet.

319 Ebd.

Die Rückeroberung von Tschernigow am 21. September 1943 bedeutete, dass Götz Schlicht sich nur etwa zwei Monate in der Stadt aufgehalten hatte. Er befand sich beim Stab des Kommandeurs der dortigen Ordnungspolizei, Oberst der Schutzpolizei Georg Asmus.[320]

Beruhend auf einem Rechtshilfeersuchen übergab das sowjetische Außenministerium am 27. Dezember 1966 beglaubigte Fotokopien von Beweisunterlagen (Aussageprotokollen) von sowjetischen Zeugen aus dem Jahr 1944 zum Geschehen in Tschernigow an die deutsche Staatsanwaltschaft.[321]

Eine Auswertung dieser Aussagen ergibt folgendes Bild zur Okkupationszeit deutscher Truppen in Tschernigow: Im Herbst 1943 fing man an, die Massengräber aus jüngster Zeit zu öffnen. Nicht weit entfernt von einem ehemaligen Kriegsgefangenenlager sowjetischer Militärangehöriger konnten elf Massengräber lokalisiert werden. Nach Zeugenaussagen fanden während der Dauer der ganzen Okkupationszeit immer wieder Erschießungen statt. Die Massengräber enthielten nicht nur die Leichen von Männern, sondern auch von Frauen und Kindern. Diejenigen, die erschossen werden sollten, wurden in abgedeckten Lastwagen vom Tschernigower Stadtgefängnis zu der Erschießungsstelle gebracht. Im Jahre 1943 dauerten die Erschießungen vom frühen Morgen bis zum späten Abend. Die Erschießungen wurden von Deutschen mit Maschinenpistolen durchgeführt. Deutsche Polizisten hatten die Aufgabe die Erschießungsstellen zu bewachen. Vor der Erschießung mussten die Todeskandidaten sich entkleiden. Diese Kleidung wurde dann von Deutschen mit Lkws zurück in die Stadt gebracht. Gemäß einer Zeugenaussage wurden hier etwa 20 000 Menschen erschossen.

Weitere Massengräber mit etwa 15 000 Leichen befanden sich im Podussowka Forst.[322] 24 Massengräber mit etwa 7 000 Leichen wurden im Wald von Roschewtschina gefunden.[323] Ein weiteres Massengrab, das ungefähr 100 Leichen von Männern und Frauen enthielt, wurde im Wald von Malejew Row entdeckt; diese sollen im April 1942 erschossen worden sein.

Das schon erwähnte Kriegsgefangenenlager wurde am Anfang des Sommers 1942 von der Wehrmacht eingerichtet. Es bestand aus 15 Baracken und sollte 1 500 sowjetische Kriegsgefangene aufnehmen. In der Realität wurden aber sehr viel mehr gefangene Rotarmisten unter menschenunwürdigen Bedingungen hier festge-

320 Bundesarchiv Berlin, R19/122, S. 511
321 Bundesarchiv Ludwigsburg, B162/7671, S. 49–65
322 Ebd., B162/7673, S. 510
323 Ebd.

halten. Es gab keine Beleuchtung in den Baracken, keine Heizung und keinerlei Möbel. Die Gefangen mussten auf der Erde schlafen. Es war kalt, feucht und es tropfte von der Decke. Alle Baracken waren von Ungeziefer befallen. Viele Kriegsgefangene starben durch Hunger und Kälte. Fast jede Woche, manchmal auch mehrfach, führte die Lagerkommandantur eine so genannte »Abfallaussonderung« der Gefangenen durch. Bei einem Rundgang durch die Baracken wurden nicht nur kranke, schwache und ausgezehrte Gefangene aussortiert, sondern auch diejenigen, die eher einen gesunden und kräftigen Eindruck machten. Bei letzteren befürchtete man, dass sie eventuell einen Ausbruchversuch machen könnten. Diese ausgesonderten Gefangenen wurden aus den jeweiligen Baracken getrieben. Sie mussten sich dann entkleiden. Ihre Arme wurden auf den Rücken gebunden und sie wurden aus dem Lager getrieben und unweit davon erschossen.

Als die Rote Armee im Februar 1943 in die Nähe der Stadt vorrückte, erhielt der Kommandant des Lagers, Major Bakus, vom Tschernigower Sicherheitsdienst den Befehl, alle Kriegsgefangenen zu erschießen. Dieses wurde den Kriegsgefangenen bekannt und etwa 300 Gefangene konnten fliehen. Obwohl die Rote Armee in ihrem Vormarsch auf Tschernigow gestoppt werden konnte, wurden Hunderte von Gefangenen erschossen und zwei Baracken mit etwa 300 kranken Gefangenen in Brand gesteckt, so dass sie bei lebendigem Leib verbrannten. In den Folgemonaten wurden immer wieder größere Gruppen von Gefangenen erschossen. Gemäß Schätzungen wurden in diesem Lager etwa 3 000 Kriegsgefangene umgebracht.

Ein weiteres Kriegsgefangenenlager befand sich auf dem Gelände des städtischen Krankenhauses. Dieses Lager existierte von September 1941 bis September 1943. Die Kriegsgefangenen bekamen sehr wenig zu essen. Viele starben aus Entkräftung und in den strengen Wintern aus Kälte, da diese Unterkünfte ebenfalls nicht geheizt wurden. Die Gefangenen mussten auf dem Fußboden schlafen. Gruppen von Gefangenen wurden immer wieder erschossen. »Außerdem töteten Deutsche und Polizisten sehr häufig ohne jeden Grund gefangene Rotarmisten im Lager selbst.«[324] Im September 1943, kurz vor der Befreiung der Stadt durch die Rote Armee, wurden noch 473 Kriegsgefangene aus dem Lager getrieben und in der Nähe von Lubjetsch erschossen.

Insgesamt sollen während der gesamten deutschen Besatzungszeit in Tschernigow etwa 45 000 Männer, Frauen und Kinder erschossen worden sein.[325]

---

324 Ebd., B162/7671, S. 230
325 Ebd., S. 511

Diese Aussagen sind von der Staatsanwaltschaft in dem Verfahren gegen den ehemaligen SS-Obersturmbannführer Theodor Christensen verwendet worden, da sie durch Vernehmungen anderer Angehöriger der SS, der Schutzpolizei, der Gendarmerie und Angehöriger anderer Dienststellen in Tschernigow bestätigt worden waren.[326] Obwohl die letzteren Erschießungen detailliert geschildert wurden, lieferten die Aussagen keine konkreten Angaben zu der Zahl der Erschossenen. Zahlen konnten erst nach Öffnung der Massengräber im Herbst 1943 festgestellt werden.

In seiner Vernehmung erwähnt Götz Schlicht, dass der Kommandeur der Schutzpolizei in Tschernigow ein Oberst Asmus war. Die Existenz dieses Kommandeurs wird in den gesichteten Akten bestätigt, nur dass er dort als Kommandeur der Ordnungspolizei in Tschernigow bezeichnet wird.[327]

Der Generalmajor der Polizei a.D. Georg Asmus wurde als Zeuge in dem Verfahren gegen die SD-Angehörigen in Tschernigow vom Hessischen Landeskriminalamt am 8. Februar 1966 vernommen.[328] Er schilderte, dass er im September 1942 als Kommandeur der Ordnungspolizei (KdO) von Frankfurt/Main nach Tschernigow abgeordnet wurde. Seine Aufgabe war die Aufrechterhaltung von Ruhe, Sicherheit und Ordnung wie auch der Objektschutz von lebenswichtigen Betrieben in seinem Aufgabengebiet, das einen Durchmesser von ca. 300 Kilometern hatte. Er unterstand zum einen dem SS-Polizeiführer (SSPF) in Tschernigow und zum anderen dem Befehlshaber der Ordnungspolizei (BdO) in Kiew. Ihm unterstand ein Stab in Tschernigow, drei Schutzpolizeiabteilungen, der Kommandeur der Gendarmerie (KdG) und ein Schutzmannschaftsbataillon, welches aus ukrainischen Freiwilligen bestand. Georg Asmus gab an, dass er während seiner Zeit in Tschernigow nie von Exekutionen etwas gehört hatte und dass er nur minimalen Kontakt mit der Dienststelle des SS-Polizei-Führers in Tschernigow hatte. (!)

Während Georg Asmus von einem ukrainischen Schutzmannschaftsbataillon sprach, bezeichnete Götz Schlicht diese Einheit, in der er selbst diente, als ein Ausbildungsbataillon. Diese Diskrepanz bedeutet, dass Schlicht hier wieder etwas zu verschleiern versuchte.

Nach den Aussagen von weiteren Polizisten, die in Tschernigow dienten, ergibt sich folgendes Bild zu diesem Bataillon: Dieses Hilfswilligen(Hiwi)-Bataillon

326 Ebd., B162/7673, Abschlussbericht S. 500–535 und B162/7676,Beschluss Landgericht Kassel, 3 a Js 68/70, S. 1148–1157

327 Ebd., S. 529

328 Ebd., B162/5659, S. 4537–4545

wurde im Frühjahr 1942 in Tschernigow aufgestellt.[329] Das Bataillon wurde zur Partisanen-Bekämpfung eingesetzt.[330] Dazu machte sogar Georg Asmus noch eine Aussage:[331]

> »Die Partisaneneinsätze wurden meist von einem Gendarmerie-Zug mot. und von dem Bataillon mit den ukrainischen Freiwilligen, verstärkt durch Schutzpolizisten meiner Dienststelle und der Schutzpolizeidienstabteilung, durchgeführt. Bei solchen Einsätzen haben wir wohl ca. 50 Gendarmen und etwa 300 –400 ukrainische Freiwillige verloren. Diese Menschen liegen auf dem Friedhof in Tschernigow begraben.«

Beide, Georg Assmus wie auch Götz Schlicht, sagten übereinstimmend aus, dass dieses Bataillon unter deutscher Führung stand bzw. von einem deutschen Offizier geführt wurde.[332]

Die Einsätze der Partisanen gegen die Deutschen und die Bekämpfung der Partisanen durch Deutsche (und deren Hilfstruppen) wurden mit äußerster Brutalität durchgeführt. Nachdem ein Polizist Anfang 1942 in Tschernigow eingetroffen war und auf seine Abordnung zu einem Stützpunkt außerhalb der Stadt wartete, hörte er eines Tages Schüsse. Er konnte beobachten, dass in einer Entfernung von etwa 600 bis 700 Metern auf freiem Feld ein Trupp uniformierter Ukrainer eine Erschießung durchführte. Nach dieser Erschießung kursierten Gerüchte, dass auch Frauen und Kinder unter den Erschossenen gewesen seien.[333] Ein weiterer Polizist sagte aus, dass er im Sommer 1942 aus größerer Entfernung beobachten konnte, wie eine Hiwi-Einheit ca. 200 Bewohner des Dorfes Koselenz festnahmen. Dieses Dorf befand sich ca. 70 Kilometer nördlich von Tschernigow. Nach einem Verhör durch den SD wurden dann 40 der Festgenommenen erschossen.[334] Am 1. Mai 1943 fertigte das Wirtschaftskommando 104 (Tschernigow) einen Bericht zur Bandenbekämpfung an. Dieser Bericht wurde an die Wirtschaftsinspektion Süd in Dnjepropetrowsk geleitet. Darin wurde die Zerstörung von 19 Städten und Dörfern um Tschernigow in der Zeit von Anfang November 1942 bis Mai 1943 geschildert. Die Aktion wurde dadurch ausgelöst, dass sich »Banditen« in diesen Ortschaften

---

329 Ebd., B162/7676, S. 1011
330 Ebd., B162/7674, S. 683
331 Ebd., B162/5659, S. 4543
332 Ebd., S. 4538 u. B162/27015, S. 155
333 Ebd., B162/25959, S. 19
334 Ebd., B162/7676, S. 1046

festgesetzt hatten, die von dort aus ihre Überfälle ausführten. Als Vergeltungsmaßnahme und Abschreckung wurden deshalb diese Orte zerstört und die »bandenverdächtigen« Personen in einem summarischen Verfahren vom SD »sonderbehandelt«.[335] Da es sich bei diesen Aktionen um die Bekämpfung von Partisanen handelte, ist es durchaus denkbar, dass das ukrainische Hiwi-Bataillon an den geschilderten Vorfällen beteiligt war. Es ist, beruhend auf der obigen Schilderung, auch nicht auszuschließen, dass Götz Schlicht sich mit seinem ukrainischen Bataillon aktiv an Partisanenbekämpfungsmaßnahmen beteiligte, bis die Rote Armee am 21. September 1943 Tschernigow zurückeroberte.

In einem Personalfragebogen, den Götz Schlicht am 30. April 1946 ausfüllte, gab er an, dass ihm das Eiserne Kreuz 2. Klasse im Oktober 1943 nach einem Gefecht bei Bobrovica verliehen wurde.[336] Dieser Ort befindet sich ca. 90 Kilometer südlich von Tschernigow und ca. 70 Kilometer nordöstlich von Kiew. Anscheinend wurde Schlicht hier mit seiner Hiwi-Infanterieeinheit in Rückzugsgefechte verwickelt.

Am 18. Oktober 1943 befand sich Götz Schlicht mit dem Stab von Oberst Asmus in Korosten,[337] ca. 100 Kilometer westlich von Kiew gelegen. Dieser Stab hatte eine Stärke von zwölf Polizeioffizieren, fünf Polizei-Inspektoren/Sekretären und 56 Unterführern und Männern. Diese Kräfte waren durch die »Frontverlegung« frei geworden und wurden nun mit Fernschreiben an das Hauptamt Ordnungspolizei, Berlin, als zur Verfügung stehend gemeldet.[338]

Das ukrainische Hiwi-Bataillon wurde anschließend nach Deutschland verlegt.[339] Der aktuelle Grund für diese Verlegung war ein Befehl Hitlers, dass die Hilfswilligen-Verbände an der Ostfront, immerhin ca. 800 000 Mann, nach Westeuropa verlegt werden sollten. Die Begründung für diesen Befehl gab Hitlers Annahme, dass Hiwi-Verbände, die in der verlorenen Umfassungsschlacht von Kursk im September 1943 beteiligt gewesen waren, die Schuld an diesem Misserfolg trugen.[340]

---

335 Ebd., B162/5672, S. 205–207

336 Brandenburgisches Landeshauptarchiv, Rep 203 PA72 (Sch/7988/86), S. 7 (Rückseite)

337 Bundesarchiv Berlin, R19/127, S. 505–513

338 Ebd, S. 505

339 Bundesarchiv Ludwigsburg, B162/5659-5680; B162/7671-7677; B162/19000-19220

340 Jürgen Thorwald, Wen Sie Verderben Wollen, Steingrüben-Verlag, Stuttgart 1952, S. 244–332

Karlsruhe

Götz Schlicht behauptete, dass er nach dem Einsatz in Tschernigow mit dem Kommando der Schutzpolizei nach Karlsruhe verlegt und seine dortige Dienststelle im Januar 1944 aufgelöst wurde. Nach vorliegenden Erkenntnissen müsste er sich in Karlsruhe von November 1943 bis Januar 1944 aufgehalten haben. Es handelte sich hier aber in Wirklichkeit um den Stab des Kommandeurs der Ordnungspolizei in Tschernigow.[341] Gemäß der Aussage vom 10. Juni 1966 des 1. Kommandeurs dieses Stabes, Oberst der Schutzpolizei a. D. Johannes Klepsch, wurde dieser Stab im November 1941 in Karlsruhe zusammengestellt.[342] Der Stab bestand aus fünf Offizieren, ca. 15 Mannschaftsdienstgraden und einer Schutzpolizeidienstabteilung mit ca. 16 Mann. Dieser Stab wurde am 8. November 1941 nach Tschernigow in Marsch gesetzt.[343] Nachdem der Stab im November 1943 wieder in Karlsruhe angekommen war, wurde er dort aufgelöst.[344]

In dem schon erwähnten Personalfragebogen, den Götz Schlicht am 30. April 1946 ausfüllte, erwähnte er noch, dass ihm im April 1944 das Kriegsverdienstkreuz II. Klasse mit Schwertern verliehen wurde. Er gab dabei an, dass er nicht wüsste, wofür ihm diese Auszeichnung verliehen wurde.[345] Die Antragsstelle dieser Verleihung war »Stuttgart, Befehlshaber der Ordnungspolizei« (Aktenzeichen II – 170/11 und 10/44 vom 12. Januar 1944).[346] Es ist deshalb anzunehmen, dass der Vorschlag zu dieser Verleihung aus dem Bereich des Kommandos in Karlsruhe an die vorgesetzte Stelle in Stuttgart geleitet wurde und mit aller Wahrscheinlichkeit in Zusammenhang mit Schlichts Einsatz in Tschernigow steht. Es ist natürlich auch anzuzweifeln, dass Götz Schlicht, wie behauptet, nicht wusste, wofür ihm diese Auszeichnung verliehen wurde.

Das »Kriegsverdienstkreuz II. Klasse mit Schwertern« wurde für besondere Verdienste beim Einsatz unter feindlicher Waffenwirkung oder für besondere Verdienste um die militärische Kriegsführung verliehen.[347] Bei Polizisten und SS-Leuten war dieses nicht selten ein Hinweis auf Besatzungsverbrechen.[348]

---

341 Bundesarchiv Ludwigsburg, B162/7673, Abschlussbericht S. 500–535; B162/5659, S. 4873
342 Ebd., B162/7671, S. 141
343 Ebd., S. 105
344 Ebd., B162/5659, S. 4873
345 Brandenburgisches Landeshauptarchiv, Rep 203 PA72 (Sch/7988/86), S. 7 (Rückseite)
346 Karteikarte der WASt zu Götz Schlicht
347 Bundesarchiv Berlin, R19/312
348 Leide, NS-Verbrecher, S. 235

Eine Vorschlagsliste[349] für die Verleihung des Kriegsverdienstkreuzes II. Klasse mit Schwertern wurde von der vorschlagenden Stelle an den Staatsminister und Chef der Präsidialkanzlei des Führers und Reichskanzlers, Berlin W, Voßstraße 4, übermittelt. Auf der zweiten Seite dieser Vorschlagsliste wurden dann eine, wohl aber in den meisten Fällen mehrere Personen mit Angabe des Geburtsdatums, des Geburtsorts, des Dienstrangs und der Dienststelle aufgeführt, denen diese Auszeichnung verliehen werden sollte. Die dritte Seite war für eine kurze Begründung und Stellungnahme des Zwischenvorgesetzten vorgesehen. Im vorliegenden Fall wurden zwei Kriminalsekretäre und ein Kriminalkommissar für die Auszeichnung vorgeschlagen.

Einer der Kriminalsekretäre war in der Leitstelle der Staatspolizei Hannover tätig und hatte sich in der Sabotagekommission besonders hervorgetan. Die beiden anderen waren in der Kommandantur Krakau tätig und sollten dafür geehrt werden, dass sie besonders erfolgreich bei der Zerschlagung der polnischen Widerstandsbewegung waren. Es gelang ihnen über 400 vereidigte Mitglieder des Kampfverbandes ZWZ in Krakau und Warschau zu vernichten. Auf der ersten Seite war noch eine Rubrik für die Unterschrift des Vertreters der zuständigen obersten Reichsbehörde, bei Polizisten wohl immer der Reichsführer-SS und Chef der Deutschen Polizei im Reichsministerium des Innern/Der Chef der Sicherheitspolizei und des SD.

Bei der Verleihung des Kriegsverdienstkreuzes im April 1944 (wenn man diesem Datum Glauben schenken darf) muss eine Zeremonie stattgefunden haben, bei der der Grund für die Verleihung vorgelesen wurde. Götz Schlicht musste schon genau gewusst haben, wieso er keine Angaben zu den Gründen machte, warum ihm diese Auszeichnung verliehen wurde.

Nachdem der Stab des KdO Tschernigow in Karlsruhe aufgelöst worden war, ist Götz Schlicht zu seinem Heimatstandort Berlin zurückbeordnet worden, bevor er von dort aus zu einer anderen Einheit der Schutzpolizei zugeteilt werden konnte.

---

349 BStU, Akten, MfS HA IX/11, AK 629/74, Bd. 6, Bl. 530–532

Berlin

Zu seiner Berliner Zeit, die von Januar 1944 bis Juli 1944 dauerte, sagte Götz Schlicht lediglich aus, dass er beim Gruppenkommando der Schutzpolizei in Berlin-Mitte war. Er erwähnte mit keinem Wort in seiner Vernehmung von 1964, welche Aufgaben er als dekorierter Polizeioffizier mit Fronterfahrung in Berlin zu erfüllen hatte.

Es konnte noch ein Krankenblatt des Staatskrankenhauses der Polizei in Berlin ausfindig gemacht werden, das folgende Angaben zu Götz Schlicht enthält:[350] Der »Polizeikörper«, dem Götz Schlicht bei seiner Aufnahme angehörte, wird als S. Ak. Ax. R.10, Berlin, aufgeführt. Diese Kürzel bedeuten: Schutzpolizei-Abschnittskommando Alexander Revier 10. Die Bezeichnung »Abschnittskommando Alexander« bezieht sich dabei auf den Standort dieser Organisationseinheit am Alexanderplatz.[351] Götz Schlicht wurde in diesem Krankenhaus am 18. März 1944, um 15:30 Uhr aufgenommen und am 15. Mai 1944 als polizeidienstfähig mit (weiterer) ambulanter Behandlung nach Berlin entlassen. Die genaue Krankheitsbezeichnung wurde aus datenschutzrechtlichen Gründen vom Archiv abgedeckt. Auf Nachfrage wurde lediglich bestätigt, dass »es sich um eine Krankheit handelte, die nicht unmittelbar mit dem Kriegsgeschehen zu tun hatte, also um keine Kriegsverwundung«.[352]

Angesichts seines Krankenhausaufenthaltes und der ambulanten Weiterbehandlung kann man sagen, dass Schlicht mindestens von März bis Juli 1944 nicht im regulären Truppen-Polizeidienst einsetzbar war. Warum hat er aber dieses in seiner Vernehmung vollkommen verschwiegen? Es scheint sich also um eine Krankheit gehandelt zu haben, die man lieber verschweigen möchte. Zusätzlich kommen Zweifel auf, ob seine Angabe, dass ihm das Kriegsverdienstkreuz im April 1944 verliehen wurde (also während seines stationären Krankenhausaufenthalts), wirklich zu diesem Zeitpunkt zutrifft.

Götz Schlicht muss sich auf alle Fälle noch am 21. Juni 1944 in Berlin aufgehalten haben. Es liegt eine beglaubigte Kopie seines »Abstammungsbescheids« vom 22. Februar 1943 vor. Diese beglaubigte Kopie ist am 21. Juni 1944 vom 10. Polizeirevier in Berlin ausgestellt worden.[353]

---

350 Bundesarchiv Berlin, ZX (1944) A. 266

351 Schreiben des Polizeipräsidenten in Berlin, Polizeihistorische Sammlung, vom 21.11.2003

352 Schreiben des Bundesarchivs Berlin vom 04.11.2004

353 Brandenburgisches Landeshauptarchiv, Rep 4A Nr. 9005 (5332), S. 52

Laibach

Als Götz Schlicht im Juli 1944 nach Laibach (Ljubljana) in Slowenien geschickt wurde, hatte er mit aller Wahrscheinlichkeit keine Ahnung, was ihn dort erwartet. Am 6. April 1941 begann der deutsche Angriff auf Jugoslawien. Bereits elf Tage später kapitulierte Jugoslawien. Der Staat wurde von Deutschland, Italien, Ungarn und Bulgarien aufgeteilt. Der größte Teil von Slowenien fiel an die Italiener. Nördliche Teile von Slowenien, d. h. die Untersteiermark, Südkärnten und Krain mit den Orten Marburg, Veldes und Pettau wurden dem Deutschen Reich angegliedert. Der östliche Zipfel fiel an Ungarn. In den Gebieten, die dem Deutschen Reich angegliedert wurden, fanden unter Leitung der SS, des SD und der Sicherheitspolizei, unterstützt von Einheiten der Schutzpolizei, groß angelegte Zwangsaussiedlungen statt. Diese sind mit den Zwangsaussiedlungen, die 1939 und 1940 im Warthegau stattfanden, durchaus vergleichbar.

Ab Sommer 1941 machten sich mehr und mehr Widerstands- und Partisanengruppen, besonders im italienisch besetzten Teil bemerkbar. Als im Sommer 1943 Italien die Seiten wechselte, besetzten deutsche Einheiten, gegen den erbitterten Widerstand der Partisanen, das ehemals von den Italienern okkupierte Gebiet. Die deutschen Verbände griffen hart durch, konnten aber nicht alle Partisanenverbände vernichten. In der Zwischenzeit bestanden fast alle Partisaneneinheiten aus kommunistischen Verbänden, die Marschall Tito unterstanden. Die Sicherheit in der Operationszone »Adriatischer Küstenraum« unterstand dem Höheren SS- und Polizeiführer General Erwin Rösener, der auch den Rang eines SS-Gruppenführers hatte.

Am 24. September 1943 ordnete General Rösener die Aufstellung einer »slowenischen Landwehr« (Domobranci–Domobranzen) an. Die jungen Slowenen, die in der Landwehr dienten, kamen zum größten Teil aus ländlichen Gegenden. Ihre Einstellung war geprägt von einem christlich-konservativen Glauben und war deshalb antikommunistisch. Sie glaubten wirklich daran ihre Heimat verteidigen zu müssen. Am 24. April 1944 wurden die ersten Einheiten dieser Landwehr in Laibach feierlich vereidigt. Ihre Eidesformel lautete: »Ich schwöre bei dem Allmächtigen, dass ich zusammen mit der deutschen Wehrmacht, die unter dem Befehl des Führers Großdeutschlands steht, mit den SS-Truppen und der Polizei im Kampf gegen die Banditen und den Kommunismus sowie deren Bundesgenossen meine Pflicht erfüllen werde für die slowenische Heimat als Teilstück des freien Europas. Für diesen Kampf bin ich bereit, mein Leben hinzugeben.«

Die Aufstellung und Ausbildung der Landwehr unterlag deutschen Polizeioffizieren und Verwaltungsbeamten aus dem Polizeidienst. Die Männer der Landwehr bekamen deutsche Polizeiuniformen. Man konnte sie von deutschen Polizisten nur dadurch unterscheiden, dass sie ein Ärmelschild mit dem Krainer Adler trugen. Im September 1944 dienten 12000 Mann in der slowenischen Landwehr. Ende 1944/ Anfang 1945 waren Verbände der Landwehr sogar ziemlich erfolgreich in ihren Kämpfen gegen die Verbände der Partisanen.[354]

Wie in einem Fernschreiben aus dem Bereich des Reichsführers SS vom 20. Oktober 1944 mitgeteilt wurde, traf der Reichsführer SS (Himmler) folgende Entscheidung:[355]

> »Die slowenische Landeswehr ist als Hilfsverband der (deutschen) Polizei der SS- und Polizeigerichtsbarkeit in vollem Umfang unterstellt.
>
> SS-Obergruppenführer Rösener entscheidet über die Urteile gegen Angehörige der slowenischen Landeswehr, soweit sie ihm unterstellt sind, in demselben Umfang wie bei Reichsdeutschen.
>
> Bei Unterstellung unter andere Gerichtsherren als SS-Ogruf. Rösener entscheidet über sämtliche Urteile Chef Hauptamt SS-Gericht.
>
> Als Beisitzer, Anklagevertreter und Verteidiger können Slowenen genommen werden. Versuchsweise können auch Slowenische Gerichtsoffiziere unter Beaufsichtigung durch deutsche Untersuchungsführer eingesetzt werden.«

Das SS- und Polizeigericht XXIII (Salzburg) hatte eine Außenstelle in Laibach. Diese Außenstelle befand sich dort auf alle Fälle schon am 1. Februar 1944.[356] Ein genaues Datum zur Einrichtung dieser Außenstelle konnte leider nicht festgestellt werden. Zu diesem Zeitpunkt lagen noch keine konkreten Anweisungen vom Hauptamt SS-Gerichte vor, ob die deutsche Gerichtsbarkeit im vollen Umfang auch für die slowenische Landeswehr anzuwenden wäre. Es ist aber zu vermuten, dass beruhend auf der Eidesformel der Angehörigen der slowenischen Landwehr, der Gerichtsherr, SS-Obergruppenführer Rösener, in eigener Verantwortung schon längst Angehörige der slowenischen Landwehr vom SS- und Polizeigericht verurteilen ließ.

---

354 www.gottschee.de; Hans Krainer, Die Partisanen in Krain, das Ende des Krainer Deutschtums, 1941–1945. Kein Verlag, 15 Seiten, nur im Internet

355 Bundesarchiv Berlin, NS 7/122, S. 9

356 Ebd., S. 3

Es liegt ein Brief von Götz Schlicht an das Reichsjustizministerium vom 4. Februar 1945 vor. In seiner Anschrift gibt er an, Oberleutnant der Schutzpolizei der Reserve und Gerichtsoffizier in der Dienststelle Feldpostnummer 59670C zu sein.[357] Bei dieser Dienststelle handelte es sich um den Organisationsstab, Stab Kompanie und Stabs-Fahrbereitschaft der slowenischen Landwehr (Polizei).[358] Im Schreiben gibt Götz Schlicht gleich zweimal an, dass er Gerichtsoffizier sei, d.h. in seiner Anschrift und als Titel unterhalb seiner Unterschrift. Er schien stolz zu sein, dass er Gerichtsoffizier war.

In seiner Aussage vom 7. Februar 1964 wiederum erwähnt Götz Schlicht mit keinem Wort, dass er in Laibach Gerichtsoffizier war. Stattdessen behauptete er in seiner Aussage Lehroffizier gewesen zu sein. Es stellt sich nun die Frage, welchen Aufgaben, Befugnissen und Tätigkeiten Götz Schlicht als Gerichtsoffizier in Laibach nachging, die er 1964 vertuschen wollte.

Die SS- und Polizeigerichtsbarkeit beruhte auf der Verordnung des Ministerrates für die Reichsverteidigung vom 17. Oktober 1939.[359] Sämtliche Verbände der SS und Polizei unterlagen demgemäß der SS- und Polizeigerichtsbarkeit. Es spielte auch keine Rolle, ob Angehörige der Polizei truppenmäßig oder im Einzeldienst eingesetzt waren. Zu der Aufgabe der Gerichtsoffiziere wird folgendes festgelegt:

> »Vornahme von Untersuchungshandlungen (rechtliche Stellung eines Untersuchungsführers), insbesondere Vernehmung und Vereidigung von Beschuldigten, von Zeugen und Sachverständigen, Augenscheinnahme, Durchführung von Beschlagnahmen und Durchsuchungen. Sie werden tätig auf Ersuchen des Gerichtsherrn, oder des die Untersuchung führenden SS-Richters. (Gerichtsherren sind: Der Führer, der Reichsführer SS und Chef der Deutschen Polizei, die Hauptamtschefs des Reichsführung SS, die Höheren SS- und Polizeiführer.) In Einzelfällen können sie auch von sich aus tätig werden. Der Gerichtsherr kann einen Gerichtsoffizier mit der Vertretung der Anklage vor dem Feldgericht beauftragen.«[360]

In einer weiteren Anordnung des Chefs der Ordnungspolizei vom 15. Februar 1943 wird die Tätigkeit eines Gerichtsoffiziers noch weiter definiert:[361]

---

357 Brandenburgisches Landeshauptarchiv, Rep 4A Nr. 9005 (5332), S. 51a

358 Kanapin, Feldpostübersicht

359 Bundesarchiv Berlin, R19/333

360 Ebd., S. 2 u. NS7/21, S. 1–8

361 Ebd., R19/312, S. 77–79

»Ein mit Disziplinarstrafgewalt versehener Befehlshaber bestellt einen oder mehrere Gerichtsoffiziere aus der Rangklasse der Hauptleute und Leutnante und lässt sie vereidigen. Der Gerichtsoffizier soll nicht den Richter bei der Truppe ersetzen. Er gehört in erster Linie zum Truppendienst. Dem Gericht und der Rechtspflege soll er als Offizier helfen, damit bei Wahrung der Manneszucht das militärische Gerechtigkeitsempfinden in Verfahren und Urteilsspruch gewahrt, Disziplinar- und Strafrechtspflege zur sinnvollen Ergänzung gebracht werden.

Beeidigungen darf der Gerichtsoffizier nur vornehmen, wenn er durch den Gerichtsherrn bzw. in dessen Auftrag von einem SS-Richter vereidigt ist. [...] Der Gerichtsoffizier ist nicht befugt, Rechtshilfeersuchen an andere Einheiten oder Dienststellen zu richten. [...] Er hat überhaupt aufs engste mit dem zuständigen SS- und Polizei-Gericht zusammenzuarbeiten. Daneben muss er allen Disziplinarvorgesetzten mit Rat und Tat zur Verfügung stehen.«

Was wurde in welcher Höhe bestraft?

Im Kriege konnten alle Straftaten gegen die »Manneszucht« oder das Gebot soldatischen Mutes – auch wenn sie sonst mit geringen Strafen bedroht waren – mit dem Tod oder mit lebenslangem Zuchthaus bestraft werden.[362]

Der Gerichtsherr konnte darüber entscheiden, ob die Strafe bis zur Beendigung des Kriegszustandes ausgesetzt, oder die Strafe sofort vollstreckt, oder der Verurteilte unter Aussetzung der Strafe bis zur Beendigung des Kriegszustandes im Straflager von SS und Polizei in Dachau unter schwersten Bedingungen (bis zu 14-stündiger schwerer Arbeit täglich, verminderter Kost, keine künstliche Beleuchtung nach Dienstschluss usw.) verwahrt wird.[363]

In einer weiteren Ausführungsbestimmung[364] vom 28. November 1944 wünschte der Reichsführer SS, dass auch zu Zuchthaus verurteilte bzw. begnadigte Angehörige der SS und Polizei sobald wie möglich zu einem Bewährungseinsatz kommen. Bevor aber dieser Bewährungseinsatz erfolgen konnte, sollten diese Männer eine gewisse Zeit die Zucht und die Beobachtung im Straflager der SS und Polizei Dachau mitgemacht haben. Zu diesem Zweck sollten alle zum Tode und zu Zuchthaus verurteilten SS- und Polizeiangehörigen sofort nach Urteilsverkündigung in das Straflager – Abt. Z – überstellt werden. Man sollte nicht erst die Rechtskraft des Urteils abwarten.

---

362 Ebd., S. 10-12

363 Ebd., S. 11 (Rückseite)

364 Ebd., NS7/367, S. 1

Beruhend auf der Beschreibung des Wirkungsbereichs eines Gerichtsoffiziers kann man annehmen, dass Götz Schlicht auch in einigen Fällen an Urteilen des slowenischen Militärgerichts in Laibach mitwirkte, die anschließend zu der Verkündung einer Todesstrafe führten. Es ist ferner durchaus möglich, dass einige dieser Verurteilten nach Dachau geschickt wurden. Unter den geschilderten Bedingungen wird das wohl kaum jemand überlebt haben. So liegt z. B. die Karteikarte eines verurteilten Domobranzen vor.[365] Bei dieser Karteikarte handelt es sich um den Rest einer Vollstreckungs- und Gnadenkartei unbekannten Ursprungs. Auf der Karteikarte ist vermerkt, dass der Domobranze, Ivana Lukacevic, geb. 3.2.1926, Feldpostnummer 47942C, zum K.L. Dachau, Stufe II, überführt wurde. Sein Eingang wird mit dem 13.10.1944 angegeben. Am 16.3.1945 ist er im K.L. verstorben. Es ist leider nicht vermerkt, von welchem Gericht er verurteilt wurde.

Götz Schlichts Behauptung, dass er slowenische Gerichtsoffiziere ausbildete kann man als wahr annehmen. Zu dieser »Ausbildung« existiert aber noch eine weitere Möglichkeit. In einem Schreiben vom 1. Februar 1944 des Höheren SS- und Polizeiführers bei den Reichsstatthaltern in Salzburg, in Kärnten, in Steiermark, in Tirol und Voralberg im Wehrkreiskommando XVIII an den Chef des Hauptamtes SS-Gericht in München liest man folgendes:[366]

> »Ich stehe nun auf dem Standpunkt, daß, wenn die Slowenische Landeswehr im Einsatz und unter Befehl mit deutschen Polizeieinheiten ihren Dienst versieht, dieselbe nach deutschen Gesichtspunkten abgeurteilt werden muß, wobei man die Mentalität der Slowenen unter allen Umständen berücksichtigen muß. Alle diejenigen, welche sich noch nicht im Einsatz befinden, welche also in der Aufstellung und in der Ausbildung begriffen sind und solche, die aufgestellt und ausgebildet und im eigenen Einsatz sich befinden, müssen nach einer eigenen Gerichtsbarkeit abgeurteilt werden. Ich hätte aus dem ehemaligen jugoslawischen Heer genügend Gerichtspersonal und Volljuristen zur Verfügung, welche mir für diese Arbeiten zur Verfügung stehen werden, möchte aber, damit mir keine Dummheiten gemacht werden, einen deutschen Gerichtsoffizier der Waffen-SS oder der Polizei in den Apparat einbauen.«

365 Ebd., NS7/397

366 Ebd., NS7/122, S. 3

In seiner Aussage von 1964 erwähnte Götz Schlicht:[367] »Die Gerichtsoffiziere waren sämtlich Volljuristen«; »Ich unterstand dem Stab von Rösener« und seine dortige Dienststelle hatte die Feldpostnummer 59670C.[368] Aufgeschlüsselt war dies der »Organisationsstab, Stab Kompanie und Stabs-Fahrbereitschaft der Slowenischen Landwehr (Polizei)«.[369] Es ist anzunehmen, dass der slowenische Stab der Landwehr sich in unmittelbarer Nähe des Stabes von General Erwin Rösener befand und dass beim slowenischen Stab auch das slowenische Militärgericht tagte. Götz Schlicht hatte somit nicht nur die Aufgabe die slowenischen Gerichtsoffiziere auszubilden, sondern er musste auch aufpassen, dass diese »keine Dummheiten« machten. Da er »Gerichtsoffizier« war, könnte man annehmen, dass er die Anklage im Sinne des zuständigen SS- und Polizeigerichts bei Verhandlungen des slowenischen Militärgerichts vertrat.

Man kann des Weiteren annehmen, dass das Personalamt der Polizei in Berlin ihn als ehemaligen Gerichtsreferendar speziell für diese Aufgabe nach Laibach in Marsch setzte. Es wäre für die deutsche Seite peinlich gewesen, einen Nichtjuristen den slowenischen Volljuristen gegenüberzustellen. Diese Tatsache würde auch die Beförderung von Götz Schlicht zum Oberleutnant der Schutzpolizei der Reserve erklären. Man wollte den slowenischen Volljuristen nicht einen Leutnant gegenüberstellen. Er musste schon gemäß seinem Rang auf Augenhöhe mit den slowenischen Volljuristen stehen. Eine solche Beförderung muss man ferner schon als außergewöhnlich einstufen, da z.B. nur ein einziger Offizier des I. Bataillons des 23. SS-Polizeiregiments vom Sommer 1943 bis zum Ende des Krieges befördert wurde.[370]

367 Bundesarchiv Ludwigsburg, B162/1328, S. 1724

368 Brandenburgisches Landeshauptarchiv, Rep 4A Nr. 9005 (5332), S. 51a

369 Kanapin, Feldpostübersicht

370 Auswertung der Akten des Bundesarchiv Ludwigsburg B162/1328; B162/2117; B162/3554 – B162/3557; B162/4130 – 4146; B162/27011 – B162/27034; BStU Akten, MfS HA IX/11

Zusammenbruch und Kriegsgefangenschaft 1945

Götz Schlicht schilderte in seiner Vernehmung von 1964 u. a. das Folgende:[371]

> »Zunächst ging ich mit der Dienststelle des Obergruppenführers Rösener in einem aufgelockerten Verband nach Klagenfurt. In Klagenfurt blieben wir bis Juni 1945. Die Angehörigen des Stabes von Rösener waren bereits auseinandergegangen. Ich hatte bereits vor der Kapitulation den Befehl bekommen, mich nach Klagenfurt zu begeben. In Klagenfurt war ich bereits in einem Auffanglager. Dort erfuhren wir von der Kapitulation.
>
> Ich darf die Entwicklung in Laibach noch einmal schildern: Bis kurz vor der Kapitulation war ich bei der slowenischen Truppe in Laibach. Ich unterstand dem Stab von Rösener. Dann wurde der slowenische Staat proklamiert, das war im April 1945. Die slowenische Landeswehr unterstand nicht mehr deutscher Jurisdiktion, wohl aber noch der militärischen Befehlsgewalt, nehme ich an. Mein Auftrag bei der slowenischen Landeswehr war aber gegenstandslos. Ich hatte nichts mehr zu tun. Dieser Zustand dauerte bis Anfang Mai.
>
> Mein Vorgesetzter war ein Oberstleutnant, dem sämtliche Instruktionsoffiziere bei der slowenischen Landeswehr unterstanden. Dieser Oberstleutnant unterstand Rösener.
>
> Bereits Anfang Mai war eine allgemeine Rückwärtsbewegung der deutschen Truppenteile und Dienststellen im Gange. Im Rahmen dieser Rückwärtsbewegung begab ich mich auf Befehl des Stabes Rösener nach Klagenfurt. Dort war die Kapitulation gerade erfolgt. Ein englischer Panzer sperrte die Straße. Ich begab mich in Klagenfurt in ein Auffanglager. Dort blieb ich bis zum Juni 1945. Dann wurden alle Insassen nach Aalen/Württemberg verlegt und dort ordnungsgemäß entlassen.«

Es ist nicht verständlich, warum Götz Schlicht von einem Auffanglager in Klagen-

371 Bundesarchiv Ludwigsburg B162/1328, S. 1724–1725

furt spricht. Das war mit Sicherheit kein »Auffanglager«, sondern ein Kriegsgefangenenlager der Britischen Armee. Die Britische Armee entwaffnete alle Uniformträger, die bis dahin gegen die Alliierten gekämpft hatten. Es handelte sich hier nicht nur um Deutsche, sondern auch um Slowenen (Domobranzen), Kroaten (Ustascha), Serben (Tschetniks), Kosaken, wie auch Angehörige weiterer Nationalitäten.

In dem britischen Kriegsgefangenenlager in Vitktring bei Klagenfurt wurden die Kriegsgefangenen befragt und sortiert. Diejenigen, die aus Jugoslawien stammten, wurden anschließend auch dorthin abgeschoben. Viele der Abgeschobenen wurden von den ehemaligen Partisanen auch prompt erschossen. Die Kosaken wurden den sowjetischen Streitkräften übergeben. Es spielten sich bei den Übergaben dramatische Szenen ab, da die meisten ahnten, was ihnen bevorstehen würde. Viele begingen vor der Übergabe Selbstmord. Deutsche Kriegsgefangene, die aus Österreich stammten, blieben am Ort. Deutsche Kriegsgefangene, die aus dem Reich stammten, wurden auf das ehemalige reichsdeutsche Gebiet abgeschoben, d.h. nach Bayern, das in der amerikanischen Besatzungszone lag und anschließend als Gefangene in amerikanische Kriegsgefangenenlager verlegt.[372]

SS-Gruppenführer und General der Polizei Erwin Rösener (geb. 2.2.1902) wurde ebenfalls von den Briten an Jugoslawien ausgeliefert. Er wurde in Ljubljana (Laibach) am 4. September 1946 hingerichtet.[373]

Im Juni 1945 wimmelte es auf einmal förmlich von deutschen Kriegsgefangenen in Aalen und Wasseralfingen. Es war nicht bekannt, woher sie kamen und weshalb sie gerade nach Aalen und Wasseralfingen verlegt worden waren und wie sie dorthin transportiert wurden. Bei der Ankunft musste sogar eine größere Zahl von ihnen unter freiem Himmel kampieren, bevor ihnen eine Möglichkeit gegeben wurde, in Gebäuden unterzukommen. Bis zu diesem Zeitpunkt trugen alle Kriegsgefangenen noch ihre Schulterstücke mit ihren Ranginsignien. Es muss ein Befehl von amerikanischer Seite erfolgt sein, diese Schulterstücke mit den Ranginsignien zu entfernen. Der Autor kann sich daran erinnern, dass er und seine

---

372 Siehe: www.gottschee.de, Hans Krainer, Die Partisanen in Krain, das Ende des Krainer Deutschtums, 1941–1945, S. 1–15. Der Autor hat auch persönliche Kenntnisse von dem Kriegsgefangenlager in Wasseralfingen bei Aalen, da er 1945 in der dortigen Gegend wohnte. Sein Vater (Baltendeutscher, in St. Petersburg geboren) gehörte dem deutschen Rahmenpersonal einer der Wlassow-Divisionen an. In den folgenden Jahren besuchten viele Russen den Vater. Die Besucher konnten sich irgendwie absetzen, um in der amerikanischen Zone zu bleiben. Sie hatten fast alle spannende Geschichten zu erzählen, an die sich der Autor zum Teil bis heute erinnern kann.

373 www.geocities.com

Freunde noch tagelang auf umliegenden Wiesen solche Schulterstücke einsammeln konnten.

Sehr viele Kriegsgefangene wurden auf dem Gelände der Schwäbischen Hüttenwerke in Wasseralfingen (zwei Kilometer nördlich von Aalen und nun ein Stadtteil von Aalen) untergebracht. In den ersten Tagen schienen Engpässe in der Verpflegung der Kriegsgefangenen existiert zu haben. Die dort untergebrachten Kriegsgefangenen bettelten bei den vorbeigehenden Einheimischen, dass man ihnen etwas zu essen bringe. Dieser Zustand hielt aber nur etwa zwei Tage an. Danach schien es mit der Verpflegung zu klappen, da weitere Bitten der Kriegsgefangenen nicht mehr zu hören waren.

Das sehr Merkwürdige an der ganzen Situation war, dass sich der Autor an keine bewaffneten amerikanischen Posten erinnern kann, die das Gelände bewachten. Es dauerte nicht lange und deutsche Kriegsgefangene, die noch immer ihre Uniformen trugen, konnten ohne jegliche Bewachung während des Tages auf den Straßen beobachtet werden. Im Laufe des Sommers wurden so gut wie jeden Tag kleinere Grüppchen von Kriegsgefangenen entlassen, die dann mit amerikanischen Lastwagen dorthin transportiert wurden, wo es noch Zugverbindungen gab. Als der Herbst einsetzte, waren die Kriegsgefangenen verschwunden. Man kann schon davon ausgehen, dass alle Kriegsgefangenen zuvor noch einmal von amerikanischen Verhörspezialisten der US-Army befragt wurden. Gemäß Hörensagen sind keine SS-Angehörigen entlassen worden. Fast alle von ihnen wurden von der US-Army an die Franzosen übergeben. Diese Kriegsgefangenen wurden anschließend zum Arbeitseinsatz nach Frankreich transportiert. Viele von ihnen entließ man dort erst 1947/48 oder sogar später.[374]

Es ist nicht festzustellen, wann genau Götz Schlicht in Aalen eintraf. Dort wurde er aber am 11. Juli 1945 aus der Kriegsgefangenschaft entlassen.[375] Während Mitglieder der Waffen-SS, der Gestapo und des Sicherheitsdienstes (SD) unter Verdacht standen, an Kriegsverbrechen und Verbrechen gegen die Menschlichkeit beteiligt gewesen zu sein, bestand von den Alliierten gegenüber den Angehörigen der Polizei kein solcher Verdacht.[376] Der britische Geheimdienst erstellte noch im April 1945 eine Analyse, beruhend auf abgefangenen Funksprüchen von deutschen Polizei-Einheiten, dass das Personal dieser Einheiten ausgesprochene Nationalsozialisten waren, vollkommen fanatisch und brutal. Ihre Repressionsmaßnahmen ter-

374 Eigene Kenntnisse des Autors

375 Bundesarchiv Berlin, DP1 896, Lebenslauf von Götz Schlicht, 04.04.1946

376 Westermann, Hitler's Police, S. 231

rorisierten die Bevölkerung in Norwegen, Polen, Jugoslawien Griechenland, der Tschechoslowakei und Italien.[377] Da diese Erkenntnisse erst am Ende des Krieges bekannt wurden, hatte dieses zunächst noch keinerlei Auswirkung auf die gefangen genommenen Polizisten. Bei ihrer Entlassung bekamen die Kriegsgefangenen von der amerikanischen Lagerkommandatur Lebensmittel für einige Tage, Geld, Decken und einen Mantel.[378]

377 Ebd.
378 www.wintersonnenwende.com

Wie man Verfolgter des Nazisystems wird 1945–1946

Götz Schlicht begab sich nach seiner Entlassung am 11. Juli 1945 aus amerikanischer Kriegsgefangenschaft in Aalen in das ca. 25 Kilometer südlich davon gelegene Heidenheim. Er wurde dort am 20. August 1945 als »Zuzug aus der Wehrmacht« registriert. Mit aller Wahrscheinlichkeit kannte er in Heidenheim einen oder auch mehrere ehemalige Polizeiangehörige der dort aufgelösten Schutzpolizeischule. Diese Schule befand sich bis zum 16. Mai 1942 in Berlin-Schöneberg und hatte die Bezeichnung »Schutzpolizei Schule Berlin-Schöneberg«. Am 16. Mai 1942 wurde diese Schule in ein ehemaliges Kloster nach Mariaschein, Kreis Aussig, Sudetenland, verlegt. Dort erhielt sie den Namen »Schutzpolizeischule in Mariaschein«. Zwischen dem 14. Februar und dem 29. März 1944 verlegte man diese Schule aus Mariaschein nach Heidenheim. Nun wurde sie als »Polizeischule (Schutzpolizei) Heidenheim/Brenz« bezeichnet. Auf dem Gelände der Polizeischule hatte sich vom 20. Oktober 1941 bis 26. November 1942 ein Nebenlager des KZ Dachau mit 50 Insassen befunden.[379] Danach unterstand dieses Lager dem KZ Natzweiler.[380]

Das Stammpersonal der Schule bestand Anfang 1945 aus 82 Polizisten, von denen 32 aus Berlin stammten.[381] Es ist anzunehmen, dass beim kampflosen Einmarsch der Amerikaner am Abend des 24. April 1945 in Heidenheim[382] diese Polizisten einfach ihre Polizeiuniformen ablegten und sich nicht den Amerikanern ergaben, da sie ja nur Polizisten und nicht Militärangehörige waren.

In Heidenheim wohnte Götz Schlicht in der Martinstraße 20 und Skagerakweg 1. Seine Abmeldung erfolgte am 5. November 1945 mit dem Hinweis »auf Reisen«.[383] Dass er tatsächlich »auf Reisen« war, bezeugt eine beglaubigte Kopie seiner Ge-

---

379 Erik Loerdahl, German Concentration Camps 1933–1945, War and Philabooks Ltd, Taernaesen (Norwegen) 2000

380 www.heidenheim.de/stadt/geschichte/stadtgeschichte.html (30.11.07)

381 Bundesarchiv Berlin, R20/74

382 www.heidenheim.de/stadt/geschichte/stadtgeschichte.html (30.11.07)

383 Bürgeramt Heidenheim, Schreiben vom 15.1.2004

burtsurkunde, die er am 5. Dezember 1945 in Meerane, Sachsen, anfertigen ließ.[384] In seinem Lebenslauf vom 4. April 1946 gibt er allerdings an, dass er vom 16. August 1945 bis zum 31. Januar 1946 in der Kommunalverwaltung der Stadt Heidenheim/Brenz als Aushilfeangestellter tätig war.[385] Zu einem späteren Zeitpunkt (1957) bestätigte Götz Schlicht die vorher gemachte Aussage, dass er bis Februar 1946 Angestellter bei der Stadtverwaltung Heidenheim war.[386] In seinem Schriftwechsel vom 27. Oktober 1945 bis zum 7. Januar 1946 mit den Justizbehörden in Berlin, in dem es um seine Befähigung zum Richteramt ging, benutzte Götz Schlicht die Anschrift: Heidenheim/Brenz, Rathaus.[387] In einem weiteren Schreiben vom 7. März 1946 an die Zentrale Justizverwaltung zum selben Thema benutzte Götz Schlicht die Anschrift Skagerakweg 1, (14) Heidenheim/Brenz.[388] Am 4. April 1946 befand er sich auf alle Fälle in Nauen, Schützenstr. 6, da er von dieser Anschrift aus seinen Schriftwechsel mit der Justizverwaltung fortsetzte.[389] Es ist ferner anzunehmen, dass er sich zu diesem Zeitpunkt mit aller Wahrscheinlichkeit in Nauen bei seiner Mutter und seinem Stiefvater aufhielt.

Am 22. Januar 1946 erhielt Götz Schlicht von der United Nations Relief and Rehabilitation Administration (UNRRA), Team 67, bei der Militärregierung in Heidenheim, Schnaitheimerstraße 2, folgende Bestätigung:[390]

> »Herr Heinz Götz Schlicht, geboren am 9. März 1908 in Berlin-Wilmersdorf, zurzeit wohnhaft in Heidenheim/Brenz, hat durch Vorlage von Urkunden nachgewiesen, daß er gemäß den Nürnberger Gesetzen Mischling 1. Grades (Halbjude) ist. Aufgrund seiner Abstammung wurde er im Zuge der Durchführung von § 3 Abs. 1 des Gesetzes zur Wiederherstellung des Berufsbeamtentums vom 7. April 1933 aus dem Justizdienst im Bezirk des Kammergerichts in Berlin als Gerichtsreferendar entlassen. Aus demselben Grund verlor Herr Schlicht im Februar 1938 seine Stellung als Angestellter der Verlagsbuchhandlung Georg Stilke in Berlin NW.7.
>
> Herr Schlicht ist mithin als rassisch Verfolgter des Nazisystems anzusprechen.«

---

384 Brandenburgisches Landeshauptarchiv, Rep 4A Nr. 9005 (5332), S. 60

385 Bundesarchiv Berlin, DP1 896, Lebenslauf von Götz Schlicht, 04.04.1946

386 BStU, Potsdam-AU 317/52, Sta. 4873, Bd. 1, BStU Bl. 62-65

387 Brandenburgisches Landeshauptarchiv, Rep 4A Nr. 9005 (5332), S. 54–59

388 Bundesarchiv Berlin, DP1 896, Akten des Justizprüfungsamts

389 Ebd.

390 Brandenburgisches Landeshauptarchiv, Rep 203 PA72 (Sch/7988/86)

Mit welchen Unterlagen konnte Götz Schlicht als »Verfolgter des Nazisystems« eingestuft werden? Er beantragte mehrfach in seinen Schreiben an die Justizverwaltung in Berlin Kopien seiner Ernennungsurkunde zum Gerichtsreferendar, wie auch seine Entlassungsverfügung vom September 1933. Es lässt sich feststellen, dass solche beglaubigten Kopien am 18. Dezember 1945 in Berlin angefertigt wurden.[391] Da kein Schreiben der Justizverwaltung zur Übermittlung dieser Kopien vorliegt, ist es denkbar, dass Götz Schlicht diese persönlich in Berlin erhielt. Zusammen mit seiner beglaubigten Geburtsurkunde aus Meerane wurden die Unterlagen von der UNRRA als ausreichender Nachweis gewertet, um ihn als »Verfolgten des Nazisystems« einzustufen.

Bei der eingereichten Geburtsurkunde handelte es sich um eine beglaubigte Kopie vom 16. Februar 1938, die wiederum am 5. Dezember 1945 in Meerane nochmals als beglaubigte Kopie erstellt wurde.[392] Diese Kopie aus dem Jahr 1938 enthält die Information, dass der Vater von Götz Schlicht, Rudolf Davidsohn, Jude war. Die Geburtsurkunde enthält auch den Vermerk vom 9. Juli 1929, dass Götz Schlicht zu diesem Zeitpunkt seinen Familiennamen Davidsohn abgelegt hat und dass er den Familiennamen Schlicht angenommen hatte. Wie schon beschrieben, hat Götz Schlicht in einem Gerichtsverfahren 1938 oder 1939 erfolgreich die Vaterschaft seines jüdischen Vaters vor Gericht angefochten. Stattdessen stellte das Gericht fest, dass sein leiblicher Vater Wassilie Makarowitsch ist. Diese Tatsache ist mit Sicherheit vom Gericht dem Standesamt Berlin-Wilmersdorf mitgeteilt worden. Das Standesamt muss deshalb auf der Geburtsurkunde einen weiteren Vermerk zu der vom Gericht festgestellten neuen Vaterschaft gemacht haben. Diese neuere Version der Geburtsurkunde muss Götz Schlicht bei der Schutzpolizeischule Berlin-Schöneberg bei seiner Bewerbung zum Offiziersanwärterlehrgang vorgelegt haben. Nach dem Krieg besann sich Götz Schlicht wiederum auf seine jüdischen Wurzeln und legte der UNRRA eine Geburtsurkunde vor, die im Grunde genommen nicht der aktuellsten Version entsprach.

391 Ebd.

392 Ebd., Rep 4A Nr. 9005 (5332), S. 60

Potsdam
1946–1952

Wie schon vorher erwähnt, liegen keine gesicherten Erkenntnisse vor, wann Götz Schlicht endgültig Heidenheim verließ, um in der Umgebung von Berlin Fuß zu fassen. Seine erste Anschrift in der Gegend war Schützenstr. 6, Nauen.[393] Seine Mutter und sein Stiefvater sind am 1. Dezember 1945, aus Neu Seegefeld (jetzt Falkensee) kommend, dort eingezogen.[394] Götz Schlicht benutzte diese Anschrift in einem Schreiben vom 4. April 1946 an das Oberlandesgericht Potsdam. Er beantragte in diesem Schreiben seine Zulassung zur 2. Juristischen Staatsprüfung.[395] Es kann sein, dass Götz Schlicht sich gar nicht bei seiner Mutter aufhielt, da beim Einwohnermeldeamt in Nauen keinerlei Angaben zu ihm zu finden sind.[396]

Am 10. Mai 1946 gab Götz Schlicht beim Landgericht Potsdam an, dass seine neue Anschrift Feuerbachstraße 22, Potsdam, ist.[397] Etwas rätselhaft ist ebenfalls die Tatsache, dass das Einwohnermeldeamt in Potsdam seine erste dortige Adresse als Zeppelinstr. 160, Potsdam, führt. Ein Zuzugsdatum ist nicht angegeben, was sehr außergewöhnlich ist.[398] Bei allen anderen Auskünften der Einwohnermeldeämter nach dem Krieg zu Götz Schlicht, wie auch zu seinen Familienangehörigen, enthielten diese Auskünfte immer das Datum der Erstanmeldung. Es existiert da nur eine Ausnahme von jemandem, der angeblich mit Götz Schlicht verheiratet war. Es handelt sich dabei um die mysteriöse Ehefrau Charlotte Schlicht, geb. Müller. Bei ihr fehlt ebenfalls das Zuzugsdatum ihrer gemeldeten Anschrift in Potsdam. Dieses hinterlässt den Eindruck, dass beim Einwohnermeldeamt in Potsdam zu Götz Schlicht bestimmte Daten manipuliert worden sind.

393 Bundesarchiv Berlin, DP 1 896
394 Kreis- und Verwaltungsarchiv, Landkreis Havelland, Schreiben vom 06.04.2004
395 Bundesarchiv Berlin, DP 1 896
396 Kreis- und Verwaltungsarchiv, Landkreis Havelland, Schreiben vom 28.12.2007
397 Brandenburgisches Landeshauptarchiv, Rep. 203 PA72 (Sch/7988/86), S. 13
398 Arbeitsgruppe Stadtarchiv, Landeshauptstadt Potsdam, Schreiben vom 06.04.2004

2. Juristische Staatsprüfung

Beruhend auf einer Verordnung der Sowjetischen Militäradministration (SMA) vom 27. Januar 1946[399] konnten Referendare, die mindestens zwei Jahre Vorbereitungsdienst erfolgreich absolviert hatten, zur Assessoren-Prüfung zugelassen werden. Dieses betraf insbesondere auch diejenigen, die in den Jahren 1933 bis 1945 wegen ihrer politischen Einstellung oder ihrer Rasse ihren Vorbereitungsdienst nicht länger als zwei Jahre durchführen konnten. Das Gesuch um eine solche Zulassung sollte bis spätestens am 31. März 1946 dem zuständigen Oberlandesgerichtspräsidenten eingereicht werden. Das Gesuch sollte einen detaillierten Lebenslauf enthalten, eine genaue Darstellung des Bildungsganges mit den dazugehörigen Unterlagen und letztlich eine Darlegung der besonderen Umstände, die die Zulassung zur Assessorprüfung vor Erledigung des dreijährigen Vorbereitungsdienstes rechtfertigen sollten. Obwohl Götz Schlicht erst am 4. April 1946 sein Gesuch an den Oberlandesgerichtspräsidenten geschickt hatte, wurde dieses zur weiteren Bearbeitung angenommen.

In dem beigefügten Personalfragebogen zu seinem Gesuch gab Götz Schlicht an, dass sein Vater Rudolf Davidsohn ist. Der gerichtlich festgestellte Vater, General a. D. Wassilie Makarowisch, ist nicht mehr existent. Zu seinen Militärverhältnissen gab Götz Schlicht einfach »ohne« an.[400] Er war ja schließlich nicht beim Militär, sondern nur in Polizeieinheiten. In seinem Lebenslauf schilderte er seinen Polizeidienst wie folgt:

> »Am 15. April 1940 wurde ich zur Schutzpolizeireserve notdienstverpflichtet und am 11. Juli 1945 von der amerikanischen Wehrmacht in Aalen/Württ. entlassen. Im Jahre 1943 gelang mir mit Unterstützung meiner Mutter der Nachweis meiner arischen Abstammung. Hierauf wurde ich zum Reserveoffizier der Schutzpolizei befördert.«[401]

Die Kammergerichtsakte[402] von Götz Schlicht wurde überprüft und das Ergebnis am 24. Mai 1946 dem Oberlandesgerichtspräsidenten Dr. Hoeniger vorgelegt. Es wurde bestätigt, dass Götz Schlicht am 7. April 1933 als Referendar entlassen

399 Bundesarchiv Berlin, DP 1 7298
400 Ebd., DP 1 896
401 Ebd.
402 Brandenburgisches Landeshauptarchiv, Rep. 4 A, Nr. 9005

wurde, da sein Vater mosaischen Glaubens war. Es wurde auch Bezug darauf genommen, dass es ihm gelang den rumänischen General d.R. Makarowitsch als Vater anerkannt zu bekommen. Dieses führte wiederum zu einem positiven Abstammungsbescheid, woraufhin Götz Schlicht um eine Wiedereinstellung gebeten hatte. Zuletzt wurden dann noch die Ergebnisse seiner ersten Prüfung aufgeführt und die Feststellung gemacht, dass er seinen dreijährigen Vorbereitungsdienst voll abgeleistet hatte.

Die Kammergerichtsakte enthält zwei Schreiben von Götz Schlicht zur Wiedereinstellung. Im ersten Schreiben, vom 27. Februar 1943, gab er an, dass er als Zugwachtmeister und Offiziersanwärter der Reserve in der 3. Kompanie des Wachbataillons Posen sei. Im zweiten Schreiben, vom 4. Februar 1945, gab er an, dass er nun Oberleutnant der Schutzpolizei der Reserve und Gerichtsoffizier in der Dienststelle FP-Nr. 59670 C sei. Diese Tatsachen blieben in der Auswertung der Kammergerichtsakte vollkommen unerwähnt. Man fragt sich, wie eine solche Großzügigkeit zustande kommen konnte.

Mit Schreiben vom 8. April 1946 benachrichtigte der Oberlandesgerichtspräsident Dr. Hoeniger in Potsdam den Präsidenten des Prüfungsamtes bei der Justizverwaltung in Berlin, dass er das Gesuch von Götz Schlicht befürworte. Dr. Hoeniger fügte seinem Schreiben noch hinzu, dass Götz Schlicht nach seiner Entlassung 1933 bis zum Jahr 1938 im Verlag Georg Stilke sich »vorwiegend mit Dingen des Rechts befasste«.[403] Das ist gelinde gesagt auch eine sehr großzügige Auslegung.

Mit Schreiben vom 18. Mai 1946 setzte der Präsident des Justizprüfungsamts Götz Schlicht in Kenntnis, dass er zur Assessor-Prüfung zugelassen wurde.[404] Götz Schlicht schrieb seine vier Klausuren zwischen dem 24. Juni und dem 28. Juni 1946 in Potsdam. Es wurden ihm Akten aus früheren Gerichtsverfahren vorgelegt, zu denen er begründete Urteile anzufertigen hatte. Diese wurden dann von drei erfahrenen Juristen bewertet. Das waren Dr. Wende, Präsident des Justiz-Prüfungsamtes, Dr. Kohlrausch, Universitätsprofessor, und Dr. Paech, Vortragender Rat. Die einhellige Meinung dieser Juristen war, dass die Arbeiten von Götz Schlicht frei von größeren Verstößen waren. Zur selben Zeit werteten sie die Arbeiten im Großen und Ganzen als doch etwas dürftig und oberflächlich. Jede seiner vier Arbeiten wurde mit nur sehr wohlwollenden Beurteilungen »allenfalls mit ausreichend/noch ausreichend« bewertet.[405]

---

403 Bundesarchiv Berlin, DP 1 VA, Nr. 896

404 Ebd.

405 Ebd.

Die mündliche Prüfung vom 26. Juli 1946 bestand Götz Schlicht auch mit »ausreichend«.[406] Das ist keineswegs überraschend, da Götz Schlicht seit 1933 eine Zwangspause in seiner juristischen Ausbildung einlegen musste. Seine Tätigkeit als Gerichtsoffizier in Laibach hatte ausschließlich mit der Militärjustiz zu tun, die in keiner Weise in Verbindung zu den Fällen stand, zu denen er seine Stellungsnahmen schreiben musste. Auch hier kann man von einer gewissen Großzügigkeit sprechen, dass er überhaupt erfolgreich seine 2. Juristische Staatsprüfung bestehen konnte.

Diese wiederholten Fälle der dokumentierten Großzügigkeit gegenüber Götz Schlicht sind doch etwas rätselhaft. Es entsteht der Eindruck, als ob Götz Schlicht von jemandem in der brandenburgischen Justizverwaltung protegiert wurde. Aber weswegen und von wem?

Referendariat beim Landgericht

Am 30. April 1946 richtete Götz Schlicht ein Schreiben an die Justizabteilung der Provinzialverwaltung der Mark Brandenburg in Potsdam. In diesem Schreiben bat er um die Wiedereinstellung in den Justizdienst. Er brachte zum Ausdruck, dass er die Zeit bis zu seiner 2. Juristischen Staatsprüfung in geeigneter Weise im Justizdienst verbringen möchte.[407] Unter den beigefügten Unterlagen befand sich ein von ihm ausgefüllter Personalfragebogen der Provinzialverwaltung. Er machte hier folgende Eintragungen:

> »*Frage: Waren Sie Soldat, wann folgte Ihre Einberufung, Ort und Truppenteil?*
> Antwort: Nicht betreffend.[408]
> *Frage: Welche Orden oder Auszeichnungen, wann und wofür erhalten?*
> Antwort: Eisernes Kreuz 2. Klasse nach Gefecht bei Bobrovica, Kriegs Verdienst Kreuz mit Schwertern April 1944, wofür unbekannt.
> *Frage: In welchen Ländern waren Sie als Soldat, wann und in welcher Funktion?*
> Antwort: Nicht betreffend.

---

406 Ebd.

407 Brandenburgisches Landeshauptarchiv, Rep. 203 PA72 (Sch/7988/86), S. 4

408 Bundesarchiv Berlin, R70 Polen/106. Polizeiangehörige wurden im Felde auch als »Soldaten« bezeichnet, als sie für Tapferkeit bei »Bandenbekämpfungen« für das Kriegsverdienstkreuz II. Klasse mit Schwertern vorgeschlagen wurden.

Frage: Waren Sie im »Volkssturm« oder ähnlichen Formationen, wann und wo?
Antwort: Schuporeserve.
Frage: Sind Sie oder Ihre Familienangehörigen von der Hitler-Regierung wegen Ihrer politischen Einstellung verfolgt, gemaßregelt oder bestraft worden? Wer?
Antwort: Ich selbst.
Wie?
Antwort: Wiederholte Entlassung.
Welche Strafe?
Keine.«

Der beigefügte Lebenslauf scheint wahrheitsgetreu verfasst worden zu sein. Für den Zeitraum vom 15. April 1940 bis zum 11. Juli 1945 gab Götz Schlicht an, dass er während dieser Zeit »notdienstverpflichtet zur Schupo-Reserve« war.

Am 8. Mai 1946 genehmigte der Oberlandesgerichtspräsident in Potsdam in einem Schreiben an Götz Schlicht an seine Anschrift in Nauen seinen ergänzenden Vorbereitungsdienst bei der Zivilkammer des Landgerichts Potsdam für die Dauer von drei Monaten.[409] Entsprechend dieser Genehmigung hat Götz Schlicht dort am 10. Mai 1946 seinen Dienst angetreten.[410] Bei Antritt des Dienstes gab er an, dass er jetzt in der Feuerbachstr. 22, Potsdam, wohne. Er wurde in die Besoldungsgruppe 12a eingestuft. Unter Anrechnung eines Besoldungsdienstalters ab 1. März 1934 erhielt er somit ein monatliches Einkommen von RM 351,17.[411] Verblüffend ist die Tatsache, dass sogar seine Dienstzeit bei der Polizei voll dem Besoldungsdienstalter angerechnet wurde. Man kann diese Tatsache auch nur als sehr großzügig bezeichnen.

Dienst in der Provinzialverwaltung Mark Brandenburg

Mit dem Schreiben vom 2. Juli 1946, d. h. bevor er seine mündliche Prüfung am 26. Juli 1946 bestand, bat Götz Schlicht den Oberlandesgerichtspräsidenten in Potsdam um eine Beschäftigung als Richter.[412] Ein Vermerk auf seinem Personalbogen besagt, dass er am 1. August 1946 eingestellt wurde.[413] Am 1. September 1946 wurde

409 Brandenburgisches Landeshauptarchiv, Rep. 203 PA72 (Sch/7988/86), S. 12
410 Ebd. S. 13
411 Ebd. S. 13–16
412 Ebd. S. 23
413 Ebd. S. 7

Götz Schlicht vom Präsidenten der Provinzialverwaltung Mark Brandenburg, Dr. Steinhoff, eine Anstellungsurkunde ausgehändigt, nach der er als Regierungsrat in die Besoldungsgruppe 7 übernommen wurde.[414] Gemäß seinen eigenen Angaben war Schlicht vom 1. Oktober 1946 als Dozent an der Volksrichterschule in Potsdam-Babelsberg tätig.[415]

Am 6. Februar 1947 musste Götz Schlicht an Eides statt einen Personalfragebogen zur Angehörigkeit von NS-Organisationen ausfüllen. Auf diesem Fragebogen gab er an, dass er von 1934 bis 1940 Mitglied der Deutschen Arbeitsfront (DAF) und von 1938 bis 1945 Mitglied der Nationalsozialistischen Volkswohlfahrt (NSV) war. Mit dem Schreiben vom 30. Januar 1947 an das brandenburgische Justizministerium beantragte Götz Schlicht seine Entlassung aus dem Dienst der Provinzialregierung Mark Brandenburg mit Wirkung zum 28. Februar 1947. Er begründete seine Entlassung mit den folgenden Worten:

> »Ich beabsichtige, mich ganz der wissenschaftlichen Tätigkeit auf dem Gebiet des Rechtswesens zu widmen. Als Dozent stehe ich nach wie vor der Provinzialregierung zur Verfügung.«[416]

Es dauerte über zwei Monate, bis endlich der Minister der Justiz der Mark Brandenburg, vertreten durch Dr. Hoeniger, am 8. April 1947 auf diese Kündigung reagierte. Dr. Hoeniger übersandte die Kündigung von Götz Schlicht an den Minister des Innern in Potsdam mit folgender Erklärung: »Herr Regierungsrat Schlicht ist Referent im Justizministerium. Er soll Landgerichtsrat in Potsdam werden und dadurch in den Stand gesetzt werden, sich vorwiegend als Dozent den Lehrgängen zur abgekürzten Ausbildung der Richter und Staatsanwälte zu widmen. Ich bitte, dem Gesuch [von Götz Schlicht] zu entsprechen.«[417] Mit Schreiben vom 2. Mai 1947 teilte der Minister des Innern dem Justizministerium mit: »Wie uns hier bekannt wird, wird Herr Schlicht seit dem 1.4.1947 auf dem Etat des Oberlandesgerichts geführt.«[418] In einem weiteren Schreiben des Minister des Innern, vom (10.?) Mai 1947, wird Götz Schlicht benachrichtigt: »Wegen Übertritt zum Oberlandesgericht löse ich das zwischen Ihnen und der Hauptverwaltung der Provinzialregierung

---

414 Ebd, ohne Seitenzahl

415 BStU, Akten, Archiv der Aussenstelle Potsdam, BVfS Potsdam AU 317/52, STA 4873, Bd. 1, Bl. 40

416 Brandenburgisches Landeshauptarchiv, Rep. 203 PA72 (Sch/7988/86), ohne Seitenzahl

417 Ebd.

418 Ebd.

Mark Brandenburg bestehende Beschäftigungsverhältnis mit Wirkung vom 28.2.1947 rückwirkend.«[419]

Es ist keineswegs verständlich, wieso im Fall der Kündigung von Götz Schlicht das Ministerium des Innern anscheinend mehr Informationen zu seiner Weiterbeschäftigung im Bereich der brandenburgischen Justiz hatte als der Vertreter des Ministers der Justiz, Oberlandesgerichtspräsident Dr. Hoeniger. Ihm wurde auf diesem Wege sogar mitgeteilt, dass Götz Schlicht seit dem 1. April 1947 aus dem Etat des Oberlandesgerichts sein Gehalt bezieht. Es ist nicht nur eigenartig, sondern grotesk, dass dem Leiter einer Behörde von außerhalb seines Bereichs mitgeteilt wird, dass ohne sein Wissen und seine Genehmigung jemand rückwirkend aus seinem Etat ein Gehalt bezieht.

Der Autor ist der Auffassung, dass die Kündigung von Götz Schlicht ganz andere Gründe hatte als die, die er in seinem Schreiben angegeben hatte. In der unmittelbaren Nachkriegszeit sammelte die »Ausgrabungsabeilung« der K5 NS-Archivmaterialien, um diese zur Identifizierung von NS-Tätern zu nutzen.[420]

»In Jüterbog stießen sie auf rund 10 000 Personalakten von Polizeioffizieren, die allerdings die örtliche Sowjetische Kommandantur beschlagnahmte.«[421] Leider ist hier kein Datum zum Auffinden dieser Akten angegeben. Eine solche Personalakte enthält Daten zur gesamten Laufbahn eines Offiziers, seiner Familie, der Dienststellen, Beurteilungen, Auszeichnungen und auch ein Foto des Offiziers.[422] Man könnte sich schon vorstellen, dass die sowjetischen Ermittlungsbehörden zu allen denjenigen Polizeioffizieren, die in der UdSSR eingesetzt waren, Nachforschungen zu ihrem Verbleib anstrengten. Die Untersuchungsbehörde des Staatsicherheitsministeriums für Deutschland[423] unterhielt sogar ein Referat Tarnopol.[424] Soweit man überblicken kann, war Götz Schlicht der einzige Polizeioffizier seiner ehemaligen Einheit in Tarnopol, der in der SBZ wohnte. Er war auch an der »Auflösung« des dortigen Ghettos beteiligt. Es ist deshalb naheliegend, dass er ins Visier der sowjetischen Ermittler geriet. Es ist sogar anzunehmen, dass er von den sowjetischen Ermittlungsbehörden im Januar 1947 aufgesucht und sogar vielleicht kurzfristig verhaftet wurde.

---

419 Ebd.

420 Leide, NS-Verbrecher, 2. Aufl. 2006 (Wissenschaftliche Reihe der BStU), S. 150f..

421 Ebd., S. 151

422 Bundesarchiv Berlin, R19/765, Personalakte des Majors der Schutzpolizei Herbert Wieczorek, 43 Seiten

423 Bundesarchiv Ludwigsburg, B162/2117, S. 45–76

424 Ebd., S. 45–65

Man kann feststellen, dass Anfang 1947 andere ehemalige Polizeiangehörige von sowjetischer Seite in Groß-Berlin verhaftet wurden. So liegen die Verhörprotokolle von zwei Polizisten vom 11. Februar 1947 und 14. Februar 1947 vor. Beide dienten in der 3. Kompanie des 9. Polizeireserve-Bataillons. Der 3. Zug, in dem sie dienten, wurde der Einsatzgruppe 4a des SD unterstellt. Der erste Polizist wohnte bei seiner Festnahme mit seiner Familie in Berlin-Charlottenburg, Scharenstraße 32. Der zweite Polizist wohnte mit seiner Familie ebenfalls in Berlin-Charlottenburg, Krummestraße 84. Beide Adressen befanden sich im britischen Sektor. Anscheinend konnten Verhaftungen zu dieser Zeit von sowjetischer Seite auch in den westlichen Sektoren durchgeführt werden.[425]

Es stellt sich hier die Frage, wieso man Götz Schlicht nahelegte, sein Beschäftigungsverhältnis zu kündigen? Es war wohl vorgesehen, dass er erst nach seinem Ausscheiden endgültig verhaftet und von einem sowjetischen Militärtribunal verurteilt werden sollte. Man könnte annehmen, dass man die zuständigen Beamten des Justizministeriums nicht blamieren wollte, dass diese einen »Kriegsverbrecher« eingestellt hatten. Es wäre äußerst interessant zu erfahren, wie es Götz Schlicht gelang, die sowjetischen Ermittler zu überzeugen, dass es für sie von größerem Nutzen wäre, wenn er nicht von einem SMT verurteilt würde.[426] Es ist weiterhin anzunehmen, dass Götz Schlicht über Tage eingehend verhört wurde. Das Ergebnis dieser Kontakte war, dass der sowjetische Geheimdienst seine Kontaktperson beim brandenburgischen Innenministerium instruierte, Götz Schlicht vorerst weiterhin beim Justizministerium zu belassen.

Sobald der sowjetische Geheimdienst erkannte, dass ein Festgenommener für seine Zwecke von Nutzen sein könnte, wurde dieser entlassen und als IM weitergeführt. Das betraf beispielsweise den Berliner Juristen Hans Kemritz. Er diente während des Krieges als Major der Abwehr und geriet beim Zusammenbruch in sowjetische Gefangenschaft. Man erkannte ziemlich schnell, dass er für den sowjetischen Geheimdienst sehr nützlich sein könnte. Er etablierte eine Kanzlei in unmittelbarer Nähe der Sektorengrenze zum sowjetischen Sektor. Er lud dann frühere Angehörige der Abwehr in seine Kanzlei ein, die dann dort vom sowjetischen Geheimdienst in Empfang genommen wurden. Er soll auf diese Weise 23 Leute den Sowjets zugeliefert haben.[427]

---

425 Bundesarchiv Ludwigsburg, B162/19220, S. 1–24

426 Ob die sowjetischen Akten zu Götz Schlicht jemals freigegeben werden, ist sehr fraglich

427 Rezession des Buches: Arthur L. Smith, Jr., Stadt des Menschenraubs, Berlin 1945–1961, Bundesarchiv Koblenz 2004, in: Frankfurter Allgemeine Zeitung vom 23.07.2005, S. 8

Dass der sowjetische Geheimdienst ehemalige Polizeioffiziere nach Ende des Krieges als IM angeworben hat, lässt sich am folgenden Beispiel belegen: So wurde der Gendarmerie-Zugführer und SS-Obersturmführer Albert Schuster vom sowjetischen Geheimdienst 1945 angeworben. Während des Krieges war er Angehöriger des I. SS-Polizei-Gendarmerie-Bataillons. Diese Einheit war an Exekutionen im besetzten Polen beteiligt gewesen. Albert Schuster war zunächst, mit Unterbrechungen, für den sowjetischen Geheimdienst von 1945 bis Februar 1958 in der SBZ und DDR und von 1951 bis 07. Dezember 1970 zudem auch als IM »Wagner« für das MfS tätig. Man kann also feststellen, dass der KGB, wie auch das MfS, denselben IM nutzten. Diese Kooperation mit beiden Geheimdiensten brachten ihm aber keine Vorteile.

Nach Ermittlungen der MfS-Hauptabteilung IX zu Kriegsverbrechen in Polen wurde er am 7. Dezember 1970 verhaftet und am 9. Februar 1973 vom Bezirksgericht Karl-Marx-Stadt zum Tode verurteilt.[428] Man fragt sich hier, ob nicht auch andere Gründe für ein solches Strafmaß im Hintergrund standen.

Es ist also anzunehmen, dass der Fund der rund 10 000 Personalakten von Polizeioffizieren in Jüterbog es dem sowjetischen Geheimdienst ermöglichte, ehemalige Polizeioffiziere zur Mitarbeit zu erpressen. Denn fast alle von ihnen schwiegen sich aus oder machten falsche Angaben zu ihrer Dienstzeit während des Krieges. Viele ehemalige Polizeioffiziere, die im Osten eingesetzt waren, wurden nach 1945 im Westen wieder in den normalen Polizeidienst übernommen. Dieses gelang ihnen, da sie zu ihrer Vergangenheit ganz bewusst falsche Angaben machten. Einige von ihnen machten sogar Karriere nach ihrer Wiedereinstellung. So wurde z. B. Dr. Georg Heuser 1958 zum Kriminaloberrat und gleichzeitig zum Leiter des LKA in Kaiserslautern ernannt. Beruhend auf Ermittlungen zu einem Einsatzgruppenprozess wurde Dr. Heuser 1959 verhaftet und 1963 zu 15 Jahren Zuchthaus verurteilt.[429]

Hans Kirsch beschreibt auf den Seiten 662–668 seines Buches »Sicherheit und Ordnung betreffend. Geschichte der Polizei in Kaiserslautern und in der Pfalz 1276–2006« weitere ähnlich gelagerte Schicksale. Bei den geschilderten Fällen kam es nach dem Krieg zu Wiedereinstellungen in den Polizeidienst, da die Beschriebenen falsche Angaben zu ihrem Dienst während des Krieges machten. Unter solchen

---

428 Leide, NS-Verbrecher, S. 121f.

429 Hans Kirsch, Sicherheit und Ordnung betreffend, Geschichte der Polizei in Kaiserlautern und in der Pfalz 1276–2006, Herausgeber: Historischer Verein der Pfalz, Bezirksgruppe Kaiserslautern, 2007, S. 673–683

Umständen hätte der KGB unter Nutzung der Angaben in den Personalakten leichtes Spiel gehabt, Polizisten in wichtigen Positionen im Westen zu erpressen bzw. anzuwerben.

Es konnte bei der Sichtung der Protokolle in Ludwigsburg auch festgestellt werden, dass die meisten Vernommenen keine präzisen Angaben zu ihren Einsätzen machten. Sie vermieden gegenseitige Beschuldigungen, es sei denn, dass der Betreffende im Krieg gefallen war. Bei vielen war außerdem zu vermerken, dass sie riesige Gedächtnislücken aufwiesen. Man wollte nur das absolut Nötigste preisgeben.[430]

Es besteht der begründete Verdacht, dass der ehemalige Leutnant der Polizei, Heinz Bendfeld, vom KGB genötigt wurde, bei Verhören bundesdeutscher Ermittler falsche Aussagen zu machen. So wurde festgestellt, dass der Schupoführer (es kann sich hier nur um Heinz Bendfeld gehandelt haben) am 27. Oktober 1943 einen Juden erschoss.[431] Es ist anzunehmen, dass dem sowjetischen Geheimdienst diese Tatsache durch die Verhöre von verhafteten Polizeiangehörigen des SK 1005 bekannt wurde. In seinen Vernehmungen vom 10. Dezember 1963[432] und 3. August 1965[433] zum SK 1005 machte Heiz Bendfeld vollkommen unglaubwürdige Angaben. Diese Aussagen entlasteten Götz Schlicht von jeglicher Verantwortung beim SK 1005. Nur drei Offiziere dienten in der 3. Kompanie. Diese waren Hauptmann Mohr, Leutnant Bendfeld und Fähnrich (Leutnant) Schlicht. In seiner Aussage behauptete nun Bendfeld, dass ihm der Name Schlicht nicht geläufig sei.[434] Dieses ist absolut unglaubwürdig, da sie drei Monate zusammen in derselben Kompanie dienten. Noch erstaunlicher ist seine weitere Aussage:[435]

> »Ende Juli 1943 wurde ich durch Hauptmann Mohr in Lemberg in einer Besprechung darüber unterrichtet, dass ich das Kommando, das die 3. Kompanie der Sicherheits-Polizei als Absperrkommando bei den Enterdungsarbeiten zur Verfügung gestellt hatte, übernehmen sollte. Einschränkend muss ich erklären, dass Hauptmann Mohr, mein Kompanie-Chef, der eigentliche Führer dieses Kommandos war. Der Offizier der das Kommando bis zu dieser Bespre-

---

430 Persönliche Meinung des Autors zu seiner Sichtung der Vernehmungs-Protokolle im Bundesarchiv Ludwigsburg

431 Wells,Ein Sohn Hiobs, S. 229

432 Bundesarchiv Ludwigsburg, B162/3554, S. 347–356

433 Ebd., B162/27015, S. 176

434 Ebd., S. 174–182

435 Ebd., S. 176

chung geführt hatte, war nur unter unmitttelbarer Aufsicht ohne eigene Selbstständigkeit unter Hauptmann Mohr tätig gewesen.«

Damit wurde Götz Schlicht von allem entlastet. Schlicht soll also lediglich eine »Attrappe« beim SK 1005 gewesen sein. Heinz Bendfeld behauptete auch, dass sein Vorgänger beim SK 1005 ein Leutnant Lange gewesen sei. Der ehemalige Leutnant Johann Lange sagte aber aus, dass er nie beim SK 1005 war, jedoch Ende 1944 zur Kompanie kam, die Bendfeld zu dieser Zeit befehligte. Es existierte zudem kein weiterer Leutnant Lange im Bataillon.[436] Diese Aussagen von Heinz Bendfeld zu Götz Schlicht sind einfach absurd und erwecken den Verdacht, dass sie ausschließlich dem Zweck dienten, Götz Schlicht zu entlasten. Man könnte annehmen, dass Heinz Bendfeld inkriminierende Tatsachen zu Götz Schlicht bekannt waren. Falls er dieses Wissen den Ermittlern preisgegeben hätte, wäre gegen Schlicht eventuell von der ermittelnden Staatsanwaltschaft Klage erhoben worden. Es ist deshalb nicht abwegig, hier den begründeten Verdacht auszusprechen, dass der KGB Heinz Bendfeld zu dieser Aussage nötigte.

Zurück nach Potsdam: Am 29. März 1947 fertigte Götz Schlicht für einen unbekannten Zweck einen Lebenslauf an. Alle darin gemachten Angaben stimmen mit den bekannten Informationen überein, bis auf eine Ausnahme:

> »Von April 1940 bis Kriegsende war ich auf Grund des Luftschutzgesetzes zur Schuporeserve notdienstverpflichtet.« (Dieser Satz ist von jemandem unterstrichen worden.)[437]

Weiterhin wurde noch eine Besoldungsunterlage gefunden, wonach Götz Schlicht ab Anfang 1947 in der Besoldungsgruppe III 15 monatliche Nettobezüge in Höhe von RM 477,00 erhielt. Götz Schlicht quittierte den Empfang seiner monatlichen Gehälter auf dieser Unterlage mit seiner Unterschrift bis Mai 1947. Auf dem Schriftstück ist unter Gemeinde vermerkt: Wasseralfingen. Unter Finanzamt steht: Aalen. Es lässt sich nicht nachvollziehen, wieso diese Orte hier vermerkt wurden. Bei diesen Lokalitäten handelt es sich um die Orte, von denen Götz Schlicht am 11. Juli 1945 aus seiner amerikanischen Kriegsgefangenschaft entlassen wurde. Ferner wurde vermerkt, dass Götz Schlicht am 28. Februar 1947 ausgeschieden war und

436 Ebd., B162/27014, S. 240–245

437 BStU, MfS-AOP-8915/91, Bd. 1, BStU Bl. 30

dass die bis Mai 1947 überbezahlten Gehälter von der Gerichtskasse zurückgefordert wurden.[438]

Vor wie auch nach seiner Kündigung war er Dozent an der Volksrichterschule in Potsdam-Babelsberg. Er bezog sein Gehalt weiterhin von der Provinzialregierung der Mark Brandenburg. Vor seiner Kündigung erhielt er sein Gehalt von der Provinzialverwaltung Mark Brandenburg, Abteilung Justiz.[439] Danach wurde er aus dem Etat des Oberlandesgerichts bezahlt. Götz Schlicht wurde auch nach seinem »Ausscheiden« aus dem Dienst der Provinzialverwaltung auf Listen der im Justizdienst des Landes Brandenburg beschäftigten Richter und Staatsanwälte geführt.[440] Er wurde auch wiederholt befördert. Seine bisher geführte Personalakte endete am 27. Mai 1947, nachdem er seinen Dienstausweis und die Mittagskarte der Provinzialverwaltung zurückgegeben hatte.[441] Mit seiner Wiedereinstellung musste eine neue Personalakte angefertigt worden sein. Eine solche Akte ließ sich aber in den Beständen des Brandenburgischen Landeshauptarchivs nicht auffinden. Das könnte bedeuten, dass diese Akte 1952, nach dem Ausscheiden von Götz Schlicht aus dem Justizdienst des Landes Brandenburg, entfernt (und vernichtet) wurde.

Volksrichterschule in Potsdam und Potsdam-Babelsberg

Die Sowjetische Militäradministration duldete keine Richter und Staatsanwälte, die durch Zugehörigkeit zur NSDAP oder/und einer ihrer Gliederungen belastet waren. Diese wurden aus dem Justizdienst entfernt. Es konnte allerdings festgestellt werden, dass diejenigen, die angaben, lediglich in der HJ gewesen zu sein, mit expliziter Erlaubnis der SMA ihr Amt weiter ausüben durften.[442] Um die nun ausgeschiedenen Richter, Staatsanwälte und weiteren Angehörigen des Justizapparates zu ersetzen, wurden Volksrichterlehrgänge eingerichtet. Die Volksrichterschule des Landes Brandenburg befand sich bis März 1949 im Polizeipräsidium Potsdam.[443] In einem Schreiben der SMA vom 6. Juli 1948 an den Ministerpräsidenten der Landesregierung Brandenburg wurde die schlechte wissenschaftliche, methodische, organisatorische, wirtschaftliche und kulturelle Arbeit der Schule kriti-

---

438 Brandenburgisches Landeshauptarchiv, Besoldungsunterlagen, Nr. 200

439 Ebd., Rep. 203 PA72 (Sch/7988/86), ohne Seitenzahl

440 Bundesarchiv Berlin, DP1 1059

441 Brandenburgisches Landeshauptarchiv, Rep. 203 PA72 (Sch/7988/86), ohne Seitenzahl

442 Bundesarchiv Berlin, DP1SE A28, Karteikarten von Angehörigen der Justiz

443 Bundesarchiv Koblenz, B289/8394: VA517/1 vom 9.9.1949

siert.[444] Vor allem wurde auch bemängelt, dass die Schule kein Internat hat. Auf Befehl der SMA wurde angeordnet, dass die Volksrichterschule das Schloss Babelsberg belegen sollte.[445] Das hatte zur Folge, dass die Schule zum 1. März 1949 ins Schloss Babelsberg verlegt wurde.[446] Hier wurden die Teilnehmer der Lehrgänge in einem Internat untergebracht. Der Unterricht erfolgte von 6:00 bis 12:00 Uhr und von 14:00 bis 18:00 Uhr. Die Teilnehmer erhielten nur an den Wochenenden eine Ausgangserlaubnis. Besuche in den westlichen Sektoren von Berlin waren nicht erwünscht. Das Lesen von westlichen Presseerzeugnissen war verboten, es sei denn, dass es sich um KPD-Zeitungen handelte. Der Unterricht war etwa zur Hälfte in fachliche und politische Themen aufgeteilt.[447]

In unregelmäßigen Abständen, beruhend auf Änderungen beim Personal, bei Abordnungen und Beförderungen, wurden Listen der im Justizdienst des Landes Brandenburg beschäftigten Richter und Staatsanwälte angefertigt. Im Einzelnen wurden hier alle Richter, Räte und Staatsanwälte des Oberlandesgerichts Potsdam, des Amts- und Landgerichts Potsdam und der Staats- und Anwaltschaft Potsdam aufgeführt.[448] Es wäre noch zu sagen, dass nur überprüfte Anwälte bei diesen Gerichten zugelassen waren. So findet man auf der Liste vom 1. November 1947 den Namen von Götz Schlicht als Landgerichtsrat unter der Rubrik Amts- und Landgericht Potsdam mit dem Hinweis »als Lehrer zum Volksrichterkursus abgeordnet«.[449] Anscheinend erstreckte sich der Etat des Oberlandesgerichts auch auf das Amts- und Landgericht wie auf die Staatsanwälte.

Es folgen dann fünf weitere Listen bis zum 7. April 1948 mit identischen Eintragungen zu Götz Schlicht. Die Liste vom 10. Mai 1948 enthält die Mitteilung, dass Götz Schlicht am 1. März 1948 zum Landgerichts-Direktor befördert wurde. Danach folgen dann weitere neun Listen mit identischen Eintragungen zu Götz Schlicht. Auf einer Besoldungsliste des Landgerichts Potsdam vom Januar 1949 erfährt man, dass Götz Schlicht nun zum Oberrichter befördert wurde und als Sold einen monatlichen Brutto-Betrag von DM(O) 907,00 erhielt.[450] Auf der Liste vom 3. Oktober 1949 wird Götz Schlicht weiterhin als Oberrichter und als abgeordneter

---

444 Brandenburgisches Landeshauptarchiv, Rep. 212 Nr. 313, S. 537–539
445 Ebd., Rep. 212/310
446 Ebd., Rep. 212/307
447 Bundesarchiv Koblenz, B289/8394: VA517/1 vom 9.9.1949
448 Bundesarchiv Berlin, DP1 1059
449 Ebd., S. 3
450 Brandenburgisches Landeshauptarchiv, Rep. 212/289, Besoldungsliste des Landgerichts Potsdam

Lehrer zum Richterlehrgang geführt.[451] Auf der Liste vom 1. Mai 1950 fehlt aber aus nicht nachvollziehbaren Gründen der Name von Götz Schlicht.[452] Gemäß seinen eigenen Angaben war Götz Schlicht vom 1. Oktober 1946 bis Dezember 1950 als Lehrer an der Volksrichterschule tätig.[453] Er unterrichtete dort den 2. bis 5. brandenburgischen Volksrichter-Lehrgang.[454]

Es ist wirklich auffallend, wie schnell Götz Schlicht befördert wurde:
Am 1. September 1946 wurde er zum Regierungsrat ernannt.[455]
Am 2. Juli 1947 war er Amtsgerichtsrat.[456]
Am 27. Oktober 1947 war er Landesgerichtsrat.[457]
Am 1. März 1948 wurde er zum Landgerichts-Direktor ernannt.[458]
Im Januar 1949 war er Oberrichter.[459]

Nicht ganz verständlich ist die Tatsache, dass Götz Schlicht auf den internen Listen des Oberlandesgerichts vom 3. Oktober 1949 wie auch auf der Liste vom 10. November 1949 überhaupt nicht aufgeführt ist.[460] Auf den internen Listen vom 15. Dezember 1949 wie auch der vom 15. Januar 1950 wird er als »Hilfsrichter« geführt.[461]

Am 6. Mai 1949 füllte Götz Schlicht noch einen Personalfragebogen für die Landesregierung Brandenburg aus. Hier gab Götz Schlicht an, dass er Schulkenntnisse in Latein, Englisch, Französisch und Spanisch hatte. Unter der Rubrik Arbeitgeber vermerkte er: Justizminister Potsdam; Art der Tätigkeit: Richter usw.; von wann: Mai 1946 (!). Es wurden vier Kinder aufgeführt. Des Weiteren machte er noch folgende Angaben:

> *Waren Sie Soldat, bei welchen Truppenteilen? Ort und Zeit der Einberufung:*
> Nein

---

451 Ebd., Rep. 217, S. 99
452 Bundesarchiv Berlin, DP1 1059, S. 97
453 BStU, Akten, Archiv der Außenstelle Potsdam, BVfS Potsdam AU 317/52, STA 4873, Bd. 1, Bl. 40
454 Ebd., Bl. 47
455 Brandenburgisches Landeshauptarchiv, Rep. 203 PA72 (Sch/7988/86)
456 Bundesarchiv Berlin, DP1 10, S. 64
457 Ebd., DP1 987, S. 77
458 Ebd. DP1 1059
459 Brandenburgisches Landeshauptarchiv, Rep. 212/289, Besoldungsliste des Landgerichts Potsdam
460 Ebd., Rep. 212/268, S. 79 u. 99
461 Ebd. S. 39 u. 58

Wann und wo sind Sie aus dem Wehrdienst entlassen worden? Ihr letzter Dienstgrad:
/. /
Welche Orden oder Auszeichnungen wann und wofür erhalten?
Keine
In welchen Ländern waren Sie als Soldat, wann und in welcher Funktion?:
/. /

Götz Schlicht musste noch mit seiner Unterschrift bestätigen:

> »Ich versichere an Eides Statt, vorstehende Angaben vollständig und wahrheitsgemäß gemacht zu haben. Es ist mir bekannt, daß falsche Angaben strafrechtliche Folgen nach sich ziehen.«[462]

Da der Fragebogen keinerlei Fragen zu einem möglichen Polizeidienst stellte, kann man es Götz Schlicht nicht einmal verübeln, dass er die Fragen zu einem »Militärdienst« mit »Nein« beantwortete.

Der erste Lehrgang der Provinzialverwaltung Mark Brandenburg zur abgekürzten Ausbildung von Richtern und Staatsanwälten begann am 18. Februar 1946 und endete am 13. September 1946.[463] Dieser Lehrgang bestand aus 30 Teilnehmern.[464] Der erste Volksrichterlehrgang, an dem Götz Schlicht mitwirkte, war der zweite Volksrichterlehrgang. Er startete am 1. Oktober 1946 mit 40 Teilnehmern.[465] Die Teilnehmer wurden von einem Ausschuss ausgewählt. Dem Ausschuss gehörten sieben Mitglieder an. Vertreten waren die Abteilung Inneres, der Leiter der Justizabteilung, der Lehrgangsleiter, zwei SED-Vertreter, die Leiterin des Frauenausschusses und ein Vertreter der Deutschen Justizverwaltung der SBZ.[466] Nach ihrer Auswahl mussten sich die Kandidaten noch bei der SMA in Potsdam vorstellen und für diese einen Fragebogen ausfüllen sowie einen Lebenslauf schreiben.[467]

---

462 BStU, Akten, Archiv der Aussenstelle Potsdam, BVfS Potsdam AU 317/52, STA 4873, Bd. 1, Bl. 22–25
463 Brandenburgisches Landeshauptarchiv, Rep. 212/313, S. 17
464 Ebd., S. 236
465 Ebd., S. 222
466 Ebd., Rep. 212/314, S. 6
467 Ebd., S. 3

Die Sowjetische Militäradministration (SMAD) beobachtete die Entwicklung an der Volksrichterschule anscheinend sehr sorgfältig. In einem Schreiben der SMAD vom 25. Juni 1949 z. B. bemängelte sie, dass die Teilnehmer sich nicht genug praktische Erfahrung aneigneten, um nach Ende ihrer Ausbildung gleich effektiv tätig werden zu können. Die SMAD forderte, dass die Teilnehmer auch aktuelle Straf- und Zivilsachen kennenlernen sollten. Zu diesem Zweck sollte ein Archiv mit ca. 500 bis 600 Bänden von aktuellen Verfahren in der Richterschule angelegt werden, zu denen auch die Lehrgangsteilnehmer Zugang haben sollten.[468]

Am 1. Oktober 1946 bestand der Lehrkörper aus acht Ausbildern. Einer von ihnen war Götz Schlicht.[469] Als Dozent befasste er sich mit dem Bürgerlichen Recht und dem Handelsrecht.[470]

Am 14. November 1946 wurde Götz Schlicht von der späteren DDR-Ministerin für Justiz (1953–1967), Hilde Benjamin, und einem weiteren Bewerter (Unterschrift unleserlich) mit dem folgenden Ergebnis evaluiert, wobei der unbekannte Bewerter der Deutschen Zentralverwaltung für Justiz (DZJ) folgende Aussage machte:[471]

> »Dr. Schlicht ist offenbar noch ein pädagogischer Anfänger; er behandelte die Bestimmungen des BGB I über die Form der Rechtsgeschäfte. Als ich ihn nachträglich fragte, ob er glaube, dass den Teilnehmern der Begriff der Beurkundung völlig klar sei, sagte mir Schlicht, es sei nicht seine Absicht gewesen, bei der 1. Erörterung hierüber alles vorzutragen, was vorgetragen werden müsste. Vielmehr verteilte er grundsätzlich den Vortrag so, dass ein Rechtsgebiet mehrfach behandelt würde, weil er sich hiervon verspräche, dass die Schüler den Stoff verständnisvoller und längerer Dauer in sich aufnehmen. Die Innehaltung dieses Prinzips scheint mir zumindesten bei relativ so einfachen Fragen wie die Beurteilung übertrieben. Der sichtlich interessierte und gutwillige Dozent müsste nach diesem ersten Eindruck von einer erfahrenen Kraft noch ständig angeleitet werden.«

Keine zehn Tage später erfolgte am 23. November 1946 eine neue Beurteilung und wurde von einem weiteren Prüfer der DZJ vorgenommen (Unterschrift unlesbar):[472]

---

468 Ebd., Rep. 212/312

469 Ebd., Rep. 212/314, S. 13

470 Bundesarchiv Berlin, DP1 23544, Teil 2, ohne Seitenzahl

471 Ebd.

472 Ebd.

»Herr Schlicht besprach den § 164 (offene und verdrehte Stellvertretung) in Form einer Unterhaltung mit den Hörern. Die Beteiligung war lebendig; ich hatte den Eindruck, dass die Hörer mitgingen. Allerdings wurden immer nur verhältnismässig wenige Hörer gefragt. Die Ausführungen waren klar. Nach meiner Auffassung war nichts zu bemängeln. Ich habe mich anschliessend dann längere Zeit mit Herrn Schlicht unterhalten und auch den Eindruck gewonnen, dass er den Kurs mit Interesse abhält und immer mehr in seine Aufgabe hineinwächst.«

Es ist schon erstaunlich, mit welcher Flexibilität und Geschwindigkeit Götz Schlicht seine Unterrichtsmethode nach dem erhaltenen Tadel umstellen konnte.

Am 29. April 1947 erfolgte durch Dr. Hartwig eine weitere Beurteilung der DZJ:[473]

»Der Lehrgangsleiter, Ministerialrat Schulz, war durch eine Sitzung ferngehalten. Dagegen war sein ständiger Vertreter, Regierungsrat Schlicht, der einen guten Eindruck machte, anwesend.«

Am 2. Juli 1947 fertigte Hilde Benjamin einen »Bericht über die Abschlussprüfung des 2. Volksrichterlehrgangs in Potsdam am 25., 27. und 30. Juni 1947«[474] an. Hilde Benjamin war persönlich an der Abnahme der Prüfungen beteiligt.[475] Sie scheint zum Zeitpunkt ihres Berichts auch die fachliche Zuständigkeit für die Volksrichterlehrgänge in der Deutschen Zentralverwaltung für Justiz gehabt zu haben. Zusammenfassend wurde folgendes festgehalten:

Für die Endprüfung waren 32 Schüler vorgesehen. Diese sollten an drei Tagen zwischen dem 25. bis zum 30. Juni 1947 in Potsdam geprüft werden. Es erschienen aber nur 25 Schüler, da die anderen meinten, dass sie die Abschlussprüfung nicht bestehen könnten. Sechs der zurückgetreten Schüler wurden aber trotzdem, ohne Prüfung, als Justizinspektor, als Amtsanwalt oder ähnliches in den Justizapparat übernommen. Der Prüfungskommission gehörten vier Mitglieder an. Eines von ihnen war Amtsgerichtsrat Götz Schlicht. Er prüfte Zivilrecht. Götz Schlicht hatte zudem die Aufgabe, mit zwei weiteren Mitgliedern die schriftlichen Arbeiten der Schüler zu bewerten und war auch an den mündlichen Prüfungen beteiligt. Von den 25 Teilnehmern, die geprüft wurden, bestanden fünf mit »gut«, sieben mit

473 Ebd., DP1 10, S. 43
474 Ebd., 63–68
475 Brandenburgisches Landeshauptarchiv, Rep. 212/313, S. 243

»befriedigend« und elf mit »ausreichend«. Des Weiteren wurde festgestellt, dass elf der Geprüften zwischen 41 und 50 Jahren, neun zwischen 31 und 40 Jahren und fünf zwischen 25 und 30 Jahren alt waren.

Götz Schlicht erhielt von Hilde Benjamin folgende Beurteilung:[476]

> »Als guter Prüfer und offenbar auch guter Lehrer ist insbesondere Amtsgerichtsrat Schlicht zu bezeichnen, der sehr lebendig und kenntnisreich prüft. Die Gefahr seiner Methode ist, dass er mit guten Schülern virtuos sich Schlag auf Schlag Frage und Antwort zuspielt, dass er auch versteht, viel an Wissen aus den Schülern herauszuholen, aber dass diese Fähigkeit vor allen Dingen beschränkt scheint auf die guten Schüler, die ihm folgen können. Den Schwachen gegenüber besteht offenbar dieses Interesse nicht in dem Maße; ich halte es sogar nicht für ausgeschlossen, dass er dann in das Gegenteil umschlägt und sich gerade bemüht, ihnen zu zeigen, wie wenig sie wissen. [...] Es wird bei dem Unterricht in Zukunft jedoch darauf zu achten sein, dass die sehr wertvollen Leistungen des Herrn Schlicht auch für die schwachen Schüler voll ausgenutzt werden.«

Im dritten Lehrgang, der von Oktober 1947 bis September 1948 dauerte, unterrichtete Götz Schlicht die Einführung in die Rechtswissenschaft und das Bürgerliche und Handelsrecht.[477] Auch zu diesem Lehrgang liegt eine weitere Beurteilung von Götz Schlicht vom 27. Oktober 1947 vor. Diese wurde von Dr. Hartwig von der Deutschen Zentralverwaltung für Justiz angefertigt. Bei diesem Bericht handelt es sich um »den Besuch des 3. Lehrganges für Richter und Staatsanwälte in Potsdam am 24. Oktober 1947«.[478] Dr. Hartwig stellte folgendes fest: Dem Lehrgang gehörten 58 Schüler an, darunter 40 Männer und 18 Frauen. 22 von ihnen hatten einen Volksschulabschluss. Aus Arbeiterkreisen stammten 35 Schüler, 18 waren Arbeiter oder Handwerker und 40 waren Angestellte. 36 waren Mitglieder der SED. Elf Schüler waren 25–30 Jahre, 13 Schüler 31–35 Jahre, 14 Schüler 36–40 Jahre, 18 Schüler 41–45 Jahre und zwei Schüler waren über 45 Jahre alt. Niemand von ihnen hat der HJ angehört. Für den Unterricht waren jetzt drei Lehrkräfte zuständig. Diese waren fast ganz von anderen Aufgaben freigestellt worden. Einer davon war

---

476 Ebd.

477 Bundesarchiv Berlin, DP1 23544, Teil 1, ohne Seitenzahl

478 Ebd., DP1 987, S. 76–79

Landgerichtsrat Schlicht. Dr. Hartwig konnte dem Unterricht von LGRat Schlicht beiwohnen und machte dazu folgende Bemerkungen:

> »Dagegen war der Vortrag von LGRat Schlicht aussergewöhnlich lebendig, anschaulich und einprägsam. Er behandelte aus dem allgemeinen Teil des BGB die Einteilung der Sachen und die Geschäftsfähigkeit; die Schüler gingen mit grossem Interesse mit.«[479]

Der vierte Lehrgang begann mit 60 Teilnehmern[480] am 1. Oktober 1948 und sollte am 6. September 1949 enden.[481] Götz Schlicht unterrichtete an diesem Lehrgang folgende Fächer: Einführung in die Rechtswissenschaft, Bürgerliches Recht und Handelsrecht.[482] In einer Notiz eines unbekannten Mitarbeiters der DJV vom 9. Januar 1948 trifft man auf folgende Aussage:

> »In Brandenburg (Potsdam) läuft der Volksrichterkurs mit 56 Teilnehmern, von denen 38 der SED angehören. Die Leitung des Kursus liegt in der Hand vom LG Rat Schlicht (parteilos), der zugleich einen sehr erheblichen Teil der Vorlesungen hält.«[483]

In einer Liste der Dozenten des Richterlehrgangs, genaues Datum nicht bekannt, Geschäftszeichen GZ: 5121/2010-405/48, also aus dem Jahr 1948, wurde folgende Charakteristik zu Götz Schlicht erfasst:

> »Landesgerichtsdirektor
> parteilos
> seit 1946 Dozent der Richterlehrgänge
> Qualifikation: Ausgezeichneter Jurist, guter Pädagoge, nur etwas sarkastisch. Wird von allen begabten Schülern hoch geschätzt, die geistig schwächeren Teilnehmer haben es schwer bei ihm.
> Qualifikation politisch: Ausgesprochener Antifaschist, fortschrittliches Denken.«[484]

---

479 Ebd. u. DP 1 10, S. 77
480 Brandenburgisches Landeshauptarchiv, Rep. 212/313, S. 225
481 Ebd., S. 561
482 Bundesarchiv Berlin, DP1 1046, S. 3
483 Ebd., DP1 10, S. 108/1
484 Brandenburgisches Landeshauptarchiv, Rep. 212/269, S. 54

Während der Lehrgänge an der Volksrichterschule wurden wiederholt Fortbildungslehrgänge für die Dozenten angeboten. So wurde Götz Schlicht am 15. November 1947 für einen Fortbildungslehrgang im Sachgebiet »Bauernrecht« benannt.[485]

Am 23. und 24. März 1948 nahm Götz Schlicht an einer Tagung zur Fortbildung für Dozenten von Lehrgängen für Richter und Staatsanwälte in Berlin-Mitte teil.[486] Im November 1949 besuchte Götz Schlicht noch einen Lehrgang der Deutschen Verwaltungsakademie (DVA) in Forst Zinna.[487]

Das DDR-Ministerium des Innern erstellte am 15. Juni 1950 eine Liste der Lehrer an Fachschulen, Betriebsfachschulen und Fachlehrgängen.[488] In dieser Liste wurde auch die Richterschule Babelsberg mit drei Lehrern erfasst. Zu Götz Schlicht sind die Personal- und Werdegangsdaten korrekt angegeben. Bei Parteizugehörigkeit heißt es da: parteilos und Mitglied der Massenorganisation des Freien Deutschen Gewerkschaftsbundes (FDGB). Zu den Militärverhältnissen von Schlicht ist nichts vermerkt, da hier eine Rubrik zur Polizeizugehörigkeit nicht existierte. Zu Kriegsgefangenschaft ist ebenfalls nichts vermerkt, da diese nur angegeben werden sollte, wenn sie länger als ein halbes Jahr dauerte.

Der letzte Lehrgang des Landes Brandenburg, an dem Götz Schlicht teilnahm, war der fünfte Richterlehrgang. Dieser Lehrgang muss wohl in geänderter Form abgehalten worden sein, da am 1. April 1951 ein zweijähriger Teillehrgang der Zentralen Richterlehrgänge mit 200 Teilnehmern in Babelsberg beginnen sollte. In Vorbereitung zu diesem neuen Lehrgang verfasste Götz Schlicht einen »Lehrplan für zweijährige Richterlehrgänge«. Er berief sich dabei auf eine Verfügung vom 29. März 1949.[489] Es ist nicht bekannt, ob dieser vorgeschlagene Lehrplan übernommen wurde. Aufgrund dieser Planung sollte der bis dahin existierende Lehrgang des Landes Brandenburg eingestellt werden.[490] Es ist deshalb durchaus vorstellbar, dass Götz Schlicht wegen der bevorstehenden Schließung des brandenburgischen Lehrgangs, im Dezember 1950, schon vorher einer anderen Tätigkeit zugewiesen worden war. Der fünfte Lehrgang bestand aus 102 Teilnehmern. Von diesen hatten 75

485 Bundesarchiv Berlin, DP1 987, S. 28
486 Ebd., S. 123
487 BStU, MfS-AOP-8915/91, Bd. 1, Bl. 28
488 Bundesarchiv Berlin, DP1 7676
489 Ebd., DP1 986, S. 1–3
490 Ebd., DP1 7676

einen Volksschulabschluss und 88 Teilnehmer waren Mitglieder der SED.[491] Es wurde streng darauf geachtet, dass keiner der Teilnehmer irgendwie nationalsozialistisch belastet war. Sogar diejenigen, die lediglich als Jugendliche entweder der Hitler-Jugend (HJ) oder dem Bund Deutscher Mädchen (BDM) angehörten, durften an dem Lehrgang nicht teilnehmen.[492]

1950 flüchtete der Potsdamer Justizangestellte Lüdke nach West-Berlin. Dort fertigte er einen umfangreichen Bericht mit einer Beurteilung seiner ehemaligen Kollegen an. Er übergab diesen Bericht am 20. Dezember 1950 der Kampfgruppe gegen Unmenschlichkeit. Zu Götz Schlicht hatte er folgendes zu sagen:[493]

> »Dr. Schlicht, Oberrichter, Justizministerium Potsdam. Der Zivilrechtsdozent der Richterschule Babelsberg, zunächst auch Leiter derselben. Als Volljurist und Parteiloser genießt er nicht das Vertrauen der vorgesetzten Dienstbehörde. Dank seiner vorzüglichen Kenntnisse konnte man ihn bisher nicht entbehren. Er steht nicht auf dem Boden des Marxismus und ist daher minderwertigen Anfeindungen seitens der unbegabtesten Schüler ausgesetzt, die das Nichtbegreifen des Lehrstoffes den Lehrmethoden dieses vorzüglichen Dozenten zuschreiben.«

Die Aussage, dass Götz Schlicht »zunächst« Leiter der Volksrichterschule war, kann durch einen weiteren Hinweis erhärtet werden. So soll er 1947 die unmittelbare Leitung der Schule übernommen haben.[494] Letzteres deckt sich auch mit der Aussage der DJV vom 9. Januar 1948, dass die Leitung des Volksrichterkursus in Potsdam in der Hand von Götz Schlicht lag.[495]

In dem schon vorher erwähnten Schreiben der SMA vom 6. Juli 1948 an den Ministerpräsidenten der Landesregierung Brandenburg kritisierte die SMA nicht nur die schlechte wissenschaftliche, methodische, organisatorische, wirtschaftliche und kulturelle Arbeit der Volksrichterschule, sondern auch die Tatsache, dass die Schule zum Zeitpunkt des Schreibens keinen Direktor hatte. Es wurde darauf auch Bezug genommen, dass diejenigen, die vorher die Stellung des Direktors besetzten, in der Regel diese Aufgabe als Nebenamt ausübten und deshalb ihre Pflichten hin-

---

491 Ebd.
492 Ebd., S. 7–9
493 Bundesarchiv Koblenz, B289/Mikrofisch 9840, SA500/7-01/1
494 Pohl, Justiz in Brandenburg, S. 34
495 Bundesarchiv Berlin DP1 10, S. 108/1

sichtlich der Leitung der Schule nicht erfüllten.[496] Es wäre hier zu vermerken, dass Götz Schlicht mit aller Wahrscheinlichkeit lediglich als Zwischenlösung zum Direktor ernannt wurde. Er war nicht SED-Mitglied und darüber hinaus wurde er in seiner Tätigkeit als Dozent vollkommen beansprucht.

Die Position des Direktors bekam anschließend Kurt Schmidt. Dieser wurde 1923 geboren und befand sich während des Krieges in Palästina. Dass er sich dort aufhielt, beruht auf seiner Angabe, Mitglied in der »KP Palästina« gewesen zu sein, bevor er der SED beitrat.[497] Er war Regierungsrat und unterrichtete Soziologie an der Richterschule. Hinter dem Terminus »Soziologie« verbarg sich aber »Marxismus, Leninismus und Stalinismus«.[498] Die Teilnehmer des vierten Lehrgangs zur Ausbildung von Richtern und Staatsanwälten des Landes Brandenburg verfassten am 27. Oktober 1949 eine Resolution. Darin priesen sie die gesellschaftswissenschaftlichen und pädagogischen Fähigkeiten von Kurt Schmidt und brachten zum Ausdruck, dass das Justizministerium Schmidt für das Amt als Schulleiter unterstützen sollte. Soweit zu überblicken ist, unterzeichneten alle Absolventen diese Resolution.[499] Die Landesregierung Brandenburg ernannte dementsprechend Kurt Schmidt zum hauptamtlichen Leiter der Richterschule »Hans Litten« zum 1. November 1949.[500]

Nach der Währungsreform 1948 flohen relativ viele Juristen in den Westen, da viele von ihnen NSDAP-Mitglieder waren oder einer NSDAP-Gliederung angehört hatten und es somit keine berufliche Perspektive in der SBZ für sie gab. Der Untersuchungsausschuss freiheitlichen Juristen (UfJ) entstand 1949. Das MfS sah im UfJ eine feindliche Organisation, die im Auftrag des amerikanischen Geheimdienstes Spionage- und Agententätigkeiten in der DDR durchführte. Am 17. Oktober 1951 wurde deshalb von der MfS-Bezirksverwaltung in Potsdam der Gruppenvorgang »Juristen« angelegt. Das Ziel dieses Vorgangs war es, Juristen in Potsdam zu beobachten und somit unter Kontrolle zu halten.[501]

In diesem Vorgang findet sich auch ein Bericht (während des fünften Lehrgangs im Jahre 1950 verfasst) zu Götz Schlicht. Dieser fängt mit biografischen Angaben zur Person an, wie sie in einer Personalakte enthalten sein könnten: Geburtsdatum,

---

496 Brandenburgisches Landeshauptarchiv, Rep. 212/313, S. 537–539
497 Bundesarchiv Berlin, DP1/86, ohne Seitenangabe
498 Brandenburgisches Landeshauptarchiv, Rep. 212/311
499 Bundesarchiv Berlin, DP1 7088, ohne Seitenangabe
500 Ebd.
501 BStU, Potsdam-AOP-192/55, Bd. 2

Geburtsort und Wohnung. Unter anderem wird hier auch angegeben, dass Götz Schlicht zwischen 1933 und 1945 der DAF und NSV angehörte, kaufmännischer Vertreter war und, nach eigenen Angaben, auch Hilfspolizist gewesen sei.[502] Diese Angaben vermitteln den Eindruck, als ob der IM (Inoffizieller Mitarbeiter), der diesen Bericht verfasste, Zugang zu der Personalakte von Götz Schlicht gehabt hat.

Der IM beschrieb Götz Schlicht wie folgt[503]: Seine Herkunft und sein Auftreten seien äußerst bürgerlich mit leicht militaristischem Einschlag. Er sei in einem Lehrgang, an dem er teilnahm, als offener Reaktionär aufgetreten. In seinen Äußerungen lasse er öfter westliche Tendenzen durchblicken. Als Dozent versuche er auf geschickte Art, eine reaktionäre bürgerliche Rechtsideologie zu verbreiten. In Gesprächen mit Genossen mache er häufig einen ängstlichen Eindruck, als ob er etwas zu verbergen habe. Schlicht sei stets bestrebt gewesen, klassenbewusste Genossen im Lehrgang zu benachteiligen, während er für die Weiterentwicklung kleinbürgerlicher und rückschrittlicher Schüler großes Interesse zeigte. Bereits im vorigen Lehrgang soll er den Versuch gemacht haben, einige klassenbewusste Genossen an der Erreichung des Lehrziels zu hindern. Auch in dem laufenden Lehrgang mache er diese Versuche.

In einem beigefügten Originalschreiben, das von Schlicht unterschrieben war, versuchte er im vorigen Lehrgang an den damaligen Minister (Name geschwärzt) zu senden. Dieser Brief konnte ohne sein Wissen zurückgehalten werden. Schlicht wollte mit diesem Schreiben bei (Name geschwärzt) erreichen, dass die Genossen (geschwärzt) und (geschwärzt), die beide klassenbewusste Arbeiter sind, aus dem Lehrgang entfernt werden. Es gelang, diesen Plan Schlichts zu verhindern. Die Arbeiten der bürgerlichen und rückschrittlicheren Schüler bewertete er mit besseren Zensuren, als die Arbeiten der klassenbewussten Genossen. Seine reaktionäre Haltung komme jedoch auch im Unterricht zum Ausdruck. Durch demagogische Redewendungen und Winkelzüge versuche er, die Arbeiter zu deprimieren und sie unsicher zu machen, während er seine Auserwählten dauernd lobe und stütze. Anfang Juni erhielten alle Dozenten der Richterschule Hetzbriefe des UfJ. Schlicht war der einzige Dozent, der diesen Brief nicht abgegeben hat. Schlicht wisse nicht, so der Berichtende, »dass wir vom Vorhandensein des an ihn gerichteten Briefes wissen«. Es werden noch Personen aufgeführt, mit denen Schlicht befreundet war. Leider sind alle sechs Namen von der BStU geschwärzt worden. Der IM vermerkt aber,

502 Ebd., Bl. 20

503 Ebd.

dass von den genannten Personen sich alle in den Westen abgesetzt hatten.[504] Zuletzt muss noch erwähnt werden, dass das MfS auf dem Gelände der Richterschule einen Stützpunkt hatte. So wurden dort in einem besonderen Zimmer Anbahnungsgespräche zur Mitarbeit mit dem MfS geführt.[505]

Man kann aus dem Bericht des IM folgende Schlussfolgerungen ziehen: Der IM muss ebenfalls an der Richterschule tätig gewesen sein. Er hatte Zugang zur dort befindlichen Personalakte von Schlicht und war in der Lage, einen Brief von Schlicht abzufangen, bevor dieser abgeschickt werden konnte. Er hatte auch Gelegenheit, Vorlesungen von Schlicht zu überprüfen. Es konnte also kein Kollege von Götz Schlicht gewesen sein, sondern er muss schon den Status eines Vorgesetzten von ihm gehabt haben. Er wird auch der SED angehört haben, da er dauernd von Genossen sprach. Gemäß dieser Indizien könnte der IM der neue Direktor der Richterschule, Kurt Schmidt, gewesen sein. Die Denunziation, dass Götz Schlicht einen »Hetzbrief« zurückhielt, während alle anderen Dozenten diesen dem Schulleiter abgaben, ist deshalb nicht glaubwürdig.

Promotion

Es ist schleierhaft, wann Götz Schlicht die Zeit fand, seine Dissertation zum Erlangen des juristischen Doktorgrades zu schreiben. Die Dissertation hatte den Titel »Schwebezustände im Sachrecht« und umfasste 146 Seiten. Dazu kommt noch eine Bibliographie mit 109 aufgeführten Titeln. Götz Schlicht reichte diese Arbeit bei der Rechts- und Staatswissenschaftlichen Fakultät der Humboldt-Universität in Berlin ein. Seine mündliche Prüfung fand am 2. März 1949 statt. Seine Promotion datiert vom 28. April 1949.[506]

Interessant ist der dazugehörige Lebenslauf. Götz Schlicht schrieb hier u. a.:

> »Ich bin am 9. März 1908 in Berlin-Wilmersdorf geboren worden und evangelischer Konfession. Nach dem Besuch der Goetheschule in Berlin-Wilmersdorf (1914–1919) und der städtischen Oberschule in Potsdam bestand ich Ostern 1926 die Reifeprüfung. Im Anschluß daran studierte ich acht Semester

---

504 Ebd.

505 BStU, MfS-AOP-1725/64, Bd. 61, Bl. 65

506 Humboldt Universität zu Berlin, Zentrale Universitätsbibliothek, Jur.Fak.Dis:1949:Schlicht, Götz:F4

Rechts- und Staatswissenschaft, davon sechs in Berlin und zwei in Freiburg/Breisgau, und legte am 23. Juni 1930 vor dem Kammergericht in Berlin die erste Staatsprüfung mit dem Prädikat ›voll befriedigend‹ ab. Seit dem 4. August 1930 war ich bis zu meiner Entlassung im August 1933 (§ 3 I des Gesetzes zur Wiederherstellung des Berufsbeamtentums) als Gerichtsreferendar im Bezirk des Kammergerichts tätig. Von 1933 bis 1938 war ich als kaufmännischer Handlungsgehilfe bei der Firma Georg Stilke, Berlin NW 7, und im Anschluß daran bis 1940 als Versicherungsagent für die Firma ›Nordstern‹, Allgemeine Versicherungs-AG, Berlin-Schöneberg, beschäftigt. Während des Krieges war ich auf Grund des Luftschutzgesetzes notdienstverpflichtet. Am 26. Juli 1946 bestand ich vor dem bei der Deutschen Justizverwaltung in Berlin gebildeten Justizprüfungsamt die Assessorprüfung mit ›ausreichend‹. Seit dem 1. August 1946 stehe ich als Angestellter im Dienst des Justizministeriums des Landes Brandenburg in Potsdam. Das Thema dieser Arbeit stammt von Herrn Professor Dr. Dersch. Für die Anregung zu dieser Arbeit und die Hinweise bei der Bearbeitung des Themas bin ich Herrn Professor Dersch zu besonderem Dank verpflichtet.«

Es ist wirklich beachtenswert, wie elegant Götz Schlicht seinen Polizeidienst umschreibt, indem er angibt, dass er gemäß einem »Luftschutzgesetz notdienstverpflichtet« wurde. Seine damalige Kündigung vom 30. Januar 1947 hat sich vollkommen verflüchtigt.[507] Sein Lebenslauf liest sich, als ob er ununterbrochen seit dem 1. August 1946 im Dienste des Justizministeriums des Landes Brandenburg gestanden hätte. Das lässt den berechtigten Verdacht zu, dass diese Angaben in gleicher Form in seiner zweiten Personalakte beim brandenburgischen Justizministerium zu finden waren. Diese zweite Personalakte müsste im April 1947 angelegt worden sein, als das Justizministerium vom Innenministerium informiert wurde, dass Götz Schlicht seit dem 1. April 1947 aus dem Etat des Oberlandesgerichts sein Gehalt bekommt. Es ist auch anzunehmen, dass die erste Personalakte nach Eingang seiner Kündigung vom 30. Januar 1947 einer Abwicklungsstelle der Personalabteilung übergeben wurde, die die Aufgabe hatte, das bestehende Beschäftigungsverhältnis abzuwickeln. Das letzte Blatt der ersten Personalakte enthält eine Bescheinigung mit Datum vom 27. Mai 1947 mit folgendem Wortlaut:[508]

507 Brandenburgisches Landeshauptarchiv, Rep. 203 PA72 (Sch/7988/86)
508 Ebd.

> »Laut Mitteilung der Abteilung Allgem. Verwaltung scheidet Herr Götz Schlicht mit dem 28.2.47 aus den Diensten der Provinzialregierung aus. Wir bestätigen hiermit, dass Herr Götz Schlicht ordnungsgemäß seine Mittagskarte abgegeben hat.«

Danach wurde diese Akte im Archiv abgelegt und überlebte somit die DDR. Die zweite Personalakte, die »neue Wahrheiten« enthielt, wurde mit aller Wahrscheinlichkeit noch in den 1950er Jahren vernichtet, da sie im Bestand des Brandenburgischen Landeshauptarchivs nicht ausfindig gemacht werden konnte.

Oberlandesgericht

Es liegt eine Liste vom 15. Dezember 1949 vor, auf der die im Justizdienst des Landes Brandenburg beschäftigten Richter und Staatsanwälte aufgeführt sind.[509] In der Rubrik des Oberlandesgerichts wird Götz Schlicht mit der Bemerkung aufgeführt: »Hilfsrichter ab 1.12.49«. Man kann deshalb annehmen, dass Götz Schlicht ab diesem Datum sowohl als Hilfsrichter am Oberlandesgericht als auch als Dozent an der Richterschule tätig war. Im Protokoll über die Sitzung des Präsidiums des Oberlandesgerichts (OLG) vom 5. Dezember 1949 wurde beschlossen, dass der dem OLG vom Justizministerium überwiesene Hilfsrichter, nämlich der Oberrichter Dr. Schlicht, dem 2. und 5. Zivilsenat zuzuweisen sei.[510]

In einem Schreiben vom 11. Januar 1950 des Präsidenten des Oberlandesgerichts an den Minister der Justiz, Personalabteilung, wurde festgestellt:[511]

> »Da ich weitere Richter für das OLG nicht erhalten habe, bitte ich wenigstens zu veranlassen, dass die Herren Oberrichter Schlicht und Bloch weiter beim Oberlandesgericht wenigstens einmal im Monat an Sitzungen teilnehmen können und in ihrer Stellung zum Hilfsrichter beim OLG weiter belassen werden, zumal eine Bestellung zum Richter jetzt nach dem Inkrafttreten der Verfassung der Deutschen Demokratischen Republik gemäß Art. 131 Abs. 2 nur von den Landtagen erfolgen kann.«

---

509 Bundesarchiv Berlin, DP1 1059, S. 226

510 Brandenburgisches Landeshauptarchiv, Rep. 217/3, S. 57

511 Ebd., Rep. 212/491, S. 352

Dieses Schreiben erhielt den Vermerk: »Wird von mir dringend befürwortet.« In weiteren Vermerken zu Sitzungen des Präsidiums des OLG vom 24. Mai 1950[512] wie auch vom 5. August 1950[513] wird bekräftigt, dass Götz Schlicht an Sitzungen des 2. Zivilsenats teilzunehmen hat. Beruhend auf einer Sitzung des Präsidiums des Oberlandesgerichts am 4. November 1950 wurde beschlossen, dass der 2. Zivilsenat aus folgenden Richtern bestehen sollte:[514]

Vorsitzender Richter: Lecreux
Beisitzer: Wittwer
Richter: Klaus
Oberrichter Dr. Schlicht

In einem weiteren Schreiben vom 6. November 1950 des Präsidenten des OLG an das Ministerium der Justiz in Potsdam bittet dieser, ob es nicht möglich wäre, den Hilfsrichter Dr. Schlicht und einen anderen Richter an zwei Sitzungen im Monat teilnehmen zu lassen.[515]

Zusätzlich zu seinen richterlichen Tätigkeiten wurde Götz Schlicht wiederholt in der Prüfungskommission von Assessoren eingesetzt. Am 24. März 1950 prüfte er zusammen mit zwei anderen Juristen fünf Teilnehmer. Der nächste Termin, an dem er teilnahm, war der 9. Juni 1950. Hier prüfte er wiederum mit zwei weiteren Juristen sechs Assessoren. Am 3. November 1950 erfolgte noch eine weitere Prüfung. An diesem Datum wurden fünf Assessoren geprüft. Am 22. Dezember 1950 wurden unter Mitwirkung von Götz Schlicht sechs Assessoren geprüft.[516] Die letzte aufgefundene Prüfung, an der Götz Schlicht teilnahm, fand am 20. Juli 1951 statt. Es wurden wiederum sechs Assessoren geprüft.[517]

Am 18. Mai 1951 fand eine Tagung der Richter und Staatsanwälte des Landgerichtsbezirks Potsdam statt. Bei dieser Tagung hielt Götz Schlicht einen Vortrag zum Thema »Willenserklärung und Willensmängel«. Nach diesem Vortrag kam es zu einer regen Diskussion der Teilnehmer.[518] Weitere Fortbildungsveranstaltungen

512 Ebd., Rep. 217/3, S. 70
513 Ebd., S. 79
514 Ebd., Rep. 212/491, S. 374
515 Ebd., S. 372
516 Bundesarchiv Berlin, DP1 1010
517 Ebd., DP1 23600
518 Brandenburgisches Landeshauptarchiv, Rep. 217/35, S. 110f.

für Richter und Anklagevertreter, an denen Götz Schlicht teilnahm, fanden am 14. September 1951[519] und 22. November 1951[520] statt. Am 8. Januar 1952 erschien eine aktualisierte Liste der Beschäftigten am OLG Potsdam. In einer Rubrik dieser Liste wurde angegeben, ob jemand in Kriegsgefangenschaft war; wenn ja, von welchem Land er festgehalten wurde; und wie lange die Kriegsgefangenschaft dauerte. Zu Götz Schlicht sind in dieser Liste keinerlei Angaben vorhanden. (!)[521]

Am 25. Februar 1952 musste Götz Schlicht erneut einen Personalbogen ausfüllen.[522] Auf diesem Bogen wurden von ihm erstmalig sechs Kinder angegeben. In vorherigen Bögen dieser Art stand nur die Angabe von vier Kindern. Leider sind die Namen der Kinder vom BStU geschwärzt worden. In der Rubrik zu Militärverhältnissen steht erstmalig der Hinweis: »auch Dienst in Polizei und anderen militärischen Formationen«. Dementsprechend antwortete Götz Schlicht hier: »1944–1945 Luftschutzhilfsdienst« und zum höchsten Dienstgrad: »Oberwachtmeister«. Des Weiteren antwortete Götz Schlicht auf folgende Fragen wie folgt:

> »*Welche Auszeichnungen, Orden oder Parteiorden wurden Ihnen vor 1945 verliehen und wann?*
> Keine
> *Waren Sie ab 1939 in Kriegsgefangenschaft?*
> Nein
> *Wann und wo erfolgte die Gefangennahme?*
> Keine
> *In welchem Lager waren Sie untergebracht?*
> In keinem
> *Haben Sie an Lehrgängen teilgenommen?*
> Nein
> *Wenn ja, wann, wo?*
> Entfällt
> *Welche Lagertätigkeit haben Sie in der Gefangenschaft ausgeübt?*
> Keine
> *Wann und wo erfolgte die Entlassung?*
> Keine«

519 Ebd., S. 114
520 Ebd., S. 122
521 Ebd., Rep. 217/29, S. 38
522 BStU, MfS-AOP-8915/91, Bd. 1, Bl. 26–29

In seinem beigefügten Lebenslauf stimmen die Angaben bis auf die Aussage, dass er im Jahre 1940 zum Luftschutzhilfsdienst notdienstverpflichtet wurde.[523]

Es lässt sich jetzt auch feststellen, dass Götz Schlicht seit 1951 Mitglied in der Deutsch-Sowjetischen-Freundschaft (DSF), wie auch im Deutschen Juristen-Bund (DJB) war.

Am 25. März 1952 erließ der Präsident des OLG noch eine Verfügung, dass ein zweiter Kursus für Referendare einzurichten sei. Dr. Schlicht sollte einem anderen Richter zur Verfügung gestellt werden, dem die Referendarausbildung oblag. Sie sollten auch in der Lage sein, sich gegenseitig zu vertreten.[524]

Im Geschäftsverteilungsplan des OLG Potsdam für das Geschäftsjahr 1952[525] wurde festgelegt, dass der 2. Zivilsenat, dem auch Götz Schlicht angehörte, folgende Aufgaben zu bearbeiten hatte:

> »Alle Streitsachen, soweit sie nicht vom 1. Zivilsenat zu erledigen sind, einschließlich der Revisionen in Ehesachen. Die Beschwerden zu Angelegenheiten, an denen Volkseigentum, oder sonst öffentliches Vermögen beteiligt ist, und zwar aus dem ganzen Land Brandenburg.«

Es konnten zwei Aktenbestände zu Urteilen, an denen Götz Schlicht mitwirkte, gefunden werden. Der erste Bestand erstreckt sich vom 17. Mai 1951 bis zum 18. Oktober 1951. Der zweite Bestand reicht vom 27. März 1952 bis zum 24. April 1952. Bis auf eine Ausnahme wurden alle Urteile vom 2. Zivilsenat gefällt. Bei der Mehrzahl der Urteile handelt es sich um Berufungsverfahren und nur bei zwei Verfahren um Revisionen. Bei der Mehrzahl der Fälle handelte es sich um Eigentumsauseinandersetzungen, vereinzelt ging es um Grundstücke, Erbschaften wie auch Ehescheidungen und Sorgerecht.[526]

Die Daten der einzelnen Urteilsverkündigungen waren:

> »17. Mai 1951
> 20. September 1951
> 21. September 1951 (1. Senat unter Mitwirkung von Dr. Löwenthal, OLG Präsident)

523 Ebd., Bl. 31
524 Brandenburgisches Landeshauptarchiv, Rep. 217/38, S. 62
525 Ebd., Rep. 217/3, S. 94
526 Bundesarchiv Berlin, DP1 7294 und DP1 8708

11. Oktober 1951
18. Oktober 1951
[?] März 1952 (beglaubigt am 9. April 1952 – unter Mitwirkung von Dr. Löwenthal)
27. März 1952 (unter Mitwirkung von Dr. Löwenthal)
17. April 1952
17. April 1952 (unter Mitwirkung von Dr. Löwenthal)
18. April 1952
24. April 1952 (unter Mitwirkung von Dr. Löwenthal)«

Auffallend ist die Tatsache, dass Götz Schlicht noch kurz vor seiner Verhaftung am 7. Mai 1952 so viele Urteile im April 1952 abgewickelt hatte. Es wäre vergleichbar mit einem in der preußischen Tradition stehenden Beamten, der in Anbetracht eines anstehenden Urlaubs oder geplanter Abwesenheit seinen Schreibtisch frisch aufgeräumt hinterlassen möchte. Drei der Urteile aus dem April 1952 sind am 5. Mai 1952 und das vierte Urteil ist noch am 6. Mai 1952 beglaubigt worden. Danach fing ein neues Kapitel im Leben von Götz Schlicht an. Hier ist ziemlich eindeutig zu erkennen, dass er sich auf seine weitere Aufgabe vorbereitet hatte.

Verhaftung, Verhöre, Verurteilung und Gefängnis 1952–1957

Um 21:00 Uhr, 7. Mai 1952, einem Mittwoch, wurde Götz Schlicht von der Volkspolizei verhaftet, als er dabei war, Informationsmaterialien des UfJ in einem Briefkasten zu deponieren. Der Ort, wo dieses stattfand, war »vor der Wache des 1. Volkspolizei-Reviers« in Potsdam. Der Briefkasten, in dem Götz Schlicht das Material deponierte, war der »Beschwerdekasten des 1. Volkspolizei-Reviers«[527] und müsste für die Bevölkerung als Beschwerdekasten der Volkspolizei gekennzeichnet gewesen sein.

Man kann sich die Situation so vorstellen: In der Dämmerung beobachtet einer der Polizisten des Reviers, wie jemand etwas in den Briefkasten des Reviers stopfte oder zu stopfen versuchte. Für DDR-Verhältnisse war eine solche Aktivität schon sehr suspekt gewesen. Oder es könnte sich hier auch um einen offenen Kasten gehandelt haben, sodass die »Beschwerde« gleich für alle Polizisten sichtbar in deren Dienstraum flatterte. Auf alle Fälle begaben sich zwei Polizisten des Reviers zu demjenigen, der da den Beschwerdekasten bestückte. Bei einer Leibesvisitation beschlagnahmten die Polizisten ca. 200 »Hetzschriften«, 40,64 DM (West) und 73,75 DM (Ost). Sie stellten anhand der Dokumente fest, dass es sich um Götz Schlicht, Richter beim Oberlandesgericht, handelte, der eine Wohnung in Potsdam-Babelsberg und einen zweiten Wohnsitz in Falkensee besaß. Er wurde verhaftet und dem Kripo-Dauerdienst übergeben.[528]

Die eben beschriebene Verhaftung, vor der Wache des 1. Polizeireviers in Potsdam, passt nicht zum besonnenen Verhalten von Götz Schlicht, das man bis zu diesem Zeitpunkt beobachten konnte. Er agierte stets mit Bedacht und Überlegung und er kannte sich auch in Potsdam aus, da er hier ja schon jahrelang wohnte. Wieso musste denn unbedingt der erste Briefkasten, in den er Propagandamaterialien des UfJ stopfte, der Briefkasten des Polizeireviers sein?[529] Man muss annehmen, dass Götz Schlicht absichtlich die Angehörigen des 1. Volkspolizeireviers provo-

527 BStU, BVfS Potsdam, AU 317/52, STA 4873, Bd. 1, Bl. 29
528 Ebd., Bl. 15
529 Ebd., Bl. 29

zierte, damit er verhaftet werden konnte. Es ist deshalb zu vermuten, dass die Umstände seiner Verhaftung sorgfältig geplant waren und Götz Schlicht sich auf Anweisung einer »zweiten Dimension« verhaften ließ.

Ob es sich bei dem Kripo-Dauerdienst schon um Angehörige des MfS handelte, ist nicht feststellbar, aber anzunehmen. Auf alle Fälle erfolgte sogleich ein Haftbeschluss, der vom DDR-Ministerium für Staatssicherheit ausgestellt wurde.[530] Die Vernehmung von Götz Schlicht erfolgte durch das MfS. Zunächst musste er einen Fragebogen ausfüllen, auf dem er seine persönlichen Daten angab. So kann man erfahren, dass sein damaliges Gehalt als Richter beim Oberlandesgericht DM 994.00 brutto betrug. Von der Vernehmung wurde ein Protokoll angefertigt.

Götz Schlicht wurde zunächst aufgefordert, seinen Lebenslauf zu schildern. Seine Angaben sind korrekt, bis auf folgendes:

> »[...] von wo ich 1940 aufgrund des Luftschutzgesetzes zum Notdienst beim Luftschutzhilfsdienst verpflichtet wurde und meinen Dienst bis 1945 auf einem Revier versah.«[531]

Diese Aussage ist von jemandem mit einer Klammer umrandet worden und ein Fragezeichen wurde daneben gesetzt. Götz Schlicht gab ferner an, dass er die »Hetzschriften«, bei denen es sich um 127 Kopien in vier verschiedenen Ausführungen handelte, am 5. Mai 1952 von einem Bekannten in West-Berlin erhalten hatte. Er wollte den Namen dieses Bekannten nicht preisgeben. Er gab an, dass er seit Januar 1952 mit diesem Bekannten in Verbindung stand und ihn viermal in West-Berlin besuchte. Er hätte bis zu diesem Zeitpunkt noch nie zuvor solche Schriftstücke bekommen und habe vorgehabt, dieselben wahllos in Briefkästen in der Nähe seiner Wohnung in Babelsberg zu werfen. Er wurde aber schon beim ersten Briefkasten von der Volkspolizei gestellt. (!) Er handelte dabei, so gab er an, aus Überzeugung, da er mit einigen grundsätzlichen Dingen in der DDR nicht einverstanden sei. Er habe für seine geplante Aktion keine Bezahlung erhalten. Die bei ihm aufgefundenen DM (West) 40,67 wären sein Eigentum und stammten von seinem Konto bei der Sparkasse der Stadt Berlin (Schöneberg). Das Geld auf diesem Konto wiederum stammte aus dem Rückkauf von Uralt-Lebensversicherungen. Sein aktueller Kontostand in DM (West) ist im Protokoll geschwärzt. Ferner gab Götz Schlicht an, dass er nie die Dienststelle des UfJ in West-Berlin aufgesucht hätte.

530 BStU, BVfS Potsdam, AU 317/52, Handakte, Bl. 2
531 Ebd., BVfS Potsdam, AU 317/52, STA 4873, Bd. 1, Bl. 17

Aus Gesprächen (beim Oberlandesgericht?) hatte Götz Schlicht Kenntnis, dass ein ehemaliger Kollege (in den Unterlagen geschwärzt) beim UfJ tätig sein sollte. Dieser hatte mit ihm seit seiner Flucht aus der DDR aber nie gesprochen. Götz Schlicht schilderte dann noch einige Details zu diesem ehemaligen Kollegen: Er lernte ihn 1946 in Potsdam kennen als er Richter am Landgericht war; 1947/48 war er Oberreferent für Strafsachen im Justizministerium; 1948/49 Leiter des Strafrecht-Seminars an der Richterschule in Babelsberg; Juni 1950 Oberrichter am Oberlandesgericht. Während eines Urlaubs im Juli/August 1950 setzte sich der ehemalige Kollege nach West-Berlin ab. Er war etwa 30 Jahre alt; ca. 1,74 Meter groß; schlanke Figur; dunkles Haar; ovales Gesicht.[532] Es ist trotz der BStU-Schwärzungen zu erkennen, dass es sich hier um Walther Rosenthal handelte. An anderer Stelle wird Walther Rosenthal als Duz-Freund von Götz Schlicht beschrieben.[533]

Götz Schlicht wurde anschließend in die Untersuchungshaftanstalt in Potsdam verlegt. Dort wurde er von einem Arzt untersucht, der bescheinigte, dass der Festgenommene »zu allen physischen Arbeiten herangezogen werden kann«.[534] Um 22:50 Uhr wurde vom MfS ein Beschlagnahme-Protokoll angefertigt, auf dem folgende Gegenstände aufgeführt wurden: 1 Paar Manschettenknöpfe, 1 Armbanduhr, 41,12 Westmark und 127 Hetzschriften.[535] Um 23:00 Uhr wurde Götz Schlicht formal in der Haftanstalt aufgenommen.[536]

Am 8. Mai wurde vom MfS ein Haftbefehl ausgestellt, auf dessen Rückseite folgendes vermerkt ist: »SCHLICHT ist Mitglied des sogen. Untersuchungsausschusses Freiheitlicher Juristen und hat in dessen Auftrag im Gebiet der DDR Hetzschriften verbreitet.«[537]

An diesem Tag wurde Götz Schlicht noch zweimal vom MfS verhört. Dabei identifizierte er nun seinen »Bekannten«, von dem er die »Hetzschriften« bekommen hatte. Es handelte sich um einen ehemaligen Schüler von Götz Schlicht, der im Jahre 1947 den Volksrichterlehrgang in Potsdam besuchte.[538] Sein Name war Weyer.[539] Im Juli/August 1951 traf Götz Schlicht ganz zufällig Weyer auf dem Bahn-

532 Ebd., Bl. 19
533 Ebd., Bl. 40
534 Ebd., Bl. 14
535 Ebd., Bl. 9
536 Ebd., Bl. 7
537 Ebd., Bl. 6
538 Ebd., Bl. 20
539 Landgericht Potsdam, Schreiben v. 11.03.2002, Kopie des Urteils St.Ks. 173/52, S. 3

hof Westkreuz in West-Berlin.[540] Sonderbar bei der Vernehmung ist die Tatsache, dass es versäumt wurde nachzufragen, wieso Götz Schlicht sich zu diesem Zeitpunkt überhaupt in West-Berlin aufgehalten hatte.

Zu Weyer gibt es unterschiedliche Beschreibungen. In seinem Verhör vom 8. Mai machte Götz Schlicht folgende Aussage:

> »Ich lernte ihn im Jahre 1947 auf einem Richterlehrgang in Potsdam kennen. Meines Wissens hat er sein Examen als Volksrichter nicht bestanden, wurde aber dennoch im demokratischen Sektor von Berlin als Richter angestellt. Da er in Westberlin wohnhaft war, gab er seine Anstellung etwa Anfang 1951 auf. Seit dieser Zeit war er arbeitslos und bezog Arbeitslosenunterstützung.«[541]

An anderer Stelle, in einem Entwurf zu den Gründen der Verurteilung im Gerichtsurteil von Götz Schlicht, wird zu Weyer folgende Aussage gemacht:

> »Im Sommer des Jahres 1951 traf der Angeklagte in Berlin-West seinen früheren Hörer Weyer. Weyer, der am dritten brandenburgischen Lehrgang teilgenommen hatte, war, nachdem er das Examen nicht bestanden hatte, zum Amtsanwalt ernannt worden. Später hatte er in Berlin eine Beschäftigung und ist nunmehr arbeitslos und Agent der Spionagezentrale ›Untersuchungsausschuss freiheitlicher Juristen‹.«[542]

Bei dem »Statisten« Weyer fällt auf, dass die Aussage von Götz Schlicht, Weyer sei als Richter in Ost-Berlin tätig gewesen und habe in West-Berlin wohnen können, einfach falsch ist. Eine solche Kombination wäre unmöglich gewesen. Diese falsche Aussage wurde beim Verhör nicht angezweifelt.(!) An anderer Stelle kann man auch noch lesen, dass es sich gerade bei den Volksrichtern um handverlesene Linientreue handelte, die sich kaum gegen das Regime gestellt haben dürften.[543] Es wäre deshalb zu vermuten, dass Weyer im Auftrag einer »zweiten Dimension« agierte.

Weyer bestätigte die Gerüchte gegenüber Götz Schlicht, dass Walther Rosenthal hauptamtlich beim UfJ tätig war. Auf Schlichts Wunsch hin vermittelte Weyer eine

---

540 BStU, BVfS Potsdam, AU 317/52, STA 4873, Bd. 1, Bl. 20

541 Ebd., Bl. 21

542 BStU, MfS-AOP-8915/91, Bd. 10, Bl. 43

543 Frank Hagemann, Der Untersuchungsausschuss freiheitlicher Juristen 1949–1969, Rechtshistorische Reihe Bd. 125, Peter Lang Verlag, Berlin 1994, S. 70

Zusammenkunft zwischen Götz Schlicht und Walther Rosenthal Ende September 1951.[544] Das erste Treffen zwischen beiden fand in einem Café in Berlin-Zehlendorf statt. Danach besuchte Götz Schlicht Rosenthal in dessen Wohnung in Berlin-Lichterfelde. Walther Rosenthal erklärte ihm das Ziel des UfJ, in der DDR Rechtsbeugungen und Rechtsbrüche zu verhindern und etwaige Gesetzwidrigkeiten zu registrieren. Götz Schlicht erklärte seine Bereitschaft mitzumachen, präzesierte aber sogleich seine Aussage, dass er kaum helfen könnte, da er in Strafsachen nicht tätig sei. Danach traf sich Götz Schlicht noch zweimal mit Walther Rosenthal, das letzte Mal im März 1952.[545]

Wenigstens eine dieser Zusammenkünfte mit Walther Rosenthal muss sich im Büro des UfJ abgespielt haben. Ein IM, der zeitweilig in der Registratur des UfJ gearbeitet hatte, erkannte Götz Schlicht anhand eines Fotos, das ihm das MfS vorlegte.[546]

Nach seinem ersten Kontakt mit Weyer traf sich Götz Schlicht monatlich mit ihm. Von Weyer soll Schlicht auch vier- bis fünfmal Flugblätter und sonstige »Hetzschriften« erhalten haben. Götz Schlicht soll diese nach Anbruch der Dunkelheit in Briefkästen in Potsdam-Babelsberg verteilt haben.[547]

Im zweiten Verhör noch am 8. Mai ging es primär um die Frage, was Götz Schlicht motivierte, diese »Hetzblätter« zu verteilen. Götz Schlicht gab hier an, dass er über verschiedene Maßnahmen der Regierung stark verärgert war und deshalb in Opposition zu diesen Maßnahmen der Regierung getreten wäre.[548]

Beruhend auf dem Ergebnis der Verhöre vom 8. Mai 1952 erstellte das MfS am 9. Juli 1952 einen Schlussbericht. In diesem Bericht wiederholen sich die Angaben, dass Götz Schlicht von 1940 bis 1945 zum Luftschutzdienst verpflichtet war. Danach sei er bis Februar 1946 als Angestellter bei der Stadtverwaltung Heidenheim tätig gewesen. Im Februar 1946 soll er nach Potsdam übergesiedelt sein, wo er zunächst Referendar bei der Justiz gewesen sei. Später sei er Regierungsrat, Landgerichtsrat, Landesgerichtsdirektor gewesen und soll zuletzt die Funktion eines Richters beim Oberlandesgericht innegehabt haben. Des Weiteren wird Götz Schlicht bezichtigt, das Vertrauen, das man ihm durch seine Berufung als Richter entgegengebracht hatte, schändlich missbraucht zu haben und dass er durch seine ver-

---

544 BStU, BVfS Potsdam, AU 317/52, STA 4873, Bd. 1, Bl. 20

545 Ebd.

546 BStU, Potsdam-AOP-192/55, Bd. 2. BStU Bl. 94–95

547 BStU Potsdam-AU 317/52, Sta. 4873, Bd. 1, BStU Bl. 20–22

548 Ebd., Bl. 23–25. Auffallend ist hier die Tatsache, dass Schlicht nicht aufgefordert wurde seine Verärgerung zu präzisieren.

brecherische und verräterische Handlungsweise der DDR in den Rücken gefallen sei. Besonders schwerwiegend wurden seine Kontakte zum UfJ gewertet, da diese Organisation eine getarnte Spionagezentrale zu Gunsten der amerikanischen Kriegsbrandstifter sei.[549]

Am 10. Mai 1952 erfolgte eine weitere Befragung von Götz Schlicht zu Kollegen und weiteren Personen in seinem Bekanntenkreis. Da alle Namen geschwärzt sind, kann man nicht einmal feststellen, um wie viele Einzelpersonen es sich hier handelte.[550]

Nachdem Götz Schlicht am 7. Mai 1952 in Potsdam verhaftet worden war, stellt eine Frau Schoepe (angeblich seine Mutter) am 16. Juni 1952 bei der Kampfgruppe gegen Unmenschlichkeit in West-Berlin einen Suchantrag nach dem Verbleib von Schlicht, Götz-Heinrich, geb. 9.3.1908 in Berlin-Wilmersdorf. Zum ausgeübten Beruf von Schlicht wurde angegeben: Dr. jur. Landgerichtsdirektor, Oberlandesgericht Potsdam. Zu seiner Verhaftung wurde notiert: 7.5.52, Potsdam (»Verbreitung west. Zeitungen u. Verkehr mit west. Kollegen«). Er sollte sich in der Haftanstalt Potsdam befinden.[551] Eine sehr wesentliche Tatsache wird hier falsch angegeben: Der weitere Vorname von Götz Schlicht war nicht »Heinrich«, sondern »Heinz«. Man kann sich wirklich sehr schlecht vorstellen, dass eine Mutter nicht die richtigen Vornamen ihres eigenen Kindes kennt. Dieses lässt die Annahme zu, dass es sich bei der Person, die den Suchauftrag bei der KgU stellte, nicht um die leibliche Mutter von Götz Schlicht gehandelt hatte, sondern um eine Person, die den Auftrag hatte, die Verhaftung von Götz Schlicht im Westen bekannt zu machen. Man kann sich weiterhin nicht vorstellen, dass das MfS schon zu diesem Zeitpunkt an einer Vorbereitungsmaßnahme für einen späteren Einsatz von Götz Schlicht im Westen beteiligt war. Deshalb kann man mit ziemlicher Sicherheit sagen, dass die angebliche Mutter im Auftrag einer »zweiten Dimension« handelte.

Es liegt ein Bericht des IM »Horn« vom 31. Juli 1952 vor. Dieser IM, eine Frau, war selbst in der Justiz am Oberlandesgericht in Potsdam tätig. Sie war mit einigen Juristen befreundet, die sich von Potsdam in den Westen abgesetzt hatten. Ihr Auftrag vom MfS war es, den UfJ in West-Berlin auszuspionieren. Am 30. Juli 1952 traf sie sich mit zwei Mitarbeitern des UfJ (Namen geschwärzt) in West-Berlin. Ihr

---

549 Ebd., Bl. 62–65

550 BStU, BVfS Potsdam, AU 317/52, Handakte, Bl. 17–21

551 Bundesarchiv Koblenz B289/Nr. 9277: SA177/18/14

wurde mitgeteilt, dass der Ausfall von Schlicht eine große Panne für den UfJ sei, da Schlicht in der letzten Zeit sämtliche Briefe an die Justizangestellten (in Potsdam) verteilt habe. Wäre sie zuverlässig, wäre man gern bereit, »Horn« an die Stelle von Schlicht zu setzen.[552]

Die Aussage, dass Götz Schlicht Briefe an Justizangestellte verteilt hätte, steht der Aussage des Denunzianten an der Volksrichterschule entgegen. In seinem Bericht schrieb er, dass Anfang Juni (1950) alle Dozenten der Richterschule »Hetzbriefe« des UfJ bekommen hatten. Götz Schlicht soll der einzige Dozent gewesen sein, der diesen Brief weder bei der Schulleitung, noch beim Justizministerium abgeliefert hatte. Der Denunziant wusste, dass Götz Schlicht ebenfalls einen solchen Brief erhalten hatte.[553]

Es ist zudem sehr merkwürdig, dass die Anschuldigung, Götz Schlicht hätte Briefe des UfJ an Justizangestellte in Potsdam verteilt, weder in den Verhörprotokollen noch in der Anklageschrift zu finden ist. In einem weiteren Bericht von »Horn«, vom 15. August 1952, spricht diese von Fluchtplänen des UfJ für Schlicht. Ein anscheinend höher gestellter Mitarbeiter des UfJ (Namen geschwärzt) erklärte, dass der Untersuchungsausschuss kein so großes Interesse an Schlicht habe, da Schlicht nicht Mitarbeiter des UfJ sei.«[554]

Die Anklage der Staatsanwaltschaft des Bezirks gegen Götz Schlicht datiert vom 16. September 1952. Er wurde angeklagt,

> »[...] in der Zeit von Juli 1951 bis 7.5.1952 in Potsdam-Babelsberg Boykotthetze gegen demokratische Einrichtungen und Organisationen und Kriegshetze betrieben, sowie durch Erfindung und Verbreitung tendenziöser Gerüchte den Frieden des deutschen Volkes gefährdet zu haben, indem er als Gegner der Deutschen Demokratischen Republik Verbindung zu dem sogenannten ›Ausschuss freiheitlicher Juristen‹ in Westberlin aufnahm, von diesem Hetzmaterial empfing, das er in Potsdam-Babelsberg verteilte.«[555]

Die Gerichtsverhandlung des 1. Strafsenats des Bezirksgerichts Potsdam fand am 20. November 1952 unter Ausschluss der Öffentlichkeit statt. Beginn der Sitzung

552 BStU, Potsdam-AOP-192/55, Bd. 2, Bl. 119–121
553 BStU, Potsdam-AU 317/52, Sta. 4873, Bd. 1, Bl. 20–22
554 BStU, Potsdam-AOP-192/55, Bd. 2., Bl. 135
555 BStU, Potsdam-AU 317/52, Sta. 4873, Bd. 1, Bl. 27

war 8:30 Uhr. Vorsitzender der Verhandlung war Oberrichter Dzida. Sie endete um 14:30 Uhr. Bei der Verhandlung hatte Götz Schlicht die Möglichkeit, zunächst seinen Lebenslauf vorzutragen und sich zu den Anschuldigungen zu äußern. Seine Stellungnahme wurde im Verhandlungsprotokoll in dritter Person verfasst. Zu seinem Lebenslauf sind folgende Abweichungen zu den bekannten Daten von Interesse:[556]

> »Der Angeklagte ist ein uneheliches Kind. Seinen derzeitigen Namen erhielt er auf seinen Antrag und nach Einwilligung seines Stiefvaters, Träger gleichen Namens, durch staatlichen Hoheitsakt.
> [...]
> Im Jahre 1940 wurde er zum Polizeidienst eingezogen. Nachdem er zuerst in Berlin Verwendung fand, kam er, er hatte inzwischen seine Arisierung betrieben, nach Marienburg und Posen, wo er Brücken zu bewachen hatte, und war zuletzt als Gendarmerie-Oberwachtmeister in bzw. bei Klagenfurt. Nach der Kapitulation befand er sich bis Juli 1945 in engl. Gefangenschaft.«

Die Information, dass Götz Schlicht ein uneheliches Kind sei, stimmt nicht einmal mit den Daten überein, die er bei seiner ersten Befragung durch das MfS am 7. Mai 1952 gemacht hatte. Auf einem MfS-Formular (Form C 19) gab er zu diesem Zeitpunkt die Daten seines Vaters und seiner Mutter an.[557]

Die Angabe zum Polizeidienst von Götz Schlicht schien Probleme bereitet zu haben, da ein Entwurf mit einer ganz anderen Formulierung vorliegt:

> »Nun wurde ich zum Luftschutzhilfsdienst notdienstverpflichtet und dem Revier 31 in Berlin zugeteilt. Dort blieb ich bis zum Jahre 1942. Mein Einsatz erfolgte nur bei Fliegeralarm. Bei Tage machte ich auch Streifendienst. Ich wurde von dort zum Brückenschutz der Weichselbrücken bei Thorn und Marienburg eingesetzt. Das ging bis 1943/1944. Dann kam ich zum Refier [!] 10 bis 1944. Danach kam ich nach Klagenfurt ebenfalls zur Bewachung. Meine Aufgabe war Sicherung von Eisenbahnbrücken und Absuchung nach Sprengkörpern auf der Eisenbahnstrecke. Das war bis zum Zusammenbruch 1945. In Kriegsgefangenschaft geriet ich nicht.«[558]

---

556 Landgericht Potsdam, Schreiben vom 11.03.2002, Kopie des Urteils St.Ks. 173/52
557 BStU Potsdam-AU 317/52, Sta. 4873, Bd. 1, Bl. 17
558 BStU-MfS-AOP-8915/91, Bd. 10, Bl. 34

Bei dem schon zitierten Entwurf befindet sich eine weitere Beschreibung, die später im Urteil nicht zu finden ist:

> »Mir ist nicht bekannt, daß Hörer der Richterschule Informationsbriefe erhalten haben. Auch ich habe keinen Informationsbrief erhalten. Ich habe nicht aus Haß gehandelt, sondern habe im vorigen Jahr die Erfahrung gemacht, daß einige ältere Kollegen in ihrem Wirkungskreis beeinträchtigt wurden oder ihrer Ämter enthoben wurden. Ich habe hierin ein soziales Unrecht erblickt und hielt das Verfahren nicht für richtig. Darüber hinaus wurde mir berichtet, daß sich ein Kollege Schwarz von der Gnadenabteilung geäußert haben soll, ich und ältere Kollegen werden entlassen, wenn genügend Nachwuchs da wäre. Über dieses Verfahren war ich verbittert.«[559]

Die Angabe, dass Götz Schlicht angeblich unehelich war, wie auch die unzutreffenden Angaben zu seinem Polizeidienst deuten darauf hin, dass die »zweite Dimension« vom MfS erarbeitete Daten änderte, um den Inhalt des Urteils so zu formulieren, dass im Westen der Eindruck entsteht, Götz Schlicht sei ein überzeugter »Widerstandskämpfer« gewesen. Zudem festigt diese Feststellung die Annahme, dass weder das MfS noch die »zweite Dimension« Informationen zur Existenz der Personalakte und der Kammergerichtsakte zu seiner Dienstzeit von April 1946 bis Februar 1947 bei der brandenburgischen Justiz hatten. Diese Unterlagen enthalten nicht nur die Geburtsurkunde von Götz Schlicht, sondern belegen auch die Tatsache, dass er Polizeioffizier war und dass er im Warthegau, der Ukraine und Slowenien diente, wofür er sogar mit dem Eisernen Kreuz und dem Kriegsverdienstkreuz ausgezeichnet wurde. Nach dem Ausscheiden von Götz Schlicht bei der brandenburgischen Justiz im Februar 1947 wurden diese Akten anscheinend in der Ablage für Personalakten von ausgeschiedenen Justizbeamten des Landes Brandenburg deponiert. Dort schlummerten sie dann bis nach der deutschen Wiedervereinigung. Diese Tatsache erhärtet auch die Vermutung, dass eine weitere Personalakte zu Götz Schlicht zu seinem neuen Arbeitsverhältnis beim Oberlandesgericht, das er seit dem 1. April 1947 innehatte, existiert haben muss. Die neu angelegte Akte enthielt mit aller Wahrscheinlichkeiten auch »Verbesserungen« zu den bisher bekannten Daten.

Ob in dieser neuen Personalakte Angaben zu Götz Schlichts Polizeidienst in Polen zu finden sind, ist zu bezweifeln. Dazu erscheint auch nichts in den Verhörpro-

---

559 Ebd., Bl. 36–37

tokollen des MfS. Die Tatsache, dass Schlichts Polizeidienst in einem Entwurf für die Gerichtsverhandlung ins Spiel gebracht wurde, deutet darauf hin, dass die »zweite Dimension« offensichtlich sehr gut über Götz Schlicht informiert war.

Gemäß dem vorliegenden Protokoll der Gerichtsverhandlung, hielt der Verteidiger von Götz Schlicht noch folgendes Plädoyer:

> »Ich bitte das Gericht, die von dem Angekl. angeführten subjektiven Momente bei der Urteilsfindung zu berücksichtigen, um durch das gerechte Urteil, das hier gefällt wird, zu zeigen, dass es nicht so ist, wie er sich vorgestellt hat, sondern er nur nach seiner Handlung verurteilt wird. Ich bitte deshalb um ein gerechtes Urteil. Im Falle der Untersuchungshaft schliesse ich mich dem Antrag des Staatsanwalts an«. Dieser plädierte dafür, die U-Haft der zu erwartenden Strafe anzurechnen.[560]

In seinem Schlusswort erklärte Götz Schlicht:

> »Ich schliesse mich den Ausführungen meines Verteidigers an und nehme im übrigen auf meine in der Verhandlung gemachten Angaben bezug.«[561]

Götz Schlicht wurde wegen Verbrechen gem. Artikel 6 der Verfassung der DDR in Verbindung mit der Kontrollrat-Direktive 38, Abschnitt II Artikel III A III, zu einer Zuchthausstrafe von zehn Jahren verurteilt. Sein Vermögen mit Ausnahme der dem persönlichen Bedarf dienenden Sachen wurde eingezogen. Die Untersuchungshaft wurde als Strafverbüßung angerechnet. Die Kosten des Verfahrens wurden dem Beklagten auferlegt. Das Urteil wurde von Götz Schlicht angenommen und wurde am 28. November 1952 rechtskräftig.[562]

Bei seiner ersten Vernehmung am 7. Mai 1952 hatte Götz Schlicht angegeben, dass er zuvor nie »Hetzschriften« verteilt hatte.[563] Bei seinem ersten Verhör am 8. Mai 1952 gab er allerdings zu Protokoll, dass er vier- bis fünfmal »Hetzschriften« zur Verteilung erhalten hatte.[564] Im Nachhinein ist es schon sonderbar, dass bei seinen

---

560 BStU, BVfS Potsdam, AU 317/52, STA 4873, Bd. 1, Bl. 43
561 Ebd., Bl. 44
562 Ebd., Bl. 44
563 BStU, BVfS Potsdam, AU 317/52, STA 4873, Bd. 1, Bl. 17
564 Ebd., Bl. 20–22

Verhören die MfS-Vernehmer anscheinend nicht nachfragten, in welchen Straßenzügen er diese verteilt hat. Man achtete zu dieser Zeit sehr genau darauf, dass alle solche »Hetzschriften« bei den zuständigen Behörden abgeliefert und keine zurückgehalten wurden. Wenn jemand eine solche »Hetzschrift« nicht ablieferte, fiel er unter den Verdacht, Gegner der DDR zu sein.[565] Das MfS hatte großes Interesse daran, solche Gegner zu finden. Es ist deshalb nicht verständlich, warum die MfS-Vernehmer offenbar keinerlei Interesse zeigten, ob die von Götz Schlicht verteilten »Hetzschriften« auch tatsächlich abgeliefert worden waren. Es handelt sich hier deshalb keineswegs um eine gesicherte Erkenntnis, dass Götz Schlicht insgesamt 70 »Hetzschriften« vor dem 7. Mai 1952 verteilte. Tatsache ist, Götz Schlicht konnte noch kurz vor seiner Festnahme alle seine Urteile abwickeln. Das letzte Urteil wurde – wie schon gesagt – erst am 6. Mai 1952 beglaubigt.[566] Demnach kann angenommen werden, dass er vor seiner Festnahme keine weiteren »Hetzschriften« verteilte. Er hätte ja dann schon festgenommen werden können und es wäre ihm nicht möglich gewesen, einen »aufgeräumten Schreibtisch« zu hinterlassen. Seine erste Aussage vom 7. Mai 1952 scheint deshalb der Wahrheit zu entsprechen. Die später vorgetragenen zusätzlichen »Wahrheiten« dienten offensichtlich eher dem Zweck, zu »beweisen«, dass Götz Schlicht ein ausgesprochener Feind der DDR und – noch wichtiger – ein Wiederholungstäter war.

Es besteht zu diesem Komplex also der berechtigte Verdacht, dass hier massiv manipuliert wurde. Außerdem sollte wohl eine »illegale« Kopie des Urteils beim UfJ auftauchen, um später gegenüber Dritten den Nachweis erbringen zu können, dass Götz Schlicht ein ausgesprochener Gegner der DDR war. Diese Ausgangsverdacht konnte bei der weiteren Recherche voll bestätigt werden. Um die Anerkennung als politischer Flüchtling zu bekommen, fertigte das »Hilfskomitee für politische Häftlinge der Sowjetzone« (ein Konstrukt des UfJ) für Götz Schlicht am 12. Juni 1957 eine Bescheinigung an. Darin wurde Götz Schlicht als »echter Widerstandskämpfer« gegen die DDR gepriesen mit dem Hinweis, dass »eine Ausfertigung des Urteils vorliegt«.[567]

Die Gerichtsverhandlung wurde von einem anwesenden MfS-Informanten beobachtet, der anschließend einen Bericht unter der Bezeichnung »Blender« anfer-

565 Ebd.

566 Bundesarchiv Berlin, DP1VA7294 und DP1VA8708

567 Bescheinigung, Hilfskomitee für politische Häftlinge der Sowjetzone, 12.6.57, Privatarchiv Günter Buch

tigte. Es ist zweifelhaft, dass dieser Vorgang ausschließlich Götz Schlicht betraf, da nur zwei Seiten aus dieser Akte vorliegen. Darin befindet sich folgende Beschreibung:[568]

> »Am heutigen Tag fand vor dem ersten Senat des Bezirksgerichts Potsdam die Verhandlung gegen den ehemaligen Richter beim OLG Schlicht statt. Nach Absprache mit dem Gen. Seibt, Bezirksleitung der Partei, wurden nur diejenigen Personen zugelassen, die bereits verständigt waren und die besonders kontrolliert wurden. Diese Zuhörer (15 Mitarbeiter der Hochschule der Justiz, einige Mitarbeiter der Bezirksverwaltung und des Bezirksgerichts) erhielten Eintrittskarten und wurden auf einer besonderen Liste erfasst, so daß jederzeit der Nachweis über ihre Anwesenheit geführt werden kann. Die Öffentlichkeit wurde ausgeschlossen und nur diese auf den Listen verzeichneten Personen erhielten die Erlaubnis, an der Verhandlung teilzunehmen.«

Diese Vorgehensweise lässt die Schlussfolgerung zu, dass die zuständigen DDR-Behörden es vermeiden wollten, dass Informationen zu diesem Verfahren an die Öffentlichkeit gelangten. Es wäre wohl peinlich gewesen einzugestehen, dass sogar ein Richter am Oberlandesgericht für die andere Seite gearbeitet hatte.

Der Bericht enthält noch folgende Observationen zum Verhalten von Götz Schlicht während der Verhandlung:[569]

> »Zu der Verhandlung selbst wäre zu sagen, daß sie durch (geschwärzt)[570] nicht ganz objektiv und politisch richtig geführt wurde. Er hat durch zynische Bemerkungen verschiedentlich den Eindruck erweckt, als wollte er den Angeklagten zum Zynismus herausfordern. Dies umsomehr, als ihm, wie auch den meisten im Saal Anwesenden, die Art des Angeklagten nicht bekannt war. So kam es, daß oftmals sowohl der Angeklagte als auch der Vorsitzende in ironischer und zynischer Art verhandelten. Eine solche Verhandlung entspricht nicht der Würde des Gerichts. Sie hat teilweise den Eindruck erweckt, als wenn doch der Angeklagte dem Gericht etwas überlegen wäre.«

---

568 BStU- Potsdam AOP 130/55, Bl. 19–20

569 Ebd.

570 Es handelt sich dabei um Dzida. Landgericht Potsdam, Schreiben vom 11.03.2002, Kopie des Urteils St.Ks. 173/52

Josef Dzida, unter dessen Vorsitz das Gericht verhandelte, war erst im September 1952 zum Oberrichter beim Bezirksgericht Potsdam ernannt worden.[571] Die vorgebrachte Kritik zu seiner Verhandlung hatte Folgen. Im Juni 1953 sollte er mit fünf weiteren Richtern aus dem Personalbestand des Bezirksgerichts Potsdam ausscheiden und mit Wirkung vom 1. Juli 1953 an ein Kreisgericht versetzt werden. Der Direktor des Bezirksgerichts, Dr. Niethammer, kritisierte die sechs Richter, erhebliche Fehler in ihrer Rechtsprechung gemacht zu haben, die eine Versetzung notwendig machen würden.[572] Am 23. Juni 1953 informierte Dr. Niethammer das DDR-Justizministerium, dass die Bezirksparteileitung sich doch noch entschlossen hatte, in vier Fällen die Versetzung vorläufig zurückzunehmen. Josef Dzida war einer dieser vier, die weiter am Bezirksgericht verbleiben durften.[573] Zu einem späteren Zeitpunkt machte er allerdings doch noch einen Karrieresprung, indem er zum Landesgerichtspräsidenten befördert wurde.[574]

StVA Brandenburg-Görden

Um 14:30 Uhr des 20. Novembers 1952 wurde Götz Schlicht anscheinend noch im Gericht vom MfS der Untersuchungshaftanstalt (UHA) Potsdam übergeben. Am 24. November 1952 wurde er dann von der UHA Potsdam in die UHA Neuruppin verlegt.[575] Von dort aus wurde er zu einem unbekannten Zeitpunkt weiter zur Strafvollzugsanstalt (StVA) in Brandenburg-Görden verlegt.[576] Diese StVA beherbergte in den 1950er Jahren ungefähr 3 000 Gefangene. Innerhalb der StVA existierten mehrere Arbeitskommandos; eine Tischlerei für die Herstellung von Küchenmöbeln, eine Metallverarbeitung für die Herstellung von Teilen für das IFA Traktorenwerk, eine Schneiderei für die Herstellung von NVA-Uniformen und später von Schutzanzügen für biologische, chemische und radioaktive Kriegsführung. Es gab auch mehrere Außenkommandos, das größte Kommando dieser Art war in einer nahe gelegenen Ziegelei tätig.[577]

---

571 Bundesarchiv Berlin, DP1 SE 2738c, S. 455

572 Ebd., S. 460f.

573 Ebd., S. 463

574 Jutta Braun, Justizkorrektur in der Gründungs- und Frühphase der DDR, in: Roger Engelmann und Clemens Vollnhals (Hrsg), Justiz im Dienst der Parteiherrschaft, Ch. Links Verlag 1999, S. 127

575 BStU-Potsdam-AOP-192/55, Bd. 2., Bl. 54

576 Ebd., Bl. 58

577 Manfred Merten, protokollierte Aussage vom 02. Juli 2000. Manfred Merten wurde wegen Spionage für den britischen Geheimdienst verhaftet und zu neun Jahre Zuchthaus verurteilt. Er hielt

Es liegen zu Götz Schlicht von drei ehemaligen Strafgefangenen Aussagen vor, die ebenfalls in Brandenburg inhaftiert waren und die dort Kontakt mit Schlicht hatten:

Karl Schober flüchtete im September/Oktober 1951 aus Weißenfels nach West-Berlin. Er wurde hier Mitarbeiter des UfJ und der KgU. Im Februar 1952 wurden er und seine Ehefrau in Ost-Berlin verhaftet, nachdem ein IM des MfS beide dorthin gelockt hatte. Dieser IM, Horst Mampe, Deckname »Kantorowicz«, selbst Flüchtling in West-Berlin aus Aue, wurde 1953 in West-Berlin verhaftet und von einem West-Berliner Gericht zu einer Haftstrafe von sieben Jahren verurteilt. Er starb im September 1959 in der Strafanstalt Tegel durch einen mysteriösen Stromschlag.

Karl Schober wurde im September 1952 von einem Ost-Berliner Gericht wegen Spionage und Sabotage zu einer Haftstrafe von zehn Jahren verurteilt. Ende 1952 wurde er nach Brandenburg verlegt. Dort wurde er einer Fünf-Mann-Zelle zugeteilt. Götz Schlicht war einer dieser vier anderen Häftlinge. Er stellte sich als Richter vor. Karl Schober war etwa drei bis vier Wochen zusammen mit Götz Schlicht in einer Zelle. Während dieser Zeit wurde Götz Schlicht nicht zur Arbeit herangezogen. Karl Schober hatte nicht den Eindruck, dass Schlicht ein »Zelleninformator« gewesen sein könnte. Dann wurde Götz Schlicht weggeholt und Karl Schober sah ihn erst wieder nach seiner Entlassung im November 1960 im Notaufnahmelager Marienfelde. Schlicht freute sich über das Wiedersehen.[578]

Ein weiterer ehemaliger Gefangener, Horst Bode, gab an, dass er vom 20. Oktober 1952 bis zum 19. November 1960 in der DDR in Haft war. Er war bei der Volkspolizei und anschließend bei der Grenzpolizei. 1952 verhaftete er einen 17-Jährigen, der in Potsdam-Babelsberg UfJ-Flugblätter verteilt hatte. Statt den Jungen beim Polizeirevier abzuliefern, brachte er ihn zu seinen Eltern, die in der Nähe wohnten, und überließ ihn deren Obhut. Der Junge wurde aber bei einer weiteren Flugblattaktion von anderen Volkspolizisten verhaftet und gestand bei seiner Vernehmung, dass Horst Bode ihn das erste Mal laufen ließ. Horst Bode wurde deshalb verhaftet und zu acht Jahren und neun Monaten Zuchthaus verurteilt. Nach seiner Verurteilung kam er nach Brandenburg, wo er fast ein ganzes Jahr in Einzelhaft

---

sich Ende der 1950er-Jahren in der StVA Brandenburg auf. Die Information zu den Schutzanzügen stammt von entlassenen Strafgefangenen, die vom Autor im Aufnahmelager Marienfelde befragt wurden.

578 Aussage von Karl Schober vom 24.10.2004. Er stellte dem Autor noch folgendes zur Verfügung: Haftbescheinigung der Vereinigung Opfer des Stalinismus, 05.12.1960; Zeitungsartikel aus der »Berliner Morgenpost« vom 19.01.1955, 10.09.1959 u. 13.09.1959; Nachtdepesche vom 19.01.1955

gehalten wurde. Da so viele neue Häftlinge eingeliefert wurden, konnte dann eine Einzelunterbringung nicht mehr aufrechterhalten werden und er kam deshalb in eine Zelle mit Götz Schlicht.

Horst Bode gab an, dass er sich von 1953 bis zum 30. Oktober 1954 mit Götz Schlicht eine Zelle teilte. Während dieser Zeit mussten beide nicht arbeiten, bis Horst Bode zur Arbeit in der Küche eingesetzt und in einer anderen Zelle untergebracht wurde. Während er dort arbeitete, hörte er, dass Götz Schlicht in der »Schneiderei« beschäftigt worden sein soll. Götz Schlicht teilte ihm mit, so gab Bode an, dass er ein Dr. war, in Potsdam gewohnt hatte, verheiratet war und vier bis fünf Kinder hatte. Er sei Ausbilder an der Richterschule gewesen. Da er mit einigen »Ausführungen« in der DDR nicht einverstanden war, soll er sich mit dem UfJ in Verbindung gesetzt und Flugblätter in der DDR verteilt haben. Horst Bode »hatte ein sehr gutes Vertrauen zu ihm«. Nach Kenntnis von Horst Bode hatte Götz Schlicht nur an seine Frau geschrieben, die ihn auch alle sechs Monate in der Haftanstalt besuchen kam.[579]

Im Sommer 1956 teilte Werner Juretzko die Zelle mit Götz Schlicht, aber nur für einen kurzen Zeitraum. Diese Zelle hatte die Bezeichnung »Nichtarbeiterzelle«. Gefangene, die noch nicht zu einer Arbeit eingeteilt waren, wie auch diejenigen, die nicht arbeiten konnten oder durften, wurden hier untergebracht. Götz Schlicht war einer der ersten Gefangenen, mit denen Juretzko Kontakt in Brandenburg bekam. Werner Juretzko konnte sich auch noch daran erinnern, dass er zusammen mit Götz Schlicht einige Tage in der Küche im Pellkartoffel-Schälkommando arbeitete.[580]

Er berichtete dazu noch folgendes:

> »Ich bin gerade aus dem Krankenrevier gekommen (hatte eine Gürtelrose-Entzündung) und bin auf eine Drei-Mann-Zelle gelegt worden. Schlicht und einer, an dessen Namen ich mich nicht entsinnen kann. Ich habe sofort erkannt, dass beide auf mich ›angesetzt‹ waren. Ich habe während der gesamten Haft den ›Dorfblöden‹ gespielt und nie während der gesamten Zeit zugegeben, dass ich polnisch, russisch und etwas englisch gesprochen habe. Schlicht war arrogant, überheblich mir gegenüber und hat es mir gezeigt. Er hat stets von oben auf mich runtergeredet. Ich ließ ihn in dem Glauben. Ich bin überzeugt, dass seine Berichte über mich in dieser Richtung zur Stasi weitergeleitet wurden.«[581]

---

579 Horst Bode, Schreiben vom 24.06.2002 u. 18.09.2002; protokollierte Aussage vom 30.06.2002
580 Werner I. Juretzko, schriftliche Aussagen vom 22.01.2004 u. vom 17.10.2004
581 Ders., schriftliche Aussage vom 17.10.2004 u. www.coldwarhistory.us

Zu einem späteren Zeitpunkt konnte sich Werner Juretzko noch an den Namen des dritten Mannes in der Zelle erinnern. Er hieß »Lüdke«. Der Name könnte auch in anderer Form geschrieben worden sein. Dieser war wegen eines Wirtschaftsverbrechens zu zehn oder zwölf Jahren Haft verurteilt worden und soll ebenfalls ein »Zinker« gewesen sein.[582]

Kleiner Exkurs:

In Brandenburg-Görden war Karl Schober Ende 1952 drei bis vier Wochen mit Götz Schlicht in einer Fünf-Mann-Zelle. Er wusste zu berichten, dass Schlicht während der gemeinsamen Inhaftierung nicht zur Arbeit herangezogen wurde. Horst Bode berichtete, dass Götz Schlicht von 1953 bis zum 30. Oktober 1954 ebenfalls nicht zur Arbeit herangezogen wurde. Gemäß der Aussage von Werner Juretzko war Schlicht im Sommer 1956 in einer »Nichtarbeiterzelle« untergebracht und lediglich für ein paar Tage beim Kartoffelschälkommando tätig gewesen. Diese Tatsache würde gegen die »Richtlinien über die Arbeitsverwendung zu Freiheitsstrafe verurteilter Personen« verstoßen. Diese Richtlinie wurde schon im »Zentralverordnungsblatt aller Zentralverwaltungen der Deutschen Justizverwaltungen der SBZ« am 22. September 1947 publiziert.[583] Es ist anzunehmen, dass diese Anordnung in den Folgejahren aktualisiert wurde. Grundgedanke war dabei, dass alle Verurteilten in sinnvoller und nützlicher Tätigkeit beschäftigt werden sollten. Zum einen sollten die Häftlinge damit den von ihnen angerichteten Schaden wiedergutmachen. Zum anderen sollten sie durch Arbeit ihre Achtung und Selbstachtung zurückgewinnen.[584] Es ist deshalb nicht verständlich, warum Götz Schlicht, trotz dieser Anordnung, einen Sonderstatus während seiner Inhaftierung hatte.

Werner Juretzko, der für einige Zeit in Brandenburg-Görden eine Zelle mit Götz Schlicht und einem dritten Gefangenen teilte, konnte sich noch daran erinnern, dass Götz Schlicht ihm gegenüber einmal plötzlich folgendes verkündete:

> »Der Angeklagte ist nicht intelligent – aber gerissen – und da liegt die Gefahr für unseren sozialistischen Staat.«[585]

---

582 Werner I. Juretzko, E-mail vom 23.10.2004 u. 07.08.2009
583 Bundesarchiv Berlin, DP1VA/7344, S. 169–175
584 Ebd.
585 Werner I. Juretzko, E-mail vom 21.02.2009

Bei Werner Juretzko klingelten die Alarmglocken. Bei seiner Verurteilung gebrauchte der Richter, dessen Namen Kaulversch oder Kaulfersch war und der ihn am 24. Januar 1955 in Halle/Saale verurteilte, exakt dieselben Worte.[586] Wie war es Götz Schlicht möglich, Kenntnis von dieser Aussage zu bekommen? Es erhärtet sich der Verdacht, dass Götz Schlicht nicht nur die Rolle eines Gefangenen spielte, sondern auch mit anderen Aufgaben betraut war.

Bei Walter Linse ließ sich feststellen, dass das MfS in der Zeit seiner Verhöre gleich zwei »Zelleninformatoren« nutzte, um zusätzliche Informationen zu erhalten.[587] Es wäre sehr ungewöhnlich gewesen, wenn auf Werner Juretzko nur ein »Zelleninformator« gezielt angesetzt worden wäre. Wenn aber nun der KGB in der Zwischenzeit weitere, nicht präzisierte Hinweise zu der erweiterten Agententätigkeit von Werner Juretzko erhalten oder erarbeitet hatte, könnte man sich schon vorstellen, dass auch weitere Maßnahmen ergriffen wurden. So wäre es durchaus möglich, dass Götz Schlicht Kenntnis von dem Gerichtsverfahren von Werner Juretzko erhalten hatte. Er könnte den Auftrag bekommen haben, anhand der Äußerungen Juretzkos darauf zu achten, ob diese mit den vorher gemachten Aussagen übereinstimmten.

Werner Juretzko wurde 1932 in Oberschlesien geboren. Er wohnte dort mit seiner Familie bis Januar 1945, als seine Familie mit ihm vor der Roten Armee in Richtung Westen flüchtete. Er meldete sich während der Flucht freiwillig zum Dienst in der Wehrmacht. Trotz seines Alters wurde er noch Soldat und erlebte Kampfhandlungen. Wegen seines Alters war er nur kurzfristig in sowjetischer Kriegsgefangenschaft.

Kurz nach Ende des Krieges wurden er und seine jüngste Schwester von sowjetischen Soldaten festgehalten, als beide von der SBZ in die amerikanische Zone überwechseln wollten. Juretzko erlebte, wie seine Schwester mehrfach von sowjetischen Soldaten vergewaltigt wurde. Sie verstarb kurze Zeit danach und wurde in Eschwege beerdigt. Werner Juretzko schwor bei der Beerdigung, sich am Sowjetsystem zu rächen. Dieser Schwur prägte auch sein späteres Leben, da er tatsächlich zum Kämpfer gegen den Kommunismus wurde.[588] Im Westen Deutschlands wurde er schon 1948 von der Organisation Gehlen zur Mitarbeit angesprochen und war anschließend als Agent für die US-Army in der DDR tätig.

---

586 Ebd. u. 16.03.2009

587 Siegfried Mampel, Entführungsfall Dr. Walter Linse – Menschenraub und Justizmord als Mittel des Staatsterrors, LStU-Schriftenreihe Berlin, Bd. 10, 1999, S. 42–50

588 Werner I. Juretzko, Years Without Hope, Krause Printing, Chicago Il 1970, S. 12f.

Nach seiner Verhaftung wurde er am 24. Januar 1955 vom 1. Strafsenat in Halle/ Saale wegen Militärspionage von Richter Kaulversch (oder Kaulfersch) zu einer Haftstrafe von 13 Jahren verurteilt. Es gelang dem MfS nicht, von Werner Juretzko die volle Wahrheit über seine Einsätze in der DDR zu erfahren, da er befürchtete, dafür zum Tode verurteilt zu werden. Nach sechs Jahren Haft wurde er im August 1961 in den Westen entlassen. Er emigrierte in die Vereinigten Staaten, beendete im Jahre 1972 ein Ingenieurstudium am Industrial Engineering College of Chicago und wurde ein sehr erfolgreicher Unternehmer.[589]

Am 30. Oktober 1956 unterschrieb der Präsident der DDR, Wilhelm Pieck, eine Gnadenentscheidung für 123 namentlich aufgeführte Verurteilte. Götz Schlicht wurde auf dieser Liste unter der Nummer 99 aufgeführt. Seine Haftstrafe wurde von zehn Jahren auf acht Jahre reduziert. Diese Liste wurde am 26. Oktober 1956 vom Generalstaatsanwalt der DDR an die Präsidialkanzlei übersandt. Gründe für die Strafminderungen der einzelnen Verurteilten wurden nicht aufgeführt.[590] Mit dem Schreiben vom 30.11.1956 der Staatsanwaltschaft (des Staates oder des Bezirkes – ?) wurde der Leiter der Strafvollzugsanstalt in Brandenburg-Görden von dem Gnadenerlass informiert. Er wurde gebeten dem Häftling in »würdiger Form« Kenntnis von diesem Gnadenakt zu geben.[591] Zu diesem Zeitpunkt befand sich Götz Schlicht aber nicht mehr in Brandenburg. Er wurde aus nicht angegebenen Gründen am 23. November 1956 in die Strafvollzugsanstalt Bützow-Dreibergen verlegt.[592] Er kam noch am selben Tag dort an.[593] Gemäß der Aussage des dort einsitzenden ehemaligen Häftlings Hermann Meister befanden sich in dieser Strafvollzugsanstalt ca. 1 800 bis 2 000 Gefangene, die aus allen Teilen der DDR stammten. Die Häftlinge durften vierteljährlich Besuch empfangen und alle vier Wochen einen Brief von 20 Zeilen auf einem vorgefertigten Vordruck schreiben. Es gab drei Arbeitsaußenkommandos: »Landwirtschaft«, »Warnow-Werft« und »Fischfabrik Schwaan«. Innerhalb der Anstalt befanden sich die Arbeitskommandos: Netzknüpferei-Fischkombinat Rostock-Marienehe; Zentrales Autoreparaturwerk des Ministeriums des Innern (Volkspolizei), Schwermaschinenbau 7. Oktober Berlin-Weißensee und Elektromotoren-Ankerwickelei. Hermann Meister, der 1952 wegen politischer Aktivitäten gegen die DDR verhaftet wurde, befand sich im dortigen

589 www.coldwarhistory.us

590 Bundesarchiv Berlin, DA/4, 118, S. 52–58

591 BStU Potsdam-AU 317/52, Sta. 4873, Bd. 1, Bl. 58

592 Landeshauptarchiv Brandenburg, Rep. 472, Nr. 34

593 Justizvollzugsanstalt Bützow, Kopie der Karteikarte zu Götz Schlicht, beglaubigt 4.7.2002

Strafvollzug von August 1954 bis Sommer 1959. Er war also zeitgleich mit Götz Schlicht dort, hatte jedoch zu ihm keinerlei Kenntnis oder Kontakt im dortigen Strafvollzug.[594]

StVA Bützow-Dreibergen

Wie schon erwähnt, wurde Götz Schlicht am 23. November 1956 in die StVA Bützow-Dreibergen verlegt.[595] Gemäß dem »Führungsbericht« vom 1. Februar 1957 aus Bützow-Dreibergen soll er dort lediglich zwei Wochen im Vermessungsbüro gearbeitet haben, danach soll er auf dem Krankenrevier gewesen sein.[596] Man stellt also mit Verblüffung fest, dass er auch hier kaum gearbeitet hat. Ein möglicher Grund für diese Verlegung könnte gewesen sein, dass schon vor einem ersten MfS-Kontakt die HA V einen »Führungsbericht« zu Götz Schlicht anforderte. Ein solcher »Führungsbericht« diente keinem internen Zweck beim MfS, er war aber für die Einreichung eines Gnadengesuchs beim Präsidialamt der DDR erforderlich. Ein solcher »Führungsbericht« konnte auch in der Gnadengesuchsakte von Götz Schlicht in den Akten des Präsidialamts der DDR gefunden werden.[597]

Man ahnt nun warum Götz Schlicht überhaupt aus Brandenburg-Görden nach Bützow-Dreibergen verlegt wurde. Wie hätte denn ein »Führungsbericht« aus Brandenburg-Görden mit den vielen Nichtarbeitszeiträumen von Götz Schlicht ausgesehen? Es war sehr viel einfacher, Götz Schlicht in eine andere StVA zu verlegen, die dann angehalten war, einen »Führungsbericht« zu schreiben, als einen verfälschten »Führungsbericht« aus Brandenburg-Görden an das Präsidialamt der DDR zu schicken. Diese Feststellung erhärtet noch den Verdacht, dass eine »andere Instanz« als das MfS alle erforderlichen Maßnahmen und Vorbereitungen traf, um Götz Schlicht so zu platzieren und keine späteren Komplikationen im Rahmen seiner geplanten vorzeitigen Haftentlassung auftauchen zu lassen. Man kann hier getrost von der »zweiten Dimension« sprechen, die alle Fäden in der Hand hielt.

594 Hermann Meister, Schreiben vom 14.07.2002
595 Landeshauptarchiv Brandenburg, Rep. 472, Nr. 34
596 Bundesarchiv Berlin, DA4/1331, S. 287
597 Ebd., S. 282f.

Im Jahr 1957 hatte die Hauptabteilung V/5 des MfS die Aufgabe, den UfJ und seine vielen Helfer in der DDR und in West-Berlin zu bekämpfen. Am 22. Januar 1957 richtete diese HA ein Schreiben an die HA VII mit folgendem Inhalt:

> »Betr.: Häftling Schlicht, Götz, geb. am 9.3.1908 in Berlin. Der Hauptabteilung V/5/I wurde bekannt, daß der Obengenannte wegen Agententätigkeit für die Agentenzentrale ›UfJ‹ inhaftiert wurde. Sie werden gebeten, uns einen Führungsbericht über Schlicht anfertigen zu lassen und uns gleich mitteilen, wo und wie lange Sch. noch in Haft verbleibt. Da es sich hier um eine operative Maßnahme handelt, bitten wir Sie, uns baldigst über Haftort des Sch. zu informieren.«[598]

Die Formulierung »der Hauptabteilung V/5/I wurde bekannt« entspricht in der Form auf keinem Fall der Mitteilung einer anderen MfS-Dienststelle. Wäre diese Benachrichtigung von einer solchen Dienststelle gekommen, wäre diese Dienststelle angegeben worden. Eine weitere, sehr suspekte Formulierung wäre gewesen: »aus zuverlässiger Quelle«.[599] Anhand der gesichteten Akten wäre eigentlich in diesem Fall zu erwarten gewesen, dass hier ein IM unter seinem Decknamen oder auch eine weitere MfS-Dienststelle zitiert worden wäre. Wenn man aber feststellt, dass das in keinem der beiden Fälle zutrifft, muss diese Information von außerhalb des MfS stammen. Es kann deshalb angenommen werden, dass diese Formulierungen einer Instanz außerhalb des MfS-Bereichs zuzuordnen ist. Ferner scheint klar, dass das MfS zu dieser Instanz Geheimhaltung wahren musste. Zudem ist interessant, dass die HA V/5/I bis zu diesem Zeitpunkt offenbar keine Ahnung von der Existenz von Götz Schlicht hatte. Man kann hier also vermuten, dass die »zweite Dimension« die HA V/5/I aufforderte, im Fall Götz Schlicht aktiv zu werden.

Zu einem nicht zu ermittelnden Zeitpunkt, jedoch nach dem 22. Januar 1957, erhielt die HA V dann noch folgende Unterlagen zu Götz Schlicht: einen in Potsdam geschriebenen Lebenslauf vom 29. März 1947; einen Personalfragebogen der Landesregierung Brandenburg vom 6. Mai 1949; einen Personalbogen mit Lebenslauf vom 25. Februar 1952; die Abschrift der Gerichtsverhandlung vom 20. November 1952 mit der offiziellen und eine persönliche Stellungnahme von Götz Schlicht.[600] Weder die 1952er-Ermittlungsakte der MfS-Bezirksverwaltung in Potsdam noch

598 BStU, MfS-AOP-8915/91, Bd. 10, Bl. 46
599 BStU, MfS-AOP-1725/64, Bd. 61, Bl. 310
600 BStU, MfS-AOP-8915/91, Bd. 10, Bl. 22–45

eine Kopie der Personalakte zu Götz Schlicht aus seinem Beschäftigungsverhältnis bei der brandenburgischen Justiz sind in diesem Bestand zu finden.

Der Leiter der Strafvollzugsanstalt Bützow-Dreibergen antwortete mit einem Schreiben vom 1. Februar 1957. Er führte zunächst alle relevanten persönlichen Daten zu Götz Schlicht auf. Als Strafmaß wurden zehn Jahre Zuchthaus angegeben. Das Strafende sollte dementsprechend am 7. Mai 1962 sein. Zum Zeitpunkt dieses Schreibens war dem Leiter anscheinend noch nicht bekannt, dass der Präsident der DDR am 20. Oktober 1956 eine Strafminderung von zwei Jahren für Götz Schlicht bewilligt hatte. Zum Verhalten von Götz Schlicht gibt es folgende Beschreibung:

> »In der hiesigen Strafvollzugsanstalt verhält er sich gegenüber dem Aufsichtspersonal diszipliniert und höflich. In der Zelle und an sich selbst achtet er auf Ordnung und Sauberkeit. Er fügt sich der inneren Ordnung für Strafgefangene. Verstöße gegen die Hausordnung waren noch nicht zu verzeichnen.
>
> Der Obengenannte war hier 14 Tage im Vermessungsbüro zur Arbeit eingesetzt. Er mußte auf Grund von Krankheit von der Arbeit abgelöst werden und liegt seitdem im Krankenrevier.
>
> Abonnent einer Tageszeitung ist er nicht. Er benutzt nur sehr wenig die Anstaltsbücherei, bis jetzt hat er nur die Bibel aus der Bücherei geholt.«[601]

Der »Führungsbericht« des Leiters der Vollzugsanstalt Bützow-Dreibergen wurde am 4. März 1957 von der HA VII an die HA V gesandt und dort mit Eingangsstempel vom 7. März in Empfang genommen.[602] Zu einem nicht feststellbaren Zeitpunkt wurde dieser »Führungsbericht« an das Ministerium für Justiz weitergeleitet. Von dort wurde er als Anlage zu einem von der Ministerin Dr. Benjamin unterschriebenen Schriftstück vom 29. April 1957 an die Präsidialkanzlei der DDR übermittelt. In diesem Schreiben befürwortete Dr. Benjamin die Begnadigung von Götz Schlicht.[603]

Vor Eingang des angeforderten »Führungsberichts« in der HA V ist diese aber schon aktiv geworden. Mit aller Wahrscheinlichkeit erhielt die HA V von der HA VII die telefonische Auskunft, dass sich Götz Schlicht in Bützow-Dreibergen aufhielt. Ein Mitarbeiter der HA V, Leutnant Liedloff, wurde nach Bützow-Dreibergen

---

601 Ebd., Bl. 47 (Abschrift); Original in der Gnadenakte Bundesarchiv Berlin, DA4/1331, Bl. 287

602 Ebd., Bl. 48

603 Bundesarchiv Berlin, DA4/1331, S. 282f.

geschickt. Am 19. Februar 1957 wurde Götz Schlicht unter dem Vorwand einer Aufstellung von neuen Büchern für die Bücherei aus seiner Zelle in das dortige Verwaltungsgebäude geholt. Leutnant Liedloff stellte sich als Mitarbeiter des MfS vor. Das Gespräch dauerte ca. drei Stunden. Ziel des Gesprächs war die Einschätzung, ob Götz Schlicht für eine Zusammenarbeit mit dem MfS geeignet sei. Schlicht schilderte wieder einmal seine Kontakte zu Walther Rosenthal. Er behauptete allerdings, nicht gewusst zu haben, dass der UfJ eine von den Amerikanern gelenkte Spionagezentrale sei. Er habe auch eingesehen, dass er für seine Tätigkeit der Verteilung von »Hetzblättern« bestraft werden musste, nur mit der Höhe der Strafe war er nicht einverstanden. Leutnant Liedloff konnte feststellen, dass Götz Schlicht die Presse sehr genau studierte. »Für die Verhinderung eines neuen Weltkrieges und die Zerschlagung der Agentenzentrale in Westberlin würde er sich gern mit einsetzen.« Götz Schlicht behauptete auch, dass er von Walther Rosenthal in West-Berlin jede Unterstützung erhalten würde und dadurch die Möglichkeit hätte, in einer solchen »Zentrale« zu arbeiten. Diese Sache würde ihn auch reizen, weil sie ein wenig abenteuerlich sei. Abschließend wurde er von Leutnant Liedloff aufgefordert, noch einen Lebenslauf, eine Stellungnahme zu seiner Straftat und eine weitere Stellungnahme zu Walther Rosenthal und zu den ihm bekannten Absolventen der ehemaligen Richterschule zu schreiben. Diese handschriftlich verfassten Berichte sowie ihre Transkriptionen in Schreibmaschinenschrift liegen in der Akte vor. Danach wurde Schlicht von einem VP-Unterkommissar wieder in seine Zelle zurückgeführt. Sein Lebenslauf wie auch die Stellungnahmen enthalten keine neuen Erkenntnisse. Sie lassen jedoch die Einschätzung zu, dass Götz Schlicht mit Walther Rosenthal seit 1946/47 ziemlich eng befreundet gewesen ist.[604]

Interessant ist die Feststellung von Leutnant Liedloff, dass Götz Schlicht die Presse sehr genau studierte. Wie kann das möglich sein, wenn wie im »Führungsbericht« steht, er kein Abonnent einer Tageszeitung war? Man könnte die Schlussfolgerung ziehen, dass Götz Schlicht auf dem »Krankenrevier« die Gelegenheit hatte, die Presse genau zu studieren.

Am 27. Februar 1957 fertigte die HA V einen Maßnahmeplan zur Aktion »Offensive« an. In diesem Plan wurden die Aktionen gegen den UfJ für die Zeit vom 1. März 1957 bis zum 30. Juni 1957 aufgeführt. Hier entdeckt man folgende Eintragung:

604 BStU, MfS-AOP-8915/91, Bd. 10, Bl. 49–60

»Der ehemalige Kreisrichter Schlicht arbeitete von 1950 bis 1952 mit dem jetzigen Hauptagenten [geschwärzt][605] in Potsdam zusammen. Selbst nach der Flucht des [geschwärzt][606] unterhielt Schlicht noch gute private Verbindungen zu diesem, was sich darin ausdrückte, daß Schlicht mit seiner Ehefrau den [geschwärzt][607] öfter in seiner Westberliner Wohnung aufsuchte und dort Feiern veranstaltete.

Auf eigenes Treiben verlangte Schlicht damals von dem Hauptagenten [geschwärzt][608] Flugblätter zur Verbreitung in Potsdam, wo er [wegen] Verteilung derselben festgenommen und inhaftiert wurde.

Es ist vorgesehen, diesen Schlicht in der Haftanstalt kurze Zeit noch für uns gefügig zu machen, um ihn dann nach der Haftentlassung nach Westberlin absetzen zu lassen.«[609]

Die obige Eintragung enthält gleich mehrere Fehler. Zum einem war Götz Schlicht nie »Kreisrichter« und zum anderen: Wie konnte Götz Schlicht von 1950 bis 1952 mit Walther Rosenthal in Potsdam zusammengearbeitet haben, wenn sich dieser schon im August 1950 nach West-Berlin abgesetzt hatte? Es ist auch neu, dass Götz Schlicht mit seiner Frau Walther Rosenthal in West-Berlin aufgesucht haben soll, wo sie sogar zusammen Feste feierten. Zudem scheint derjenige Mitarbeiter der HA V, der diesen Maßnahmeplan erstellte, nicht die Information von Leutnant Liedloff gekannt zu haben, die dieser von Götz Schlicht am 19. Februar 1957 erhalten hatte.

Bei einem weiteren Treffen am 2. März 1957 stellte sich ein MfS-Leutnant Sommer gegenüber Götz Schlicht als »Seifert« vor. Schlicht wurde erneut unter dem Vorwand einer Aufstellung von neuen Büchern für die Bücherei aus der »Friseurzelle« in das dortige Verwaltungsgebäude geholt. Götz Schlicht wiederholte im Grunde genommen all das, was er schon am 19. Februar 1957 Leutnant Liedloff geschildert hatte. Diese zweite Befragung hinterlässt den Eindruck, als ob Leutnant Sommer den Auftrag hatte, die protokollierte erste Aussage zu verifizieren. Leutnant Sommer stellte noch fest, dass Götz Schlicht einen ehrlichen und vor allem einen offenen Eindruck hinterließ. Auf Aufforderung und nach entsprechenden Hinweisen

605 Es kann sich hier nur um Walter Rosenthal handeln
606 Das muss ebenfalls Walther Rosenthal sein
607 Ebenfalls Rosenthal
608 Ebenfalls Rosenthal
609 BStU, MfS-AOP-1725/64, Bd. 45a, Bl. 185

von Leutnant Sommer schrieb Schlicht ein Gnadengesuch. Auf die Frage, ob er bereit sei, für das MfS einiges nach seiner Entlassung zu tun, antwortete Götz Schlicht:

> »Nur durch eine ehrliche Arbeit kann man seine Strafe wieder gutmachen und ich bin gewillt etwas Schwieriges zu erledigen.«[610]

Leutnant Sommer erteilte ihm am Ende des Gesprächs noch genaue Anweisungen, wie er sich am Tag der Entlassung verhalten sollte, damit er ungestört von Dritten Kontakt zu MfS-Angehörigen aufnehmen könnte, die im Eingangsbereich zur Haftanstalt Bützow auf ihn warten würden.[611]

Kleiner Exkurs zum Gnadengesuch:

Im Gegensatz zum vorherigen Treff-Protokoll, das zwei Tage nach dem Treffen geschrieben wurde, enthält das Protokoll nicht das erwartete Datum vom 4. März 1957, sondern das Datum vom 29. März 1957. Es wurde also beinahe vier Wochen nach der Zusammenkunft verfasst. In der Regel wurden so gut wie alle Treff-Protokolle von den jeweiligen MfS-Führungsoffizieren innerhalb von zwei Tagen angefertigt. Die ungewöhnlich lange Dauer bei der Anfertigung des Protokolls zu dem Treffen am 2. März 1957 lässt den Verdacht aufkommen, dass das Protokoll mit dem »Gnadengesuch« möglicherweise Missfallen erregte, zurückgezogen wurde und in geänderter Form neu geschrieben wurde.

Eine weitere Merkwürdigkeit ist die Tatsache, dass dieses Treff-Protokoll von MfS-Leutnant Sommer handschriftlich verfasst wurde. Ansonsten wurden alle Treff-Protokolle grundsätzlich mit der Maschine getippt.

Bei der Auswertung der MfS-Personalakte von Goetz Schlicht wurden unvollständige Seiten eines Berichts, die nur in Bruchstücken vorhanden sind, gefunden. Als Datum dieses Berichts wird der 18. Oktober 1957 angegeben. Es existiert nur der zweite Abschnitt mit dem Titel: »Bericht über die Vernehmung des [geschwärzt] von der Präsidialkanzlei sowie Analysen des UfJ über Verhaftungen«. Die Vernehmung des geflohenen Mitarbeiters der Rechtsabteilung der DDR-Präsidialkanzlei erfolgte am 2. September 1957. Im Kern ging es dabei um die Klärung des vorgebrachten Verdachts des geflohenen Mitarbeiters gegen Götz Schlicht, dieser könnte möglicherweise für das MfS tätig sein könnte. Dem geflohenen Mitar-

---

610 BStU, MfS-AOP-8915/91, Bd. 10, Bl. 62
611 Ebd., Bl. 61–63

beiter war folgende Formulierung der Justizministerin Hilde Benjamin zu ihrer Befürwortung des »Gnadengesuchs« von Götz Schlicht aufgefallen:

> »Infolge besonderer Umstände soll dem Verurteilten Gelegenheit gegeben werden, einen Teil des Schadens, den er an unserer Republik angerichtet hat, wieder gutzumachen.«[612]

Nach seiner Freilassung, als er noch in Potsdam wohnte, berichtete Götz Schlicht bei seinem Treff mit seinen MfS-Führungsoffizieren am 9. Juli 1957, dass er die Aufforderung zu einem Gespräch mit Rosenthal in West-Berlin bekommen habe. Bei diesem Gespräch waren noch zwei weitere UfJ-Mitarbeiter anwesend. Es wurde ihm mitgeteilt, dass der Leiter einer westlichen Dienststelle beim UfJ angerufen hätte, um mitzuteilen, dass der Häftling Schlicht demnächst entlassen werde. In der Beurteilung von Hilde Benjamin, der Justizministerin der DDR, soll stehen, dass der Verurteilte das Unrecht, welches er der DDR angetan habe, auf diese Weise wiedergutmachen kann. Die Quelle dieser Information soll ein zuverlässiger Informant eines Ostbüros sein, der in der Gnadenabteilung in unmittelbarer Nähe von Frau Benjamin tätig war.

Götz Schlicht wurde nun von Seiten des UfJ befragt, ob er während der Haft vom MfS angeworben worden sei, was er natürlich verneinte. Ihm wurde noch mitgeteilt, dass eine weitere Aussprache zu einem späteren Zeitpunkt stattfinden sollte, zu der es allerdings nie kam.[613] Am 10. September 1957 berichtete Götz Schlicht, dass (Name geschwärzt – Rosenthal?) den ehemaligen Leiter der Präsidialkanzlei eingehend befragte, nachdem dieser sich nach West-Berlin abgesetzt hatte.[614]

Im Bericht vom 18. Oktober 1957 stellte der UfJ-Vernehmer (Rosenthal?) fest, dass es sich bei dem Vernommenen auch um denjenigen handelte, der schon vorher das Ostbüro der SPD über seinen Verdacht informiert hatte. Der Vernommene brachte zum Ausdruck, dass er

> »[...] keinesfalls eine unverantwortliche Verdächtigung gegen Götz Schlicht hätte aussprechen sollen. Ihm war einfach diese Formulierung Hilde Benjamins als ungewöhnlich aufgefallen.«[615]

---

612 Ebd., Bl. 121

613 BStU, MfS-AOP-1725/64, Bd. 55, Bl. 10

614 Ebd., Bl. 19

615 BStU, MfS-AOP-8915/91, Bd. 10, Bl. 104

Der UfJ-Vernehmer und Verfasser des Berichts machte dazu noch folgende Bemerkung:

> »Die vom Flüchtling als auffällig empfundene Formulierung kann meines Erachtens einmal darauf zurückzuführen sein, dass eine ähnliche Formulierung schon in dem von ›mir‹ entworfenen ›Gnadengesuch‹ enthalten war.«[616]

Zu diesem »Gnadengesuch« äußert sich dessen Verfasser wie folgt:

> »Weiter ist zu bedenken, dass in der Bezirksgnadenkommission, die ja in allen Fällen auch zum Falle Götz Schlicht einen Gnadenbericht erarbeiten musste, mindestens 2 Zonenjuristen saßen, die Götz Schlicht aus ihrer Lehrgangszeit noch sehr genau kennen. U. a. Bezirksgerichtsdirektor [geschwärzt]. Es kann also durchaus sein, dass die von Hilde Benjamin gewählte Formulierung auch in dem Gnadenbericht der Bezirkskommission enthalten ist und, weil sie sich auch ganz flüssig anhört, vom Ministerium übernommen wurde.«[617]

Diese Beschreibung lässt die Schlussfolgerung zu, dass es sich bei dem Verfasser des »Gnadengesuchs« um jemanden handelte, der über detaillierte Kenntnisse zum Justizsystem in Brandenburg verfügte. Zu diesem Zeitpunkt waren lediglich sieben Juristen beim UfJ tätig.[618] Der Einzige von ihnen, der nicht nur Kenntnisse vom Justizsystem in Brandenburg hatte, sondern dazu noch Kenntnisse über die Absolventen der Volksrichterschule besaß, war Walther Rosenthal.

Abweichend von den Treff-Berichten von Götz Schlicht, die in der dritten Person verfasst wurden, ist der obige Bericht in der ersten Person verfasst. Das lässt vermuten, dass dieser Bericht von Walther Rosenthal über eine TBK oder eine Kurierverbindung an die »zweite Dimension« übermittelt wurde.

Das »Gnadengesuch« von Götz Schlicht muss folgenden Weg genommen haben: Götz Schlicht verfasste es am 2. März 1952, sein MfS-Führungsoffizier Sommer lieferte es mit seinem Treff-Bericht in seiner Zentrale ab. Dort missfiel der Wortlaut des von Götz Schlicht verfassten »Gnadegesuchs«. Die »zweite Dimension« wurde

---

616 Ebd.

617 Ebd.

618 BStU, MfS-AOP-1725/64, Bd. 55, Bl. 238–239

aktiv und beauftragte Walther Rosenthal, ein neues, besseres »Gnadengesuch« zu schreiben. Dieses wurde zurückgeleitet und dem MfS übergeben. Danach nahm das Gesuch über die Bezirksgnadenkommission, die dazu einen Gnadenbericht anfertigen musste, seinen Weg zu der Gandenabteilung des Justizministeriums. Dort wurde ein weiterer Gnadenbericht angefertigt, bevor das »Gnadengesuch« der Rechtsabteilung der DDR-Präsidialkanzlei zugeleitet wurde.

Es wäre noch zu erwähnen, dass der Generalstaatsanwalt der DDR in einem Schreiben an die Präsidialkanzlei vom 4. Mai 1957 ebenfalls den Erlass der Reststrafe im Gnadenweg befürwortete.

Das »Gnadengesuch«, das eigentlich in der zu erwartenden handgeschriebenen Form vorliegen müsste, ist als »getippte Abschrift« vorhanden. Es enthält folgenden Wortlaut:

»Bützow, den 2. III. 57
An das
Ministerium der Justiz
der Deutschen Demokratischen Republik
Berlin
Ich bin am 7. Mai 1952 wegen Verteilung von Flugblättern in Potsdam-Babelsberg festgenommen und wegen Art. 6 und KD 38 am 20. November 1952 zu 10 Jahren Zuchthaus einschließlich Sühnemaßnahmen vom Bezirksgericht Potsdam (I. Strafsenat) verurteilt worden. Ich habe mich während der Haftzeit einwandfrei geführt und keine Hausstrafen erhalten. Ich habe, soweit ich im Arbeitseinsatz Verwendung gefunden habe, meine Norm regelmäßig übererfüllt und bin mehrfach prämiert worden. So wurde ich am 13.X.56, am Tag der Aktivisten, mit 25.- DM ausgezeichnet. Bezüglich meiner Straftat sehe ich ein, daß ich bestraft werden mußte. Ich habe mich während der Haft bemüht, durch gute Arbeitsleistung und Einhaltung der Disziplin mein Unrecht wieder gutzumachen.

Aus der Presse und aus Vorgängen in der Strafvollzugsanstalt (Brandenburg und Bützow) ist mir bekannt geworden, daß vorzeitige Entlassungen in großzügiger Weise erfolgt sind. So ist auch meine Strafzeit von 10 auf 8 Jahre durch Gnadenerweis des Herrn Staatspräsidenten herabgesetzt worden. Dadurch habe ich bereits mehr als die Hälfte meiner Haftzeit verbüßt. Ich bitte, meine Angelegenheit zu überprüfen und mir den Rest meiner Strafe zu erlassen. Ich erkläre, daß ich auch nach meiner Entlassung aus der Haft mich be-

mühen werde, aktiv am Aufbau der Deutschen Demokratischen Republik mitzuhelfen.
gez.
Dr. Götz Schlicht«[619]

Dr. Hilde Benjamin verfasste am 29. April 1957 einen Gnadenbericht an die Präsidialkanzlei. In diesem Schreiben umfasste sie kurz den Lebenslauf von Götz Schlicht und wie es zu seiner Verurteilung kam. Neu ist folgende Aussage: »Bei den Zusammenkünften mit Rosenthal sprach er [Götz Schlicht] auch über seine Arbeit und gab ihm Informationen über seine Tätigkeit in Potsdam.« Das Schreiben endet mit folgender Aussage:

»Infolge besonderer Umstände soll dem Verurteilten Gelegenheit gegeben werden, einen Teil des Schadens, den er an unserer Republik angerichtet hat, wieder gutzumachen. Aus diesem Grund befürworte ich ausnahmsweise einen Erlaß der Reststrafe im Gnadenwege.«[620]

Dem Schreiben waren eine Kopie des Urteils und der Führungsbericht vom 1. Februar 1957 beigefügt.[621]

Die positive Gnadenentscheidung des Präsidenten der DDR wurde am 7. Mai 1957 ausgestellt.[622]

Exkurs zur wahren Tätigkeit von Götz Schlicht in Bützow-Dreibergen:

Die MfS-Personalakte von Götz Schlicht enthält noch einen Ausschnitt aus der »UfJ-Hetzschrift« »Aus der Zone des Unrechts«, Heft vom 5. Mai 1957, mit folgendem Inhalt:[623]

»Häftlingsbücherei Bützow-Dreibergen
Schwerin. – Die Bücherei für männliche Häftlinge im Zuchthaus Bützow-Dreibergen hat zurzeit einen Bestand von etwa 2 000 Büchern, darunter 800 Fachbücher aus den Gebieten Landwirtschaft, Physik, Chemie, Mathematik und Bauwesen. Weitere 800 Bände enthalten schöngeistige Literatur, zur Hälfte

---

619 BStU, MfS-AOP-8915/91, Bd. 10, Bl. 64
620 Bundesarchiv Berlin, DA4/1331, S. 282f.
621 Ebd.
622 Ebd., S. 275
623 BStU, MfS-AOP-8915/91, Bd. 10, Bl. 96

Werke sowjetischer Schriftsteller. Die andere Hälfte besteht zu gleichen Teilen aus Büchern deutscher und ausländischer Schriftsteller, wie z.B. Victor Hugo, Balzac, Mark Twain, Thomas Mann, Heinrich Mann, Feuchtwanger und kommunistischer Schriftsteller, wie Brecht, Becher, Weinert, Kuba und andere. Die restlichen 400 Bücher haben politisch-wissenschaftlichen Inhalt. Diese Bände dürfen nur mit Genehmigung des Politoffiziers ausgegeben werden.

Ende Februar erhielt die Bücherei aus einer aufgelösten ›Volkspolizei‹-Bücherei 640 Bücher, bei denen es sich zumeist um Werke sowjetischer und kommunistischer deutscher Autoren handelt.

Kommunistische Tendenzliteratur wird von den meisten Häftlingen gemieden. Begehrt sind Standardwerke ausländischer Schriftsteller und deutscher Klassiker. Viel gelesen werden auch Fachbücher.

Jeder Häftling besitzt eine Lesekarte und erhält darauf monatlich zwei Bücher. Diese Regelung gilt erst seit September 1956. Vordem durfte nur jeweils ein Buch in jede Zelle gegeben werden, gleichgültig, wie stark diese belegt war.

Seit Januar 1957 werden die Lesekarten zur politischen Beurteilung des Häftlings herangezogen, desgleichen die Namensliste der Zeitungsleser. Für die Beurteilung und damit auch die eventuelle Entlassung spielt es also eine Rolle, welche Bücher und Zeitungen ein Häftling gelesen hat.«

Die MfS-Personalakte von Götz Schlicht enthält keine Erklärung, wieso sich dieser Ausschnitt in seiner Akte befand. Das Schriftstück »Aus der Zone des Unrechts« wurde vom UfJ herausgegeben.[624] Die zeitlichen Angaben von Januar und Februar 1957 sind deckungsgleich mit den Daten, an denen sich Götz Schlicht auf dem »Krankenrevier« in Bützow aufhielt. MfS-Leutnant Liedloff führte ein Gespräch mit Götz Schlicht am 19. Februar 1957.[625] MfS-Leutnant Sommer führte ein weiteres Gespräch mit Götz Schlicht am 2. März 1957.[626] Beide gaben in ihren Protokollen an, dass Götz Schlicht unter dem Vorwand einer Aufstellung von neuen Büchern für die Bücherei zu den Gesprächen mit den MfS-Offizieren zur Bibliothek geholt wurde.

Könnte es sein, dass sich sein nicht-offizieller Arbeitsplatz von Dezember 1956 bis März 1957 statt im Krankenrevier in der Bibliothek befand? Unter den angegebenen Umständen besteht durchaus die Möglichkeit, dass den MfS-Offizieren eine Legende von der StVA-Leitung vorgegaukelt wurde, die in Realität ganz anders

---

624 Hagemann, Der Untersuchungsausschuss, S. 235
625 BStU, MfS-AOP-8915/91, Bd. 10, Bl. 49–60
626 Ebd., Bl. 61–63

aussah. Das würde auch die Bemerkung von Leutnant Liedloff erklären, dass Götz Schlicht »die Presse sehr genau studierte«, obwohl er nicht Abonnent einer Tageszeitung war.[627] Es ist aus diesem Grund durchaus denkbar, dass Götz Schlicht tatsächlich der Autor des Artikels zur Häftlingsbücherei in Bützow-Dreibergen ist. Diese Angelegenheit ist mit ziemlicher Gewissheit ebenfalls der »zweiten Dimension« zuzuordnen. Man kann hier auch die interessante Feststellung machen, dass die »zweite Dimension« anscheinend vertrauensvoller mit Angehörigen des DDR-Innenministeriums zusammenarbeitete als mit dem MfS.

Merkwürdig ist die Tatsache, dass der Gesundheitszustand von Götz Schlicht bei seinen Kontakten mit den hauptamtlichen MfS-Mitarbeitern überhaupt nicht thematisiert wurde. Gemäß den Angaben im »Führungsbericht« war Götz Schlicht nach seiner Ankunft lediglich 14 Tage lang im Vermessungsbüro in Bützow tätig, bevor er ins Krankenrevier verlegt wurde. In seiner Arbeitsbescheinigung vom 15. Mai 1957 wurde angegeben, dass er vom 11. Dezember 1956 bis zum 7. März 1957 nicht gearbeitet hatte. Dieses würde bedeuten, dass er sich während dieser Zeit im »Krankenrevier« aufhielt.[628] Ob er aber wirklich krank war, ist mehr als fraglich, da er gegenüber den Leutnants Liedloff und Sommer anscheinend keinen kranken Eindruck machte. Seine damalige »Krankheit« scheint deshalb, wenn überhaupt, eine sehr leichte Form gehabt zu haben. Als Götz Schlicht 2006 verstarb, war er immerhin beinahe 98 Jahre alt.

Eine weitere Merkwürdigkeit ist die Angabe in seinem Gnadengesuch, dass, soweit er im Arbeitseinsatz Verwendung gefunden habe, er seine Normen regelmäßig übererfüllt habe und dafür sogar mehrfach prämiiert worden sei. Gemäß den Aussagen seiner Mitgefangenen in Brandenburg wurde er aus unbekannten Gründen kaum zum Arbeitseinsatz herangezogen und in Bützow-Dreibergen war er auch beinahe die Hälfte seiner dortigen Zeit keinem »offiziellen« Arbeitseinsatz zugeteilt gewesen.

Gnadengesuche der Familie:

Bevor Götz Schlicht sein eigenes »Gnadengesuch« verfasste, versuchten schon seine Mutter und später seine zukünftige dritte Ehefrau, ihn durch Gnadengesuche frei zu bekommen. Seine Mutter, Wilma Schoepe-Schlicht, verfasste ein Gnaden-

627 Ebd. Bl. 47 (Abschrift); Original in der Gnadenakte Bundesarchiv Berlin, DA4/1331, Bl. 287
628 Ebd., Bl. 127

gesuch am 26. März 1956. Sie erwähnte allerdings in diesem Gesuch, dass sie es »wiederum« einreiche. Ein erstes Gesuch konnte aber in den vorliegenden Akten nicht gefunden werden. Sie richtete dieses Gesuch an den Staatsanwalt des Bezirks Potsdam. Dieser antwortete mit Schreiben vom 30. April 1956, dass er ihrem Gesuch nicht stattgeben kann. Dementsprechend richtete die Mutter am 11. Mai 1956 ein weiteres Gnadengesuch an den Präsidenten der DDR, Genossen Wilhelm Pieck. Nachdem die Präsidialkanzlei nochmals eine abschlägige Stellungnahme von der Potsdamer Staatsanwaltschaft erhalten hatte, wurde ihr mit Schreiben vom 9. August 1956 mitgeteilt, dass dem Gnadengesuch nicht entsprochen werden konnte.[629] Am 16. Januar 1957 richtete die zukünftige dritte Ehefrau von Götz Schlicht, Käthe Blankenburg, ein weiteres Gnadengesuch an Wilhelm Pieck.[630] Erneut bescheinigte die Staatsanwaltschaft Potsdam auf Anfrage des Präsidialamts, dass eine Begnadigung nicht gewährt werden könne. Interessant ist hier die Wortwahl:

> »Der ehem. Oberrichter ist ein Feind unseres Arbeiter- und Bauernstaates und trägt für seine Verbrechen eine besondere Verantwortung. Auch zu heutiger Zeit ist, wie aus dem Führungszeugnis hervorgeht, sein Widerstand gegen unseren Staat noch nicht gebrochen, so dass ich einen Antrag auf bedingte Strafaussetzung zur Zeit nicht stellen kann.«[631]

Mit dem erwähnten »Führungszeugnis« ist der vom Leiter in Bützow-Dreibergen verfasste »Führungsbericht« gemeint. Man fragt sich nur, wie der zitierte Staatsanwalt zu der Feststellung kommt, dass der Widerstand von Götz Schlicht gegen den Staat noch nicht gebrochen ist. Könnte es daran liegen, dass Götz Schlicht die Bibel aus der Anstaltsbücherei geholt hatte? Aufgrund der Aussage des Staatsanwalts in Potsdam teilte die Präsidialkanzlei am 18. März 1957 Frau Käthe Blankenburg mit, dass ihrem Gesuch nicht stattgegeben werden könne.[632] Am 9. Mai 1957 erfolgte dann ein weiteres Schreiben der Präsidialkanzlei an Käthe Blankenburg mit der »erfreulichen Mitteilung«, dass Wilhelm Pieck ihrem Verlobten doch noch die Strafe gnadenweise erlassen hatte.[633]

Es wäre noch zu erwähnen, dass Käthe Blankenburg in dem Gnadengesuch an den Staatspräsidenten der DDR, Wilhelm Pieck vom 16. Januar 1957 schrieb, dass

---

629 Bundesarchiv Berlin, DA 4/1331, S. 289–293
630 Ebd., S. 288
631 Ebd., S. 285
632 Ebd., S. 284
633 Ebd., S. 276

sich Götz Schlicht seit November 1956 in der StVA Bützow-Dreibergen aufhalte.[634] Man wird deshalb nicht wenig stutzig, wenn man feststellt, dass Käthe Blankenburg am 19. Februar 1957 einen Suchantrag beim Roten Kreuz nach dem Verbleib von Götz Schlicht stellte.[635] Zu diesem Zeitpunkt hatte Käthe Blankenburg doch genaue Kenntnisse, wo sich Götz Schlicht befand.[636] Dieser Suchantrag musste deshalb also einem ganz anderen Zweck gedient haben.

Wie weiterhin festgestellt werden konnte, war diese Information für die Ausstellung einer Bescheinigung des DRK in West-Berlin erforderlich. Diese DRK-Bescheinigung war ein Bestandteil für die Bearbeitung eines Antrags auf Haftentschädigung, Begrüßungsgeld, Entlassungsgeld und weitere unterstützende und helfende Maßnahmen.

Hier stellt sich die Frage, wer wohl Käthe Blankenburg veranlasste, ihren »Suchantrag« zu stellen, damit Götz Schlicht nach Ankunft in West-Berlin schnellstens in den Genuss aller dieser Vergünstigungen kommen konnte. Die Unterlagen des MfS enthalten keinerlei Hinweise, dass das MfS Käthe Blankenburg instruierte, einen solchen Antrag zu stellen. Zu diesem Zeitpunkt hatte die HA V nicht einmal Kontakt zu Götz Schlicht aufgenommen. Wie man schon wieder feststellen kann, war die »zweite Dimension« sehr viel weitsichtiger.

Die Entlassung:

Götz Schlicht wurde am 15. Mai aus der Strafvollzugsanstalt Bützow-Dreibergen entlassen. Es wurde ihm ein Entlassungsschein ausgestellt, auf dem vermerkt wurde: »Kohlen und Kartoffelkarte nicht erhalten«.[637] Er erhielt zusätzlich eine Bescheinigung, dass die Gebühren für die Aufrechterhaltung der Rentenanwartschaft durch die Verwaltung Strafvollzug gezahlt worden waren.[638] Am interessantesten ist aber die ihm ausgestellte Arbeitsbescheinigung mit folgendem Inhalt:

> »Götz Schlicht, geb. am 9.3.1908, war in der Zeit vom 29.11.1956 bis 10.12.1956 (und) 8.3.1957 bis 14.5.1957 als Zeichner und als Kammerarbeiter beschäftigt.
> Beurteilung des beruflichen Werdeganges und der Arbeitsleistungen:

---

634 Ebd., S. 288

635 DRK Suchdienst, Schreiben, 04.01.2010/Bescheinigung des DRK, Landesverband Berlin, 13.06.1957

636 Bundesarchiv Berlin, DA 4, Bd. 1331, S. 288

637 BStU, MfS-AOP-8915/91, Bd. 10, Bl. 128

638 Ebd.

Herr Schlicht wurde in der hiesigen Anstalt als Zeichner im Vermessungsbüro und als Arbeiter auf der Bekleidungskammer zur Arbeit eingesetzt.

Die ihm übertragenen Arbeiten führte er zur Zufriedenheit des Aufsichtspersonals durch.«[639]

Wie hätte wohl eine solche Arbeitsbescheinigung aus der Strafvollzugsanstalt Brandenburg ausgesehen? Wie hätte man dort seine sehr langen Nichtarbeitszeiten erklären können?

639 Ebd., Bl. 127

West-Berlin 1957–1970

Vorbereitungsphase

Am 15. Mai 1957 wurde Götz Schlicht kurz nach 16:00 Uhr aus der Haftanstalt Bützow-Dreibergen entlassen. Die MfS-Offiziere Sommer und Schumann nahmen ihn in Empfang und fuhren mit ihm in ihrem Wagen Richtung Berlin. In einer HO-Gaststätte in Waren legten sie eine Pause für das Abendbrot ein. Dann ging es weiter zum Objekt 88, wo sie gegen 20:45 Uhr eintrafen. Bei diesem Objekt handelte es sich entweder um eine konspirative Wohnung oder um ein Haus, das in Ost-Berlin lag. Dort beteiligten sich die MfS-Offiziere Oberstleutnant Schröder, Hauptmann Volpert, Leutnant Liedloff und Leutnant Sommer an dem Gespräch.

Das erste Thema war die familiäre Situation von Götz Schlicht. Wie er wohl seiner zukünftigen Ehefrau (Name ist geschwärzt) klarmachen sollte, dass sie gemeinsam mit den Kindern nach West-Berlin gehen werden. Götz Schlicht erklärte noch, dass er sich bemühen werde, schnellstens ein rechtskräftiges Urteil zu bekommen. (Hier sind mehrere Zeilen in dem protokollierten Text geschwärzt. Es kann sich aber nur um die Scheidung von seiner zweiten Ehefrau, Käte Schlicht, gehandelt haben.) Götz Schlicht gab noch an, er nehme an, dass seine Familienangelegenheiten bis Mitte Juni alle geklärt werden könnten. Dann könne er sich absetzen.[640]

Exkurs zu den Scheidungen von Götz Schlicht:

Die mündliche Verhandlung zu der Scheidung Götz Schlichts von seiner zweiten Ehefrau fand am 16. April 1957 statt. Am 17. April wurde diese Scheidung verkündet, und am 27. Mai 1957 wurde das Urteil rechtskräftig.[641] Es wäre hier noch zu erwähnen, dass sich Götz Schlicht zum Zeitpunkt der Verhandlung noch im Strafvollzug befand.

640 Ebd., Bl. 75–76
641 Kreisgerichtsurteil Nauen, Az.: 3 Ra 28/57

Verblüffend ist aber die Auskunft des Stadtarchivs Potsdam, das sich auf die Datenbestände des Einwohnermeldeamts beruft. Hier kann man folgendes zu der »1. Ehefrau« von Götz Schlicht lesen:[642]

> »Charlotte, geb. Müller, geb. am 16.11.1921 in Mittenwalde/Bromberg. Diese Ehe wurde am 27.05.1957 rechtskräftig geschieden. In unseren Unterlagen wird als 2. Ehefrau die von Ihnen als 3. Ehefrau benannte Käte, geb. Busse, gesch. Blankenstein, [sic!] geb. am 30.06.1921 in Leest, genannt.«

Auf die Nachfrage zur Richtigkeit dieser Angaben teilte das Stadtarchiv Potsdam mit: [643]

> »Unseren Meldekarten zufolge ist die Existenz von Charlotte Müller durchaus real. Sie wohnte bis zum 01.08.1952 in Potsdam-Babelsberg, Siemensstr. 24. Zu diesem Zeitpunkt meldete sie sich nach Schwerin/Mecklenburg ab. Leider ist die genaue Anschrift nicht registriert worden.«

Aufgrund einer weiteren Nachfrage beim Stadtarchiv Potsdam wurde noch mitgeteilt, dass »Charlotte Selma Schlicht, geb. Müller, zu einem unbekannten Zeitpunkt in die Hebbelstraße 46, Potsdam, zugezogen war. Sie wohnte dort bis zum 25. Juli 1949, um dann in die Siemensstr. zu ziehen.«[644] Seltsam ist die Tatsache, dass die Meldekartei kein Zuzugsdatum für die Hebbelstraße enthält.

Eine Nachfrage in Schwerin ergab keinerlei Hinweise zu der Existenz einer Charlotte Müller.[645]

Auch in den Unterlagen des MfS zu Götz Schlicht konnten keinerlei Hinweise gefunden werden, dass das MfS diese Manipulation veranlasste.[646]

Im Mai 1946 gab Götz Schlicht an, dass seine Anschrift in Potsdam die Feuerbachstraße 22 sei.[647] Die Bestände des Einwohnermeldeamts führten dagegen die Zeppelinstraße 160 als seine 1. Anschrift in Potsdam. Ein Zuzugsdatum wurde nicht vermerkt.[648] Es wäre hier noch zu erwähnen, dass bei allen weiteren Auskünf-

---

642 Landeshauptstadt Potsdam, Stadtarchiv, Schreiben vom 06.04.2004
643 Landeshauptstadt Potsdam, Stadtarchiv, Schreiben vom 01.06.2004
644 Landeshauptstadt Potsdam, Stadtarchiv, Schreiben vom 27.02.2008
645 Landeshauptstadt Schwerin, Bürgeramt, Schreiben vom 08.07.2004
646 BStU, Akten, MfS-AOP 1725/64 u. MfS-AOP- 8915/91
647 Brandenburgisches Landeshauptarchiv, Rep. 203 PA72 (Sch/7988/86), S. 13
648 Schreiben der Arbeitsgruppe Stadtarchiv, Landeshauptstadt Potsdam, 6.4.2004

ten, nicht nur in Potsdam, ein Zuzugsdatum immer erwähnt wurde. Die einzigen Ausnahmen dazu bilden Götz Schlicht und die mysteriöse Charlotte Schlicht. Dieses hinterlässt den Eindruck, dass beim Einwohnermeldeamt Potsdam zu beiden Personen Daten manipuliert wurden.

Da beide Parteien, d. h. Götz Schlicht wie auch Charlotte Schlicht in Potsdam wohnten, hätte das Amtsgericht Potsdam das Scheidungsurteil aussprechen müssen. Eine Anfrage bei diesem Gericht erbrachte die folgende Auskunft:[649]

> »[...] dass trotz intensiver Suche in unserem Archiv eine Familiensache betreffend Dr. Götz Schlicht bzw. ein Scheidungsurteil hier nicht vorhanden ist.«

Diese Auskunft bekräftigt die Annahme, dass es sich bei Charlotte Schlicht um eine fiktive Person handelt. Da auch in den MfS-Unterlagen zu Götz Schlicht sich keinerlei Hinweise zu dieser Maßnahme finden ließen, muss man schon annehmen, dass diese von anderer Seite eingeleitet worden war. Alles deutet hier in Richtung der »zweiten Dimension«. Man fragt sich nur, was diese Tarnung bezwecken sollte. Wer sollte hier getäuscht werden und warum?

Zurück zum 15. Mai 1957: Von Seiten des MfS wurde gegenüber Götz Schlicht noch folgendes klargestellt:

Umzugsgut: Götz Schlicht sollte das Wichtigste nach West-Berlin mitnehmen. Einen weiteren Teil würde das MfS übernehmen und dieses im Laufe der Zeit ihm zustellen. Für andere Gegenstände (nicht näher präzisiert) wollte ihm das MfS Schadenersatz leisten.

Ost-Berliner Sparbuch: Dieses würde ein gesperrtes Sparbuch sein, aber ihm laufend vorgelegt werden. Auf dieses Konto würde das MfS monatlich 600 DM bis 800 DM (DDR-Währung) einzahlen. Im Falle einer Rückkehr würde er die ganze Summe ausgezahlt bekommen.

Zusatzzahlungen in Westmark: Während seines Einsatzes in West-Berlin würde er monatlich 400 DM bis 500 DM West zusätzlich zu seinem UfJ-Verdienst erhalten. Haftentschädigung: Er würde in West-Berlin eine Haftentschädigung in Höhe von etwa 3 000 DM erhalten.

Erholungsurlaub: Ihm stehe in West-Berlin ein Erholungsurlaub zu, da er aus DDR-Haft komme. Er sollte diesen unbedingt nehmen.

649 Amtsgericht Potsdam, Schreiben vom 1.7.2004

Anerkennung als politischer Flüchtling: Er sollte sich bemühen, die Anerkennung eines politischen Flüchtlings zu bekommen. Dieser Status würde ihm bei der Wohnungssuche in West-Berlin helfen.

Umgehung des Flüchtlingslagers in West-Berlin: Er sollte mit der Hilfe von Walther Rosenthal versuchen, eine Unterbringung im Flüchtlingslager (Notaufnahmelager Marienfelde) zu umgehen. Er sollte sich am Anfang auch mit einer sehr kleinen Wohnung zufrieden geben.

Kontakt zu Walther Rosenthal und dem UfJ: Er sollte vor seiner »Flucht« schon versuchen, zu Walther Rosenthal in West-Berlin persönlichen Kontakt aufzunehmen. Er sollte sich bemühen, über Rosenthal eine feste Stellenzusage beim UfJ zu bekommen.

UfJ: Götz Schlicht erhielt dann auch noch eine Einweisung in die Situation beim UfJ mit Detailinformationen zum Weg eines Besuchers und zur Methode einer Anwerbung durch den UfJ. Es wurde von ihm erwartet, dass er alle geplanten Provokationen bzw. Anschläge gegen die DDR vorzeitig berichtet. Er sollte, nach Möglichkeit auch behilflich sein, alle Mitarbeiter beim UfJ zu identifizieren.

Rückkehr in die DDR: Falls er wieder in die DDR zurückkommen sollte, würde er wieder bei der Justiz eingesetzt werden.

Handschriftlicher Bericht von Götz Schlicht: In diesem Bericht beschreibt Götz Schlicht seine Freundschaft mit Walther Rosenthal.[650] Dann folgte eine sehr kurze Beschreibung seiner Inhaftierung. Der dritte Teil besteht aus Zukunftsprognosen und seinem »aktiven Beitrag für den Weltfrieden« sowie sein Mitwirken gegen die »UfJ-Spionageorganisation«. Der letzte Teil befasst sich mit seinen schwebenden familiären Angelegenheiten (Scheidung).

Am Ende der Unterhaltung verfasste Götz Schlicht handschriftlich seine Verpflichtung:[651]

> »Berlin, den 16.5.1957
> Verpflichtung
> Ich, Dr. Götz Schlicht, geboren am 9.3.1908 in Berlin-Wilmersdorf, erkläre mich bereit auf freiwilliger Basis, mit dem Ministerium für Staatsicherheit zusammenzuarbeiten. Dies beruht auf der Tatsache, dass ich meine vorzeitige Haftentlassung den Bemühungen des MfS verdanke. Ich werde bereit sein,

650 BStU, MfS-AOP-8915/91, Bd. 10, Bl. 87–89
651 Ebd., Bl. 86

meine vorhandene Perspektive in Westberlin auszunutzen, indem ich mit [geschwärzt – Walther Rosenthal] vom UfJ Kontakt aufnehme und versuchen werde, selbst eine Tätigkeit beim UfJ aufzunehmen. Dies erscheint mir leicht möglich, da ich zu [geschwärzt – Rosenthal] guten persönlichen Kontakt hatte. Während meiner Tätigkeit beim UfJ werde ich bestrebt sein, sämtliche mir zur Kenntnis gelangenden Anschläge und Provokationen gegen die DDR dem MfS mitzuteilen.

Beim UfJ werde ich meine Tätigkeit unter dem Decknamen Dr. Schneider aufnehmen. Sämtliche Mitteilungen für das MfS unterschreibe ich mit dem Namen Dr. Lutter.
Gez. Dr. Götz Schlicht«

Götz Schlicht erhielt an diesem Abend noch DM (Ost) 200,00. Das Gespräch endete gegen 21.00 Uhr. Schlicht wurde dann von Leutnant Sommer und einem Fahrer von Berlin nach Babelsberg gebracht. Es wurde mit ihm vereinbart, dass der nächste Treff am 24. Mai 1957 an der Jannowitzbrücke stattfinden sollte.[652]

Am 24. Mai 1957 trafen sich Hauptmann Volpert und Leutnant Sommer mit Götz Schlicht am S-Bahnhof Jannowitzbrücke. Danach ging es in einem Pkw zum Objekt »Muster«, einer konspirativen Wohnung. Götz Schlicht berichtete den MfS-Offizieren, dass er alle Formalitäten seiner Wiederanmeldung in Potsdam erledigen konnte. Weiterhin meldete er, dass er in West-Berlin war, um gewisse Urkunden zu besorgen (der Zweck wurde geschwärzt). In West-Berlin hätte er Kontakt zu drei Personen aufgenommen, bei denen es sich mit aller Wahrscheinlichkeit um führende Mitarbeiter des UfJ handele. (Da alle Namen der aufgesuchten Personen wie auch deren Anschriften geschwärzt wurden, ist es schwierig, sich hier einen Durchblick zu verschaffen.)

Die MfS-Führungsoffiziere erklärten ihm erneut, wie er sich verhalten sollte und dass er sich auch bemühen sollte, eine interessante Arbeit beim UfJ zu bekommen, da er dort volles Vertrauen genieße. Dem Bericht der MfS-Offiziere war auch noch ein von Götz Schlicht selbst geschriebener Bericht beigefügt. Soweit die Angaben entziffert werden können, trafen sich Götz Schlicht und Walther Rosenthal am 20. Mai 1957 in der Wohnung einer Frau (Namen geschwärzt), die Götz Schlicht und Walther Rosenthal anscheinend aus ihrer gemeinsamen Zeit in Potsdam kannten.

---

652 Ebd., Bl. 84–85

Diese Frau bot Götz Schlicht an, dass er und seine Familie bei ihr wohnen könnten, bis er eine eigene Wohnung gefunden hätte. Sie stellte ihm ferner die Wohnung ihrer Schwiegereltern zu einem späteren Zeitpunkt in Aussicht. Walther Rosenthal teilte Götz Schlicht mit, dass er und ein anderer UfJ-Mitarbeiter (Name geschwärzt) sehnlichst auf seine Mitarbeit beim UfJ warten. Beide meinten, dass Götz Schlicht seine Kenntnisse und Erfahrungen dem UfJ zur Verfügung stellen sollte. Götz Schlicht plante nun, zwischen dem 3. und 15. Juni überzusiedeln. Die MfS-Führungsoffiziere waren ganz angetan von Götz Schlicht und erteilten ihm eine äußerst positive Einschätzung. Er erhielt bei diesem Treff 400,00 DM (West) und 500,00 DM (Ost). Der nächste Treff wurde für den 9. und alternativ für den 11. Juli an der Sektorengrenze Invalidenstraße vereinbart.[653]

Am 7. Juni heiratete Götz Schlicht seine dritte Ehefrau, Käthe Gertrud Liesbeth Blankenburg, geb. Busse, in Potsdam.[654] Er »flüchtete« dann am 11. Juni 1957 mit seiner frisch vermählten Ehefrau, mit vier Kindern aus ihrer ersten Ehe bzw. aus der jetzigen Verbindung nach West-Berlin.

Ankunft in West-Berlin

Am 9. Juli 1957 traf sich Götz Schlicht erneut mit seinen MfS-Führungsoffizieren, Oberleutnant Sommer und Major Volpert, kurz hinter dem Übergangspunkt in Ost-Berlin. Die MfS-Offiziere konnten beobachten, wie er von West-Berlin in den Ostsektor wechselte. Diese Maßnahme diente dem Zweck, dass die MfS-Offiziere beobachten konnten, ob ihm jemand folgte. Ein zweiter Grund lag wohl darin, dass ein Volkspolizist an der Grenze ihn möglicherweise hätte kontrollieren können. Nach Begrüßung durch seine Führungsoffiziere wurde Schlicht zu einem in der Nähe parkenden Pkw eskortiert, der außer Sichtweite vom Westen aus geparkt worden sein musste. Nachdem alle Beteiligten im Pkw Platz genommen hatten, ging die Fahrt zu einer konspirativen Wohnung. Die Gespräche mit seinen Führungsoffizieren dauerten in der Regel mehrere Stunden.

Bei diesem Treffen berichtete Götz Schlicht, dass er am 11. Juni nach West-Berlin »flüchtete«. Er bekam im Notaufnahmelager Marienfelde zwei Zimmer für sich und seine Familie zugewiesen. Dieses Lager wurde 1952/53 gebaut. Seit dem 15.

653 BStU, MfS-AOP-1725/64, Bd. 55, Bl. 2–7
654 Karteikarte von Götz Schlicht aus dem Aufnahmelager Marienfelde

August 1953 wurden hier Flüchtlinge aufgenommen.[655] Innerhalb von 40 Stunden erhielt Götz Schlicht seine Anerkennung als politischer Flüchtling.

Das Bundesnotaufnahmegesetz vom 22. August 1950 galt zunächst nur im Bundesgebiet. Die Übernahme des Gesetzes in West-Berlin erfolgte am 4. Februar 1952.[656] Gemäß diesem Gesetz sollten nur Flüchtlinge aus der DDR im Westen aufgenommen werden, die »wegen einer drohenden Gefahr für Leib und Leben, für die persönliche Freiheit oder aus sonstigen zwingenden Gründen« die DDR verlassen mussten.[657] Nur solche anerkannten politischen Flüchtlinge kamen in den Genuss aller angebotenen staatlichen Eingliederungs- und Hilfsmaßnahmen.

Acht Tage später wurde Goetz Schlicht ein C-Ausweis ausgestellt. Dieser Ausweis berechtigte ihn zu weiteren staatlichen Eingliederungshilfen und Unterstützungen. Er erhielt auch schon seine Haftentschädigung (die Höhe wurde leider von der BStU geschwärzt). Da er fünf Jahre inhaftiert war, wurde ihm ein Erholungsurlaub vom Roten Kreuz von 28 Tagen im Bundesgebiet zugesprochen.[658]

Die Schnelligkeit, in der Götz Schlicht die Anerkennung als politischer Flüchtling erhielt, beruht auf einer Bescheinigung, die ihm das »Hilfskomitee für politische Häftlinge der Sowjetzone« am 12. Juni 1957 ausstellte. Dieses Hilfskomitee war eine Gliederung des UfJ und befand sich ebenfalls, wie der UfJ, in der Limastraße, Berlin-Zehlendorf. Es ist anzunehmen, dass dem UfJ eine umfangreiche Datei von Inhaftierten in der DDR zur Verfügung stand, die die Mitarbeiter des UfJ im Laufe der Jahre anlegen konnten. In der Bescheinigung, die Götz Schlicht erhielt, sind wahrheitsgetreue Angaben zu seiner Tätigkeit in der DDR, seiner Verhaftung, seiner Verurteilung und seiner Begnadigung enthalten. Ihm wurde dann noch das Folgende bescheinigt:

> »Herr Dr. Schlicht war einer der ersten ehrenamtlichen Mitarbeiter des Untersuchungsausschusses Freiheitlicher Juristen. Bereits seit Mai 1950 war er für uns tätig. Er hat uns wesentliche Informationen aus der Zonen-Justiz und wertvolle Anregungen für unsere Tätigkeit gegeben. Er hat sogar selbst die Verteilung von für die SBZ bestimmten Druckschriften vorgenommen. Seine Abneigung gegen das Zonensystem veranlasste ihn, in jeder nur möglichen

655 BStU, MfS-AOP-1725/64, Bd. 61, Bl. 310

656 Ebd.

657 Erinnerungsstätte Notaufnahmelager Marienfelde (Hrsg.), 1953–2003. 50 Jahre Notaufnahmelager Marienfelde, Berlin 2003, S. 12

658 BStU, MfS-AOP-1725/64, Bd. 55, Bl. 9

Form sich gegen das Zonensystem und für die Sache der Freiheit einzusetzen. Bei der Verteilung der Druckschriften des Untersuchungsausschusses Freiheitlicher Juristen wurde er festgenommen und in einem politischen Strafverfahren ausschließlich wegen der für den Untersuchungsausschuss ausgeübten Widerstandstätigkeiten zu der o.a. Strafe verurteilt.
Die Verhaftung ist uns am 17.5.1952 gemeldet worden. Außerdem liegt uns eine Ausfertigung des Urteils vor.
Herr Dr. Schlicht ist als echter Widerstandskämpfer anzusehen.«[659]

Dass Götz Schlicht schon seit Mai 1950 für den UfJ tätig war, widerspricht einer früheren Aussage eines leitenden Angestellten (Rosenthal?) des UfJ. Dieser meinte noch am 15. August 1952,

»[...] dass der Untersuchungsausschuß kein so großes Interesse an Schlicht habe, da Schlicht nicht ein Mitarbeiter des ›UfJ‹ ist«.[660]

Wenn nun Götz Schlicht am 15. August 1952 kein Mitarbeiter (Informant) des UfJ war, also zu einem Zeitpunkt, als er schon in Haft war, hätte er auch nicht bis zu seiner Entlassung aus der Haft am 15. Mai 1957 ein UfJ-Mitarbeiter werden können. Man kann also mit ziemlicher Sicherheit davon ausgehen, dass die spätere Feststellung vom 12. Juni 1957, nach der er seit Mai 1950 für den UfJ tätig gewesen sein soll, nicht der Wahrheit entspricht. Es stellt sich hier zudem die Frage, wie viele weitere Bescheinigungen dieser Art ausgestellt wurden, die falsche Atteste enthielten.

Wie schon im Kapitel über den familiären Hintergrund von Götz Schlicht beschrieben, erschien seine zweite Ehefrau, Käte Schlicht, am 17. Mai 1952 in der Zentrale des UfJ, um die Verhaftung ihres Ehemannes zu melden. Diese Tatsache wurde nun in der Bescheinigung zitiert. Man kann davon ausgehen, dass die »zweite Dimension« Walther Rosenthal eine Ausfertigung des Urteils zur Verfügung stellte. Man war also auf die Ankunft von Götz Schlicht gut vorbereitet. Die Behauptung, Götz Schlicht sei »ein echter Widerstandskämpfer«, stellt nach alledem die Wahrheit auf den Kopf.

659 Hilfskomitee für politische Häftlinge der Sowjetzone, Bescheinigung, 12.6.57, Privatarchiv Günther Buch
660 BStU, Potsdam-AOP-192/55, Bd. 2, 135

Auf der Karteikarte von Götz Schlicht aus dem Notaufnahmelager Marienfelde ist vermerkt, dass er vom »7.5.52–15.5.57 in Bützow« in Haft war. Es ist auch vermerkt, dass die »erste« Ehe von Götz Schlicht am 17. April 1957 geschieden wurde. Ein weiterer Vermerk gibt an, dass Götz Schlicht im Notaufnahmelager Marienfelde Unterkunft und Verpflegung vom 11. Juni bis 20. Juni erhielt. Die Familie ist dann in das Lager Königsallee verlegt worden.[661] Zum Zeitpunkt seines Gesprächs mit den MfS-Führungsoffizieren am 9. Juli 1957 lebte Götz Schlicht noch in der Königsallee, wo die Familie zwei Zimmer bewohnte.[662]

Götz Schlicht gab an jenem 9. Juli an, dass er fast jeden Tag beim UfJ war und dort Gespräche führte, wie und wann er mit seiner zukünftigen Tätigkeit beim UfJ beginnen könnte. Unter anderem wurde ihm angeboten, die Außenstelle des UfJ im Notaufnahmelager Marienfelde zu übernehmen. Der derzeitige Verantwortliche sollte gekündigt werden, da er für diese Tätigkeit nicht geeignet wäre. Dieser sollte nicht alle Angaben so auswerten, wie es notwendig sei. Man bot Götz Schlicht für diese Tätigkeit ein monatliches Gehalt von DM 900,00 an. Zunächst sollte er aber seinen Erholungsurlaub antreten.[663]

Gefahr in Verzug: Überläufer vom Präsidialamt

Götz Schlicht berichtete außerdem, dass er nach seiner Haftentlassung in Potsdam durch einen Kurier einen Brief vom UfJ erhalten habe. In diesem Brief wurde er zu einem Gespräch beim UfJ aufgefordert, bei dem dann drei UfJ-Mitarbeiter (Namen geschwärzt) anwesend waren. Es wurde ihm mitgeteilt, dass ein Leiter einer westlichen Dienststelle beim UfJ angerufen hätte, um anzukündigen, dass der Häftling Schlicht demnächst entlassen werden soll. In der Beurteilung von Frau Benjamin solle stehen, dass der Verurteilte das Unrecht, welches er der DDR angetan habe, auf diese Weise wieder gutmachen könne. Die Quelle dieser Information soll ein zuverlässiger Informant eines Ostbüros sein, der in der Gnadenabteilung in unmittelbarer Nähe von Frau Benjamin tätig sei.

Götz Schlicht wurde nun von Seiten des UfJ befragt, ob er in der Haft vom MfS angeworben wurde, was er natürlich verneinte. Eine weitere Aussprache sollte zu

661 Kateikarte des Notaufnahmelagers Marienfelde
662 BStU, MfS-AOP-1725/64, Bd. 55, Bl. 9
663 Ebd., Bl. 8–13

einem späteren Zeitpunkt stattfinden, zu der ist es allerdings nicht gekommen.[664] Diese Angelegenheit war aber keineswegs beendet. Am 10. September 1957 berichtete Götz Schlicht, dass (Name geschwärzt – Rosenthal?) den ehemaligen Leiter der Präsidialkanzlei (Name geschwärzt) eingehend befragt hatte. Dieser hatte sich in der Zwischenzeit nach West-Berlin abgesetzt.[665] Am 18. November 1957 berichtete Götz Schlicht, dass ihm von Seiten des UfJ erklärt wurde, dass es sich bei dem ehemaligen Mitarbeiter der Präsidialkanzlei um denjenigen handele, der dem Ostbüro die Mitteilung zu Götz Schlicht gemacht hat. Er habe seine Aussage in der Zwischenzeit revidiert und zum Ausdruck gebracht, dass er auf keinen Fall der Meinung war, dass Götz Schlicht Zuträger für das MfS sei. (!)[666]

Ende Februar 1958 flüchtete noch ein Kollege des ersten Mitarbeiters der Präsidialkanzlei nach West-Berlin. Beide Mitarbeiter hatten die Begnadigung von Götz Schlicht miteinander besprochen, da es dem einen merkwürdig vorkam, dass mehrere Gnadengesuche zu Götz Schlicht abgelehnt wurden und das letzte dann auf einmal doch genehmigt wurde. Das veranlasste denjenigen Mitarbeiter, der für das Ostbüro der SPD arbeitete, dem Ostbüro diese Merkwürdigkeit zu melden. Beide Mitarbeiter wurden eingehend zu der Angelegenheit wie auch über die Verfahrenswege der Präsidialkanzlei und deren Mitarbeiter in der UfJ-Zentrale befragt. Der zweite Mitarbeiter entschuldigte sich sogar bei Götz Schlicht und bat ihn um Verzeihung. (!)[667]

Das Paradoxe in diesem Fall ist die Tatsache, dass der zweite Überläufer den dritten Volksrichterlehrgang in Babelsberg (1.10.1947–30.9.1948) absolviert hatte. Danach war er anschließend als Amtsrichter in Neuruppin und Rathenow tätig und schließlich auch noch Direktor des Kreisgerichts Königswusterhausen, bevor er in die Präsidialkanzelei wechselte.[668] Mysteriös ist die Tatsache, dass Götz Schlicht in seiner Berichterstattung an das MfS mit keinem Wort erwähnte, dass sich die beiden aus dem Volksrichterlehrgang kannten. Man kann deshalb annehmen, Götz Schlicht erkannte, dass es sich bei dieser Person um einen Mitarbeiter der »zweiten Dimension« handelte, wozu er keine weiteren Angaben gegenüber dem MfS machen wollte.

Diese Angelegenheit war damit jedoch keineswegs beendet.

---

664 Ebd., Bl. 10
665 Ebd., Bl. 19
666 Ebd., Bl. 54
667 Ebd., Bl. 125–126
668 BStU, MfS-AOP-1725/64, Bd. 62, Bl. 15

Am 6. November 1958 erhielt Schlicht einen Telefonanruf mit einer abgesprochen Losung und traf sich noch am selben Abend mit seinen MfS-Führungsoffizieren. Die Führungsoffiziere teilten Götz Schlicht mit, dass ein DDR-Richter, der einen Volksrichterlehrgang beendet hatte, geflohen sei. Götz Schlicht kannte ihn lediglich aus Artikeln in der »Neuen Justiz«. Er hatte auch keine Kenntnisse darüber, dass sich dieser Richter in Marienfelde gemeldet hätte. Götz Schlicht erfuhr von den Führungsoffizieren, dass der betreffende Richter auch das Gnadengesuch von Schlicht bearbeitet hatte, als er noch im Justizministerium arbeitete. Das MfS war deshalb besorgt, dass dieser Flüchtling eventuell aussagen könnte, etwas würde mit dem Gnadengesuch von Götz Schlicht nicht stimmen. Falls es dazu kommen sollte, sollte Götz Schlicht alle Anschuldigungen abstreiten. Als Vorsichtsmaßnahme wurde vereinbart, dass man die Treffs eine Zeitlang aussetzen sollte.[669]

Tätigkeit beim UfJ

Bei seinem Treffen am 10. September 1957 in Ost-Berlin teilte Götz Schlicht seinen MfS-Führungsoffizieren mit, er habe sich im Monat August für vier Wochen zur Erholung in Bad Reichenhall aufgehalten. Zum 1. September 1957 sei er nun beim UfJ eingestellt worden. Die ersten zwei Wochen sollte er sich zunächst mit allen Dienststellen des UfJ bekannt machen. Diese befanden sich in der Limastraße 29/30c und in der Klopstockstraße 24. Nachdem er vom 2. bis 14. September alle Abteilungen des UfJ durchlaufen hatte, konnte er am 24. September 1957 die UfJ-Außenstelle im Notaufnahmelager Marienfelde übernehmen.[670] Er erhielt den UfJ-Decknamen »Dr. Cramer«.[671] Statt der erwarteten DM 900,00 wurde ihm nun ein monatliches Gehalt von DM 1 000,00 zugesagt.

Im Vergleich zu den anderen »Hauptagenten« und Angestellten beim UfJ war dieses Gehalt recht hoch.[672] Beim UfJ muss ein ziemliches Gefälle in der monatlichen Vergütung existiert haben. So schilderte Götz Schlicht in einem späteren Bericht, dass zwei Angestellten zum 1. Mai 1958 eine Gehaltserhöhung von DM 30,00 zugebilligt wurde. Vorher bekamen sie nur DM 400,00 monatlich. Diese Gehaltserhöhung kam deshalb zustande, »weil sie laufend meuterten und es sich nicht mehr

669 BStU, MfS-AOP-8915/91, Bd. 10, Bl. 136–138
670 BStU, MfS-AOP-1725/64, Bd. 55, Bl. 23
671 UfJ, Besuchervermerk vom 02.09.1957, Privatarchiv Dr. Günther Holzweißig
672 BStU, MfS-AOP-1725/64, Bd. 55, Bl. 14–21

bieten ließen, laufend vertröstet zu werden«.[673] Später (Bericht vom 16.6.1958) schilderte Götz Schlicht, dass die beiden Sekretärinnen beim UfJ ausgeschieden waren, da sie beim UfJ zu wenig verdienten.[674] Bei seiner Abschiedsrede am 15. Juli 1958 sprach Horst Erdmann, der erste Leiter des UfJ, über den später berichtet wird, davon, »dass er sich nicht genügend um seine Angestellten gekümmert habe und auch schlechte Gehälter gezahlt hat«.[675] Es stellt sich deshalb hier die Frage, wieso Götz Schlicht im Vergleich zu anderen »Hauptagenten« und Angestellten bevorzugt und anscheinend über das erwartete Maß hinaus entlohnt wurde.

Am 10. September 1957 wurde zwischen den MfS-Führungsoffizieren und Götz Schlicht vereinbart, dass er eine Entschädigung in Höhe von DM (Ost) 5 000,00 für seinen zurückgelassenen Hausrat in Potsdam bekommt. Diese Entschädigung wurde ihm auf einem Sparkassenbuch gutgeschrieben. Danach erfolgten monatlich weitere Einzahlungen in Höhe von DM (Ost) 1 000,00.[676] Am 22. Oktober 1957 zeigten die MfS-Führungsoffiziere Götz Schlicht sein »Sparbuch«. Zu diesem Zeitpunkt befand sich die Summe von DM (Ost) 6 600,00 auf diesem Konto.[677] Am 5. Dezember 1989 wies dieses in Ost-Berlin geführte Sonderkonto ein Guthaben von 169 971,13 Mark der DDR aus. Im Januar und Februar 1990 überwies der letzte MfS-Führungsoffizier von Götz Schlicht, Oberstleutnant Fleischhauer, den gesamten Betrag auf drei verschiedene Konten mit bisher unbekanntem Inhaber. Der Verbleib dieses Geldes konnte nicht geklärt werden.[678]

Götz Schlicht übernahm die Außenstelle des UfJ im Notaufnahmelager Marienfelde am 24. September 1957. Offiziell trug diese Außenstelle dort die Bezeichnung »Beratungsstelle des Untersuchungsausschusses der freiheitlichen Juristen«. Schlicht war dort nicht allein tätig, sondern hatte auch eine Sekretärin. Er arbeitete dort nicht den ganzen Tag, sondern begab sich jeden Nachmittag in die UfJ-Zentrale in der Limastraße in Berlin-Zehlendorf.[679]

Die Aufgabe der Beratungsstelle war es, Flüchtlinge und Besucher aus West-Berlin und der DDR zu beraten. Ihm wurden viele »interessante« Flüchtlinge gemäß

---

673 Ebd., Bl. 144

674 Ebd., Bl. 185

675 Ebd., Bl. 200

676 Ebd., Bl. 20

677 Ebd., Bl. 39

678 Anklageschrift des Generalbundesanwalts beim Bundesgerichtshof, 3 BJs 1520/92-3 (360)/2 StE 13/93-3 (5),Karlsruhe, 15.10.1993, S. 64f.

679 Auskunft von Günther Buch, der ebenfalls beim UfJ tätig war, Interview vom 20.03.2001; BStU, MfS-AOP-8915/91, Bd. 10, Bl. 145

einer Absprache zwischen der Lagerleitung und dem UfJ zugewiesen. Andere Flüchtlinge, die behaupteten, für einen der vielen Geheimdienste (Ost oder West) gearbeitet zu haben oder wegen einer Zusammenarbeit angesprochen worden zu sein, meldeten sich ebenfalls bei der UfJ-Beratungsstelle. Deren Ziel war es, ein positives »Gutachten« vom UfJ zu erhalten, damit sie den begehrten C-Schein der politisch Anerkannten bekommen konnten. Viele der »interessanten« Flüchtlinge und Besucher wurden von Götz Schlicht auch an seine Zentrale verwiesen, wo ihr Wissen abgeschöpft wurde. Zu einigen sehr interessanten Flüchtlingen notierte Schlicht deren Details und stellte diese seinen MfS-Führungsoffizieren zur Verfügung. Diese Mitteilungen blieben für diese Flüchtlinge, mit aller Wahrscheinlichkeit, ohne Folgen, da sie ja nicht wieder in die DDR zurückkehrten. Viel tragischer ist der Fall seiner DDR-Besucher, die sich in Absetzfragen beraten lassen wollten und dann wieder in die DDR zurückkehrten. Vor allem deren persönliche Daten übergab Schlicht seinen Führungsoffizieren. Es ist zu vermuten, dass viele von ihnen danach verhaftet wurden. Im Zeitraum vom 18. März 1958 bis zum 28. Juli 1961 identifizierte er insgesamt 650 solcher Besucher.[680]

Ansonsten lieferte Götz Schlicht auch detaillierte Daten zur Fluchtbewegung an das MfS. Diese Informationen waren nicht geheim und selbst in westlichen Zeitungen zu finden. Der einzige Unterschied war, dass Schlicht dem MfS präzise Angaben über größere Zeiträume liefern konnte, während in den Zeitungen diese Informationen nur gestückelt zu finden waren. In eigener Regie fertigte er Statistiken zu den Bezirken an, aus denen die Flüchtlinge kamen.

Seine Berichterstattung zum Innenleben des Notaufnahmelagers dagegen war eher sehr dürftig. So lässt sich feststellen, dass er nicht einmal Informationsbroschüren, Hinweisblätter, Kopien von Laufzetteln, Aufnahmescheinen und andere Dokumente dem MfS zur Verfügung stellte. Es ist besonders überraschend, dass er fast nichts über die Alliierten Sichtungsstellen im Lager berichtet hatte. Von besonderem Interesse für das MfS waren Flüchtlinge, die angaben, angeblich vom MfS verpflichtet worden zu sein. Bis April 1958 sind die Angaben zu diesen angeblich MfS-verpflichteten Flüchtlingen in den Treffberichten von Götz Schlicht enthalten. Danach übergab er Listen dieser Personen, die nicht mehr Bestandteil des Treff-Berichts waren, an seine Führungsoffiziere.

680 Anklageschrift des Generalbundesanwalt beim Bundesgerichtshof, S. 7f.

Überraschend objektiv ist die Einschätzung Götz Schlichts vom 10. Dezember 1957 zu den Fluchtgründen:

- Bei der Reichsbahn und Post war die Bezahlung gering und es gab viele Überstunden.
- Die Grenzgänger (Wohnung und Arbeitsplatz getrennt durch die Grenze) hatten größere Schwierigkeiten, von einer zur anderen Seite zu wechseln.
- Der Eintritt in die LPG geschieht nicht in jedem Fall auf freiwilliger Basis.
- Lehrer weigerten sich, geforderte Referate für die Jugendweihe zu halten, da sie andere Ansichten hatten.
- Die durchgeführten Massenprozesse in der DDR verwirrte viele, da sie meinten, dass sie eines Tages ebenfalls verhaftet werden könnten.
- Flüchtlinge, die sich nun im Westen befanden, berichteten ihren Familienangehörigen in der DDR, dass sie nun im Westen wohnen und Arbeit gefunden haben. Sie fordern ihre verblieben Angehörigen in der DDR auf, auch zu kommen.
- Abiturienten wurden nicht zum Studium zugelassen. Sie flüchten in den Westen, um studieren zu können.
- Durch die Flucht des Abiturienten bekommen die Eltern Probleme in der DDR. Sie flüchten deshalb ebenfalls in den Westen.
- Junge Ingenieure fliehen in den Westen, weil sie aufgefordert wurden, politisch mitzuarbeiten. Da sie Fachleute sind, wollen sie nichts mit Politik zu tun haben.
- Jeder Zweite brachte zum Ausdruck, dass er aufgefordert wurde, politisch mitzuarbeiten. Viele waren aber nicht in der Lage, dies zu tun, und bekamen deshalb Schwierigkeiten. Sie wollten nach ihrer Arbeitszeit einfach frei sein.[681]

Am 30. August 1960 erstellte Schlicht eine weitere Analyse zu den Fluchtgründen. Diese ist ebenfalls ziemlich objektiv:[682]

1. Ärzte: Zwar guter Verdienst, aber politische Betätigung unzumutbar. Kinder beim Ober- und Hochschulbesuch behindert, wenn nicht gewisse politische Aktivität nachgewiesen.

681 BStU, MfS-AOP-1725/64, Bd. 55, Bl. 65–66
682 Ebd., Bd. 57, Bl. 91–92

2. Rechtsanwälte: Zwang ins Kollegium einzutreten, andernfalls keine Armensachen und Offizialverteidigungen. Gilt besonders für Alt-Rechtsanwälte. Angeblich keine Möglichkeit mehr, Vertreter von Individualinteressen zu sein. Behinderung bei der Prozessvertretung in Zivil- und Strafsachen.
3. Tierärzte: Gutes Einkommen, aber verantwortlich für Tiersterblichkeit auf LPG ohne persönliche Schuld. Furcht vor Bestrafung.
4. Lehrer: Eintreten für die Jugendweihe. Gilt besonders für katholische Lehrer. Abhalten von Geschichtsunterricht im Sinne des historischen Materialismus. »Gewissenskonflikt«.
5. Bauern, Gärtner: Haben früher gut verdient, jetzt nur noch 5–7 DM pro Tag. Reicht nicht zum Leben. »Wollen den Kommunisten nicht die Arbeitskraft zur Verfügung stellen.«
6. PGH-Handwerker: ähnlich. Noch freie Handwerker befürchten ähnliches. Bevor PGH doch unvermeidlich, um Zeit zu gewinnen, nach dem Westen.
7. Selbstständige Unternehmen: das Gleiche. Alle verdienen gut und wollen durch staatliche Beteiligung, Kommissionshandel, nicht weniger verdienen.
8. Arbeiter und Angestellte: Wollen keine Politik nach Feierabend, wie Betätigung in KG, GST usw. Wollen ihre Ruhe haben.
9. Rentner: Höhere Renten im Westen. Gilt besonders für ehemalige Beamte und Angestellte des öffentlichen Dienstes. Aber auch Arbeiter und Angestellte. Beamte mit C-Schein volle Westpension.
10. Jugendliche: Angeblich ohne Jugendweihe keine Lehrstelle, ohne NVA kein Studium, ohne SED-Mitgliedschaft keine höhere Funktion. Allgemein: Belastung durch soziale Herkunft. Vater »bürgerlich«.

Gelegentliche Begründungen:

- MfS-Kontakt.
- Keine Interzonenpässe, oder zu selten.
- Furcht vor wirtschaftl. oder allg. Strafverfahren.
- Bekannt gewordene Westreisen.

Anmerkung: Der Autor machte die Erfahrung bei der Befragung von DDR-Flüchtlingen in den Jahren 1976 bis 1990, dass viele der oben genannten Gründe noch immer von Flüchtlingen genannt wurden. Das traf insbesondere auf sehr viele geflüchtete Arbeiter und Angestellte, Rentner und Jugendliche zu.

Erstaunlich ist die Tatsache, dass Götz Schlicht erneut den Auftrag erhielt, eine weitere Analyse für die Gründe zur Republikflucht für das MfS anzufertigen. Sein »Hinweis« vom 24. Februar 1961 enthält folgende Beschreibung:

> »Viele Eltern werden flüchtig, weil die Schul- und Kindererziehung in unserem Sinne sie angeblich in Gewissenkonflikte bringt; dass eine Reihe von Menschen, die wissenschaftlich arbeiten, der Auffassung sind, ohne politische Betätigung sei kein Weiterkommen; oft die Angst, wegen Beihilfe zur Republikflucht Schwierigkeiten zu bekommen und der größte Teil der Jugendlichen gibt als Grund an, ohne in der NVA gedient zu haben, besitzen sie in der DDR keine Entwicklungsmöglichkeiten. Oftmals wird alles in den Worten abgetan, »die Marschrichtung passt uns nicht«. Gemeint ist der Aufbau des Sozialismus. Auch solche Probleme wie Familienzusammenführung, unklare Ehe-Verhältnisse treiben viele Menschen zu dem Schritt, republikflüchtig zu werden, weil sie damit, ihrer Auffassung nach, am schnellsten alles in Vergessenheit bringen können. So ist es zum Beispiel kein Geheimnis, dass unter der Kategorie Familienzusammenführung ein großer Teil Personen republikflüchtig wird. Ein anderer Teil – und das ist kein geringer –, wo Männer mit ihren Geliebten ankommen und ihre Ehefrauen mit ihren Kindern in der DDR sitzen lassen.«[683] (Der Autor kann aus eigener Erfahrung für die Jahre 1976 bis 1990 diesen Gründen nur zustimmen.)

An die MfS-Zentrale berichtete Götz Schlicht buchstäblich alles, was er sehen und hören und an sich raffen konnte: Zur Personalstruktur, Organisation und Arbeitsweise des UfJ teilte er dem MfS in Form von Berichten, Originalunterlagen und Abschriften alles mit. Er fertigte auch umfangreiche Charakteristika der hauptamtlichen UfJ-Mitarbeiter an und gab in Stimmungsberichten die Auffassung der UfJ-Angehörigen zu aktuellen politischen Ereignissen wieder. Aus eigenem Antrieb unterbreitete er wiederholt Vorschläge zur besseren Bekämpfung des UfJ.[684] Leider sind so gut wie alle Namen geschwärzt, sodass man viele Abläufe und Zusammenhänge nicht eindeutig verstehen kann.[685] Es gelang ihm auch immer wieder, Details zu UfJ-Informanten aus der UfJ-Zentrale zu erhalten. Wie viele es waren, konnte im Nachhinein nicht einmal die Staatsanwaltschaft beim Bundes-

683 Ebd., Bd. 57, Bl. 207–208
684 Anklageschrift des Generalbundesanwalt beim Bundesgerichtshof, S. 6
685 BStU, MfS-AOP-1725/64, Bd. 55, Bl. 2–316

gerichtshof feststellen. Es wird hier von mindestens zehn Festnahmen gesprochen.[686]

Am 10. Dezember 1957 bekam Götz Schlicht von der UfJ-Zentrale den Auftrag, monatlich einen Bericht für das Ministerium für gesamtdeutsche Fragen zu erarbeiten. Dieser Bericht beinhaltete hauptsächlich die Rechtsentwicklung in der DDR gegenüber der in der Bundesrepublik. Schlicht sollte sich auch darauf vorbereiten, Referate zum Thema »Rechtsentwicklung in der SBZ« auszuarbeiten und vorzutragen und er sollte sich in das Thema »Eigentumsrecht« einlesen, um zu gegebener Zeit Artikel für die Zeitschriften »Recht in Ost und West« und »Die Deutsche Frage« schreiben können.[687]

Nachdem Walther Rosenthal im Juli 1958 neuer Leiter des UfJ geworden war, erwartete Götz Schlicht, dass er sein Stellvertreter werde. Schließlich war er ein Mensch, der maßlos eitel und deshalb auch sehr enttäuscht war, als er nicht in diese Position berufen wurde.[688] Diese Tatsache erklärt mit aller Wahrscheinlichkeit, warum er am 17. Juli 1958 seinen Mfs-Führungsoffizieren folgende Vorschläge zur Bekämpfung des UfJ unterbreitete:[689]

1. Alle bekannten Informanten sollten verhaftet werden und in jedem Bezirksgericht so schnell wie möglich in öffentlichen Prozessen mit Rundfunkübertragung und Presse-Auswertungen verurteilt werden. Diese Maßnahme würde die Zahl der Besucher verringern und einen Teil der Informanten von ihrer Tätigkeit abhalten.
2. In der Öffentlichkeit sprach man davon, dass der UfJ das »Anwaltsbüro der Zone« sei und die gesamte Organisation sich »freiheitliche Juristen« nennt. Beide Bezeichnungen sind falsch. Alle Referenten sollen in Zeitungen und Rundfunk beleuchtet werden, um festzustellen, wer tatsächlich Volljurist bzw. Rechtsanwalt ist. Hier wird man zu der Feststellung kommen, dass beim UfJ nur 5 Juristen tätig sind und die anderen Referenten andere Berufe erlernt haben. Diese 5 Juristen werden der Bezeichnung »Anwaltsbüro der Zone« sowie »freiheitliche Juristen« nicht gerecht.
3. Außerdem soll berichtet werden, dass allen Hauptreferenten die Besucher-

686 Anklageschrift des Generalbundesanwalt beim Bundesgerichtshof, S. 7
687 BStU, MfS-AOP-1725/64, Bd. 55, Bl. 59–82
688 Günther Buch, Interview vom 20.03.2001. Günther Buch war ein Kollege von Götz Schlicht beim UfJ
689 BStU, MfS-AOP-1725/64, Bd. 55, Bl. 211–213

beratung sehr lästig erscheint und alle nur mit Informanten arbeiten, von denen sie Informationen bekommen.
4. Es soll auch der Öffentlichkeit erklärt werden, dass Besucher des UfJ um ihr Fahrgeld betrogen werden, da beim UfJ fast keine Juristen tätig sind und sie nicht von Juristen beraten werden.
5. Es soll auch die Frage gestellt werden, warum Referenten beim UfJ, welche sich als Rechtsanwälte und Juristen ausgeben, unter Decknamen arbeiten. Nach Möglichkeit sollte von den wichtigsten Referenten Auszüge aus Lebensläufen, Fragebögen, Beurteilungen, Ernennungsurkunden und dergleichen veröffentlicht werden. Man sollte dabei auch auf kleinere kriminelle Dinge achten.
6. Gegen Horst Erdmann sollte eine weitere Anzeige erstattet werden, da er vortäuschte, dass der UfJ eine Rechtsberatungsstelle wäre, welche sie in Wirklichkeit niemals ist. Weiterhin sollte überprüft werden, ob Horst Erdmann auch der Anstiftung beschuldigt werden kann. Er ist die führende Person, die den UfJ gegründet hatte und auch entsprechende Personen aus der DDR nachgezogen hat. Diese Personen wurden dafür gewonnen, um in einer Rechtsberatungsstelle tätig zu sein.
7. Zuletzt sollte überprüft werden, ob Horst Erdmann im Rahmen seiner Scheidung als Partei auch vernommen wurde. Wenn dies der Fall ist und er zu seiner Person falsche Angaben gemacht hat, so hat er sich des falschen Eides nach § 253 schuldig gemacht.

Soweit ersichtlich, nahm das MfS diese Anregungen nicht auf, da diese den UfJ in die Gefahr brachten, zerstört zu werden. Es lag also nicht im Interesse des MfS, auch nicht der »zweiten Dimension«, so konsequent gegen den UfJ vorzugehen, da ihnen dadurch vermutlich wichtige Informationen zu fluchtwilligen und flüchtigen DDR-Bürgern entgangen wären.

In einem Treff-Bericht vom 14. April 1964 beschreibt Götz Schlicht nicht nur sämtliche UfJ-Angestellten, sondern auch sich selbst:

»Dr. Götz Schlicht
Leiter der Außenstelle Marienfelde im Notaufnahmeverfahren und Referent für das künftige Zivilrecht und Zivilprozessrecht, Redakteur der Zeitschrift ›Recht in Ost und West‹ anstelle von [Namen geschwärzt], der nur für 2.000 DM seinen Namen verkauft hat, und Redakteur der Rechtsentwicklungsbe-

richte. War früher Richter am Oberlandesgericht bis zu seiner Verhaftung 1952. Durchschnittliche Intelligenz, erledigt seine Aufgaben zuverlässig und gewissenhaft. Hat einen Kinderfimmel und ist daher kinderreicher Vater. Er soll [geschwärzt] Kinder haben und in zweiter Ehe verheiratet sein. Duzt sich mit Rosenthal, mit dem er in Potsdam zusammen war. Beide arbeiten eng zusammen, soweit es das Fachliche erfordert. Dr. Schlicht gilt als Kenner des Marxismus-Leninismus und schreibt laufend Rezensionen in ›Recht in Ost und West‹. Volkswagen-Fahrer. Eintritt in den ›UfJ‹ 1957.«[690]

Es ist unverständlich, wieso er angibt, dass er nur zweimal heiratete, da er bereits zum dritten Mal verheiratet war.

Der Mauerbau 1961 hatte auch Auswirkungen auf die Tätigkeit von Götz Schlicht beim UfJ. So schrieb er in seinem Bericht vom 21. Dezember 1962, dass er nach dem Ausscheiden von (geschwärzt) im gewissen Umfang das Zivilrechtsreferat übernommen habe. Er sei ohnehin Experte für das künftige Zivilgesetzbuch (ZGB) der DDR. Zu diesem Thema veröffentlichte er schon mehrere Artikel in der Zeitschrift »Recht in Ost und West«, im Rundfunk und er hielt auch Vorträge dazu.[691] Anfang 1963 übernahm er das Zivilreferat »ZGB-DDR« beim UfJ.

Am 19./20. Oktober 1962 nahm Götz Schlicht am Internationalen Juristentag in West-Berlin teil. Der »Oberlandesgerichtsrat Dr. Götz Schlicht«[692] hielt dort einen Vortrag über die »Vertragsdogmatik im künftigen Zivilrecht der Sowjetzone Deutschlands«.[693] Es war geplant, dass Schlicht im Oktober 1963 vor der Sektion der Internationalen Juristen-Konferenz ebenfalls einen Vortrag halten sollte.[694] Am 27. Februar 1963 sollte er vor der Grenzakademie Sankelmark bei Flensburg einen Vortrag zum Thema »Veränderungen des Zivilrechts in beiden Teilen Deutschlands« halten.[695] Am 23. und 24. November 1963 nahm Götz Schlicht an einem Seminar des Fachbereichs Rechtswissenschaft der Universität Hamburg teil, um dort einen Vortrag zum selben Thema wie in Sankelmark zu halten.[696]

---

690 BStU, MfS-AOP-1725/64, Bd. 60, Bl. 60

691 Ebd., Bd. 58, Bl. 146

692 BStU, MfS-AOP-8915/91, Bd. 10, S. 190 (Ausschnitte der Internationalen Juristen Tagung durch das Staatliche Rundfunkkomitee)

693 Ebd., Bl. 187–198

694 BStU, MfS-AOP-1725/64, Bd. 58, Bl. 194

695 Ebd., Bl. 205 u. 238

696 Ebd., Bd. 59, Bl 185–186

Am 2. November 1964 meldete sich die erste DDR-Rentnerin in Marienfelde, die die Erlaubnis zu einem Besuch im Westen hatte.[697] Die DDR-Regierung erlaubte mit einer neuen Verordnung, Rentnern ganz legal auf Antrag, West-Berlin und die Bundesrepublik zu besuchen. Viele Rentner nutzten diese Gelegenheit, um sich in den Westen abzusetzen. In seinem Bericht vom 1. Dezember 1964 stellte Götz Schlicht fest, dass vier bis sieben DDR-Rentner täglich die UfJ-Zentrale aufsuchten, um sich beraten zu lassen.[698] DDR-Rentner besuchten auch das Büro von Götz Schlicht in Marienfelde. Es ging hier im Grunde genommen stets um die Fragestellung, wie viel Rente man im Westen bekommen könnte. Viele der beratenen Personen wollten zunächst in die DDR zurückkehren, um sich mit ihren Kindern abzusprechen, ob sie beim nächsten Besuch im Westen bleiben sollten.[699] Götz Schlicht notierte natürlich alle wesentlichen Punkte dieser Beratungen und übermittelte die Notizen an das MfS. In seinem Bericht vom 22. Dezember 1964 konnte er schon Angaben zu sechs Rentnern machen, die bei ihm vorgesprochen hatten. Das Erscheinen weiterer DDR-Rentner setzte sich auch in der Zukunft fort.

Das Gesamtdeutsche Institut

Am 30. Juni 1969 endete die Existenz des UfJ. 22 UfJ-Mitarbeiter, inklusive Götz Schlicht, wurden am 1. Juli 1969 in das Gesamtdeutsche Institut – Bundesanstalt für gesamtdeutsche Aufgaben (BfgA) übernommen. Das Institut gehörte zum Geschäftsbereich des Bundesministeriums für innerdeutsche Beziehungen (BMB). Das BMB trat 1969 an die Stelle des Bundesministeriums für gesamtdeutsche Fragen (BMG).[700] Götz Schlicht wurde dem Referat IV 4, Materialien, Publikationen, Filmstelle als wissenschaftlicher Mitarbeiter in der Gehaltsgruppe BAT IIa zugeordnet.[701] Seine Aufgabe bestand hauptsächlich in der redaktionellen Bearbeitung der Zeitschrift »Recht in Ost und West« (ROW).

Aufgrund einer Anfrage vom MfS antwortete Götz Schlicht in seinem Bericht vom 2. Juni 1970, »es bestehen im Prinzip keine Bedenken, [Namen geschwärzt] eine

697 Ebd., Bd. 60, Bl. 235
698 Ebd., Bl. 263
699 Ebd., Bl. 265
700 Ebd., Bd. 62, Bl. 95 u. Detlef Kühn, Das Gesamtdeutsche Institut im Visier der Staatsicherheit, Schriftenreihe des LStU, Bd. 13, 2. Aufl., Berlin 2008, S. 5
701 BStU, MfS-AOP-1725/64, Bd. 62, Bl. 107

Publikation zu widmen«.[702] Danach folgen zwei Versionen eines Vorschlags, einen ehemaligen Mitarbeiter des UfJ öffentlich in einer Publikation zu diskreditieren. Der Name ist geschwärzt, aber der Betreffende wird wie folgend beschrieben:[703]

> »Er ist Rechtsanwalt und 20 Jahre lang beim UfJ tätig gewesen. Man kann seine alte, wie auch neue Bezeichnung nennen, da letztere auf dem Schild am Eingang zu lesen ist. Er war als Oberreferent für Strafsachen tätig. Man hat sich schon immer gewundert, dass er von ›drüben‹ so wenig beachtet wurde. Man hatte sich ›drüben‹ mit so manchem beschäftigt, doch mit dem Betreffenden so gut wie gar nicht. Er war ein Sammler von Nachrichten über DDR-Bürger, um sie vor Gericht in der BRD aburteilen zu lassen. Er übte Zuträgerdienste für die Erfassungsstelle Salzgitter aus. Als Basis dafür dient sein Aushorchen von DDR-Besuchern. Alles dieses fand unter dem Vorwand statt, kostenlose Rechtsauskünfte zu erteilen. Mit Bau der Mauer am 13.08.1961 änderte sich die obige Tätigkeit. Der Betreffende beschäftigte sich nun mit ›Fluchthilfe‹. Er stellt die Verbindung zwischen Interessenten an herauszuholenden DDR-Bürgern und ›Fluchthelfergruppen‹ her. Er vergütete auch 10 % des Betrages, den die geflüchtete Person an die Fluchthelfer zu zahlen hatte. Diese Mittel stammten aus Bundesmitteln, die er verwaltete. Kern dieser Tätigkeit ist die Tatsache, dass er engsten Kontakt zu allen professionellen Schleuser-Gruppen hält, ja vielleicht ihr Kopf ist. Es stellt sich hier die Frage, wie viel er selbst dabei verdiente, da er einen aufwendigen Lebenswandel führte. Er hatte einen starken Wagen, ein Segelboot und machte auch kostspielige Auslandsreisen. In seiner Steuerklärung sind diese Einnahmen selbstverständlich nicht aufgeführt. In einer Klammer erklärt noch Götz Schlicht, dass die letzteren Behauptungen stark übertrieben wären. Der Betreffende hatte in Realität einen 5 Jahre alten 1 600er VW und sein Segelboot hatte er von seinem Vater geerbt und auch schon längst verkauft. Er bekam in aller Wahrscheinlichkeit auch keinerlei ›Fahrgeld‹. Aber bei einer solchen Veröffentlichung kann geflunkert werden, zumal an Allem ein Körnchen Wahrheit dran sei. Bei der Veröffentlichung sollte man so tun, als ob 2–3 geschleuste Rückkehrer ausgepackt hätten.«[704]

---

702 Ebd., Bl. 204
703 Ebd., Bl. 204–206
704 Ebd., Bl. 204

An den Merkmalen: Rechtsanwalt, 20 Jahre beim UfJ, Oberreferent für Strafsachen, Namen auf dem Eingangsschild, kann man unschwer erkennen, dass es sich hier um Walther Rosenthal handelt. Götz Schlicht wurde anscheinend in seiner Eitelkeit stark gekränkt, dass er nun beim BfgA lediglich als wissenschaftlicher Mitarbeiter angestellt war. Vielleicht hatte er sich durch seine Duz-Freundschaft mit Walther Rosenthal erhofft, Abteilungsleiter zu werden. Er rächte sich nun an seinem Freund mit dem Vorschlag eines denunziatorischen Artikels, der in der DDR veröffentlicht werden sollte. Soweit ersichtlich, wurde dieser Vorschlag von Götz Schlicht nicht verwirklicht.

Die ehemaligen Mitarbeiter des UfJ blieben bis auf weiteres in ihrer alten Dienststelle tätig, da es einige Zeit dauerte, bis ein geeignetes Gebäude in West-Berlin gefunden wurde, wo alle Bediensteten des neuen Instituts arbeiten konnten. Die Außenstelle in Marienfelde sollte Ende September 1969 geschlossen worden sein.[705] Götz Schlicht berichtete aber noch in seinem Treff-Bericht vom 30. Dezember 1969 von ausgeschleusten Flüchtlingen, die sich in Marienfelde gemeldet hatten.[706]

Zum selben Zeitpunkt berichtete er auch, dass ein wichtiger Mann des Lagers derzeit im Krankenhaus liege. Er könnte deshalb momentan von ihm keine Auskünfte bekommen. Über eine zweite Verbindung im Lager könnte er jedoch neue Informationen erlangen. Doch diese Kontaktperson werde nur auf eigenen Wunsch tätig. Er könne ihm keine Fragen stellen.[707]

Ab Januar 1970 finden sich nur noch sehr vereinzelt Angaben zu Flüchtlingen in seinen Berichten.[708] Soweit zu überblicken ist, fand die erste gründliche Sicherheitsüberprüfung zu Götz Schlicht von deutscher Seite Anfang 1970 statt. Am 4. März 1970 ging ein Schreiben des Bundesverfassungsschutzes in Ludwigsburg beim BMB ein, darin wurde gefragt, »welche Erkenntnisse über Dr. Schlicht vorliegen«.[709] Man muss annehmen, dass dem BfV die Protokolle zu den Vernehmungen vom 16. Dezember 1963 und dem 7. Februar 1964 übermittelt wurden. Diese enthalten Angaben vom April 1940 bis Mai 1945 zum Polizeidienst von Götz Schlicht.

---

705 Anklageschrift des Bundesgeneralanwalts gegen Dr. Heinz Götz Schlicht, 3 BJs 1520/92-3 (360)/3 Ste 13/93-3 (5), 15.10.1993, S. 17

706 BStU, MfS-AOP-1725/64, Bd. 62, Bl. 180

707 Ebd., Bl. 181

708 Ebd., Bl. 186–206

709 Karteikarte zu Götz Schlicht, Bundesarchiv Ludwigsburg

Bei der BfgA setzte Götz Schlicht seine Tätigkeit für das MfS unvermindert in alter Manier fort. Am 31. Dezember 1973 schied er dort aus seiner hauptamtlichen Tätigkeit aus Altersgründen aus.[710] Detlef Kühn stellt in seiner Untersuchung zum Gesamtdeutschen Institut allerdings fest, dass Götz Schlicht schon im März 1973 ausschied.[711] Dieser Umstand ermöglichte es ihm, als Rentner ganz legal Ost-Berlin zu besuchen. Seine weiteren Treffs mit MfS-Mitarbeitern fanden, wie in der Zeit vor dem Mauerbau, in einer konspirativen Wohnung in Ost-Berlin statt.

Beim BfgA betreute er ehrenamtlich weiterhin redaktionell die Fachzeitschrift »Recht in Ost und West«. Dadurch hatte er die Möglichkeit, sich bei der BfgA aufzuhalten. Er berichtete dem MfS im Grunde genommen alles, was er dort aufschnappte, so auch die Daten von 122 Ratsuchenden. 1985 lernte er bei einem seiner Besuche in Ost-Berlin seinen letzten MfS-Führungsoffizier, MfS-Major Werner Fleischhauer, kennen, der bald darauf zum MfS-Oberstleutnant befördert wurde. Das letzte Treffen fand am 8. November 1989 statt.[712]

Götz Schlicht war nicht der einzige IM bei der BfgA. Im Laufe seiner Existenz wurden beim BfgA insgesamt 16 IM eingesetzt.[713] Weitere Einzelheiten zu der Tätigkeit des BfgA sind in der Publikation von Detlef Kühn eingehend beschrieben.[714]

Angaben zu Familie und Leben in West-Berlin

In seinen Treff-Berichten machte Götz Schlicht sehr wenige Angaben privater Natur zu sich und seinen Angehörigen. Für den Zeitraum von März 1960 bis Oktober 1963 machte er überhaupt keine Angaben dazu. Es konnten lediglich folgende spärliche Auskünfte gefunden werden:

- 18.3.1958: Nachdem er sich eine ganze Anzahl von Wohnungen angeschaut hatte, mietete er endlich zum 26.3.1958 eine 3½-Zimmer-Wohnung in Berlin-Zehlendorf, (Straße geschwärzt). Die monatliche Miete betrug ca. 150,00 DM.[715]
- 16.4.1958: Seit Kurzem bewohnt er seine eigene Wohnung. Als Einrichtung der

710 Anklageschrift des Bundesgeneralanwalts gegen Dr. Heinz Götz Schlicht, 3 BJs 1520/92-3 (360)/3 Ste 13/93-3 (5), 15.10.1993, S. 10

711 Kühn, Das Gesamtdeutsche Institut, S. 55

712 Ebd., S. 56

713 Ebd., S. 86

714 Ebd.

715 BStU, MfS-AOP-1725/64, Bd. 55, Bl. 125

Wohnung existiert nur das Notwendigste. Einen Teil der Anschaffungen bestritt er von dem Geld, das er vom MfS erhalten hatte, wofür er sehr dankbar war. Er konnte das dort befindliche Telefon vom vorherigen Mieter dieser Wohnung übernehmen.[716]

- 22.12.1958: Götz Schlicht beabsichtigte im Februar 1959, einen alten gebrauchten Pkw mit 18 Raten zu kaufen. Er plante, sein Weihnachtsgeld als Anzahlung zu nutzen und danach monatlich ca. DM 80,00 bis DM 100,00 monatlich abzuzahlen. Dieses wäre nicht verdächtig.[717]
- 17.2.1959: Schlicht hatte sich einen VW gekauft. Gemäß den Anweisungen seiner Führungsoffiziere plante er, diesen in 18 Raten abzuzahlen. Er mietete sich auch absichtlich keine Garage für diesen Wagen, da er den Eindruck erwecken wollte, dass er dafür nicht das nötige Geld hätte.[718]
- 15.10.1959: Er berichtete, dass er die Absicht hatte, sich einen neuen VW zu kaufen. Dieses würde nicht auffallen, da er schon längere Zeit arbeitete, einen entsprechenden Verdienst hatte und »sonst sich nichts leistete«.[719]
- 4.11.1959: Götz Schlicht hatte sich nun einen neuen VW gekauft, der im März 1960 ausgeliefert werden würde. Dieser Kauf werde kein Aufsehen erregen, da er sehr sparsam lebte und weder trank noch rauchte und kein Theater aufsuchte. Er werde seinen alten VW in Zahlung geben und dafür auch noch sein Weihnachtsgeld, DM 500,00 aus einer erhaltenen Lastenausgleichszahlung und DM 2 000,00 erspartes Geld für den Kauf verwenden. Dieser Kauf dürfte dementsprechend für keine Aufregung beim UfJ sorgen.[720]
- 17.3.1960: Seit dem 1.3.1960 war Götz Schlicht Besitzer eines neuen VW.[721]
- 10.5.1962: In einem Perspektivplan des MfS wurde Götz Schlicht auf folgende Weise charakterisiert:
  »Der GM verfügt über ein gutes politisches Wissen, welches er sich einmal während seiner Tätigkeit an den Gerichten bei uns erworben hat, als er Schulungsbeauftragter war und zum anderen muß gesagt werden, dass der GM ständig die Zeitungen verfolgt und sich über die neue Lage informiert. Er verfügt über ein gutes Redetalent, begreift schnell die neue Situation und ist in seinem Wesen sehr beweglich. Ebenfalls muß gesagt werden, dass der GM über ein sehr gutes

716 Ebd., Bl. 141
717 Ebd., Bl. 291
718 Ebd., Bd. 56, Bl. 2
719 Ebd., Bl. 145
720 Ebd., Bl. 161–162
721 Ebd., Bl. 277

Allgemeinwissen verfügt und man sich mit ihm über alles unterhalten kann. Der GM ist diszipliniert und beachtet genau unsere Hinweise. Er denkt immer mit und unterbreitet ebenfalls seine Vorschläge.«[722]
Es wird hier noch weiter erwähnt, dass Götz Schlicht ein guter Schachspieler ist.[723]

- 30.10.1963: In diesem Bericht äußert Götz Schlicht den Wunsch, sich im Frühjahr 1964 ein einfaches Motorboot zu kaufen und im Herbst 1964 seinen VW 1200 in einen VW 1500 umzutauschen. Das MfS hatte keine Einwendungen. Es wurde noch einmal aufgeführt, dass Götz Schlicht so gut wie nie ausgeht, nicht trinkt, nicht raucht und ansonsten auch wenig Geld ausgibt.[724]
- 16.12.1963: In Berlin erfolgte die erste Vernehmung von Götz Schlicht zu NS-Gewaltverbrechen in Galizien.[725] In seinen Berichten an das MfS erwähnt er diese Vernehmung mit keinem Wort.
- 24.1.1964: Ein Vorschlag wurde von MfS-Oberstleutnant Volpert erarbeitet, Götz Schlicht mit der »Medaille für treue Dienste in Bronze« auszuzeichnen. Dieser Vorschlag wurde aber von MfS-Oberst Schröter, Leiter der HA V, zurückgestellt. Es liegt keine Begründung für die Rückstellung vor.[726]
- 7.2.1964: Eine zweite Vernehmung von Götz Schlicht zu NS-Kriegsverbrechen fand in den Räumen des West-Berliner Polizeipräsidiums statt. Er wurde hier von dem leitenden Oberstaatsanwalt beim Landgericht in Hamburg, Herrn Tegge, vernommen. Götz Schlicht teilte ihm noch mit, dass er die Außenstelle des UfJ in Berlin leite und darüber hinaus beim UfJ das Referat über das künftige Zivilrecht innehabe, wie auch die Zeitschrift ROW redigiere.[727] Auch in diesem Fall schweigt sich Götz Schlicht gegenüber dem MfS vollkommen aus.
- 20.5.1964: Götz Schlicht hatte sich im Frühjahr ein Sport-Motorboot der Marke »Merkuri« gekauft. Es ist ein offenes Kunststoffboot mit einem Außenbordmotor und hat 35 PS.[728]
- 13.4.1965: Am 20. April 1965 übernahm Götz Schlicht einen neuen VW 1500 S (45 PS). Als Anzahlung diente sein alter VW und DM 3 500. Der Rest sollte in sechs monatlichen Zahlungen, je 650 DM erfolgen. Um nicht in finanzieller Hin-

722 BStU, MfS-AOP-8915/91, Bd. 10, Bl. 167
723 Ebd., Bl. 173
724 BStU, MfS-AOP-1725/64, Bd. 59, Bl. 189
725 Bundesarchiv Ludwigsburg, B 162/27015, S. 152–157
726 BStU, MfS-AOP-8915/91, Bd. 10, Bl. 199
727 Bundesarchiv Ludwigsburg, B 162/1328, S. 1722–1729
728 BStU, MfS-AOP-1725/64, Bd. 60, Bl. 104

sicht aufzufallen, wollte Götz Schlicht keine Urlaubsreise durchführen. Zudem plante er beim UfJ ein »Arme-Leute-Gedröhne« zu veranstalten.[729]

- 8.2.1967: In einem Plan zur Änderung der Verbindungen existiert auch eine charakterliche Einschätzung zu Götz Schlicht. Es wird hier angegeben: »Bei den verschiedenen Treffs wurde festgestellt, dass der GM von sich eingenommen ist und sich selbst auch teilweise etwas überschätzt.«[730]
- 19.12.1967: Aus Sicherheitserwägungen musste eine Legende ersonnen werden, wie sich Götz Schlicht und sein IM Kurier/Instrukteur »Baumann« überhaupt kennen gelernt hatten. Dabei wurde das Interesse beider IM für Opern-Schallplatten festgestellt. Götz Schlicht war sogar Mitglied eines »Rings von Schallplatten-Fans«. Wegen dieser Mitgliedschaft konnte Götz Schlicht sich verbilligte Schallplatten im Geschäft Grollmann in der Uhlandstraße erwerben. Man konnte deshalb in der Legende angeben, dass sich beide in diesem Geschäft getroffen hätten.[731]
- 14.4.1969: Götz Schlicht hat einen neuen VW 411 L.[732]
- Mai 1969: Eine Sicherheitsüberprüfung derjenigen UfJ-Mitarbeiter, die vom BMG übernommen werden sollten, fand in diesem Monat statt.[733] Diese Überprüfung müsste mit aller Wahrscheinlichkeit durch den BfV erfolgt sein. Götz Schlicht müsste diese mit Bravour bestanden haben.
- 15.7.1970: Götz Schlicht zieht in seine eigene Reihenhauswohnung in der Lohengrinstraße 8, Berlin-Zehlendorf, ein.[734]

Schlicht fühlte sich wegen der bestandenen Sicherheitsüberprüfung anscheinend so sicher, dass er zu diesem Zeitpunkt sein gehortetes Geld in einen Wohnungskauf investierte. Dieser Erwerb schien keinem aufgefallen zu sein.

729 Ebd., Bd. 61, Bl. 25
730 BStU, MfS-AOP-8915/91, Bd. 10, Bl. 232
731 Ebd., Bl. 268
732 BStU, MfS-AOP-1725/64, Bd. 62, Bl. 67
733 Ebd., Bd. 62, Bl. S. 79–89
734 Melderegisterauskunft, Landesamt für Bürger- und Ordnungsangelegenheiten, 14.05.2010

Verbindungswesen nach dem Mauerbau 1961–1989

Mauerbau

Von 1957 bis zum Bau der Mauer am 13. August 1961 traf sich Götz Schlicht mit seinen MfS-Führungsoffizieren insgesamt 65-mal in verschiedenen konspirativen Wohnungen in Ost-Berlin. Hier erstattete er Bericht, übergab verschiedene Unterlagen und erhielt Aufträge. Bei jedem Treff erhielt er auch Geld, und zwar so gut wie immer Beträge in der Höhe zwischen DM (West) 600,00 bis DM (West) 1 500,00, die er quittierte.[735]

12. August 1961: Götz Schlicht wurde mit einem Telefonanruf und einem vereinbarten Losungswort aufgefordert, sich noch am selben Abend mit seinen Führungsoffizieren zu treffen. Diesmal waren wieder MfS-Major Volpert und MfS-Oberleutnant Sommer anwesend. Götz Schlicht wurde vom bevorstehenden Bau der Mauer in Kenntnis gesetzt. Er äußerte sich dahingehend, dass er »volles Verständnis« dafür habe. Des Weiteren sagte er noch, dass dann bald die Tätigkeit im Lager Marienfelde eingestellt werde und alles nur noch abgewickelt wird. (!)

Götz Schlicht sollte nun alle zwei Tage Berichte an eine Deckadresse in Ost-Berlin schicken. In diesen Briefen sollte das Lager als »Zelten« oder »Camping« bezeichnet werden. Flüchtlinge sollten »Campingfreunde« genannt werden. Weitere Tarnbegriffe zu den Alliierten wie auch zu deutschen Dienststellen wurden ebenfalls abgesprochen. Götz Schlicht erhielt auch noch einen »Fragenkomplex« (in den Unterlagen nicht vorhanden), welchen er beantworten sollte. Es wurde vereinbart, dass das MfS Briefe an Götz Schlicht postlagernd an H. Lenzki, Berlin-Lankwitz (Hauptpostamt, Kaiser-Wilhelm-Straße), schicken werde. Absender dieser Briefe: Carla Richter, Berlin-Neukölln (anscheinend sollte damit eine außereheliche Liebesbeziehung vorgetäuscht werden).[736]

---

735 BStU, MfS-AOP-1725/64, Bd. 55, Bl. 1–316 u. Bd. 56, Bl. 1–328; BStU, MfS-AOP-8915/91, Bd. 10, Bl.277–342

736 BStU, MfS-AOP-8915/91, Bd. 10, Bl. 144–146

Es wäre hier noch folgendes zu vermerken: In den gesichteten Akten konnten weder Briefe des MfS an Götz Schlicht noch von ihm an das MfS gefunden werden. Des Weiteren müsste das MfS einen West-Berliner Personalausweis auf den Namen von H. Lenzki, mit einem Foto von Götz Schlicht, ausgestellt haben. Ansonsten wäre es Götz Schlicht nicht möglich gewesen, die postlagernden Briefe abzuholen. Ein solches Dokument oder auch nur Hinweise zu seiner Existenz konnten ebenfalls in den vorhandenen Akten nicht gefunden werden.

Schleusungen von Götz Schlicht in die DDR

29. November 1961: Götz Schlicht wurde in mehreren Briefen (diese sind nicht existent in den Unterlagen) zu diesem Treff aufgefordert. Er sollte sich um 17:00 Uhr in Berlin-Lichtenrade an der Kreuzung Sallower und Paplitzer Straße in unmittelbarer Nähe der Grenze einfinden. Mit Hilfe mehrerer MfS-Helfer, die Stacheldraht Hindernisse hochhoben, kroch Götz Schlicht an dieser Stelle in die DDR. Nach einem DDR-Aufenthalt, der bis 23:45 Uhr dauerte, wurde er wieder zurückgeschleust.

Das Treffen selbst fand im Objekt Schönefeld statt. Es wurde der tägliche Dienstablauf von Götz Schlicht durchgesprochen: An Arbeitstagen befand er sich von 8:00 bis 13:00 Uhr im Lager. Danach war er von 13:30 bis 14:30 Uhr wegen des Mittagessens in seiner Wohnung und später, von 14:30 bis ca. 16:00 Uhr, in der UfJ-Zentrale. Da er seinen Pkw nutzte und diesen beim Lager immer an derselben Stelle parkte, wurde vereinbart, dass er das Fenster an der rechten Seite einen kleinen Spalt offen lassen sollte. Dies würde MfS-Kurieren in dringenden Fällen ermöglichen, ihm eine Nachricht in den Wagen einzuwerfen. Es wurden weitere Kommunikationsmöglichkeiten durchgesprochen, so auch ein Anruf mit einem bestimmten Losungswort, das zur Folge hätte, dass sich Götz Schlicht sofort in sein Auto setzt und sich zum Autobahn-Grenzkontrollpunkt Dreilinden/Drewitz begibt. Das MfS würde ihn dort erwarten. Sollte ein solcher Anruf zu einem Zeitpunkt kommen, an dem seine Kinder in der Schule wären, sollte seine Frau mit den Kindern später mit der S-Bahn zur Friedrichstraße fahren, wo das MfS auf sie warten würde. Bei einem weiteren Losungswort sollte er noch am selben Abend zum jetzigen Schleusungspunkt kommen. Es wurde auch vereinbart, dass Götz Schlicht einen »Toten Brief Kasten« (TBK) nutzen sollte. Dabei würden Mitteilungen in einer hohlen Holzrolle für Toilettenpapier, die abschließbar war, in einer Toilette im

1. Stock des Studentenhauses am Steinplatz in Berlin-Charlottenburg platziert. Dort waren drei Toiletten vorhanden. In einem belanglosen Schreiben, das er auf der Post in Lankwitz abholen sollte, würde etwas von einem Vortrag im Saal 3 oder Zimmer 3 erwähnt werden. Dies würde bedeuten, dass der TBK sich in der 3. Toilette von links befindet etc.

Es wurden auch Regeln aufgestellt, zu welchen Zeitpunkten Götz Schlicht seine postlagernden Briefe abholen sollte und wann nach Erhalt einer Nachricht über den TBK eine Rückantwort vom MfS fällig sei. Ihm wurden einige Bogen Japan-Papier übergeben, die für Geheimschrift-Verfahren genutzt werden konnten. Er erhielt auch eine genaue Einweisung zum Gebrauch dieses Verfahrens. Darüber hinaus sollte er jede Woche, abwechselnd an zwei verschiedene MfS-Deckadressen in Ost-Berlin, Briefe mit wichtigen Vorkommnissen beim UfJ schreiben.[737] Götz Schlicht erhielt noch eine Summe von DM/W 4 000,00, die er handschriftlich quittierte.[738]

21. September 1962: An diesem Datum wurde Götz Schlicht durch die bekannte Schleuse in die DDR geschleust. Er hielt sich diesmal von 19:15 bis 1:45 Uhr des 22. Septembers in der DDR auf. Götz Schlicht brachte eine Fülle von Materialien (60 Seiten) mit, die er in zehn Monaten gesammelt hatte. Die schon bekannten Losungen wurden noch einmal besprochen und auch, was Götz Schlicht bei jedem Losungswort tun sollte. Die Grenzschleusungspunkte wurden erweitert. Dazu kam sogar ein Grenzschleusungsort bei Braunlage im Bundesgebiet. Er wurde auch instruiert, sich eine billige Kolleg-Mappe zu kaufen, um in Zukunft seine gesammelten Materialien im Bereich der Schleuse einfach über die Grenzsicherungsanlage zu werfen. Außerdem wurden feste Termine zur Leerung und Füllung des TBK vereinbart. Schlicht bekam bei diesem Treffen noch eine weitere Fragestellung des MfS, die er an die Flüchtlinge richten sollte. Er sollte nämlich die Flüchtlinge zu ihren Fluchtwegen befragen. Von besonderem Interesse waren dabei Namen der Beteiligten und Details zu Tunneln, Kanälen und Informationen zu weiteren Personen, die flüchten wollten. Der Treffbericht wurde von MfS-Hauptmann Sommer unterschrieben.[739] Götz Schlicht erhielt diesmal noch eine Summe von DM/W 3 000,00, die er handschriftlich quittierte.[740]

---

737 BStU, MfS-AOP-1725/64, Bd. 58, Bl. 27–35
738 BStU, MfS-AOP-8915/91, Bd. 10, Bl. 341
739 BStU, MfS-AOP-1725/64, Bd. 58, Bl. 67–114
740 BStU, MfS-AOP-8915/91, Bd. 10, Bl. 342

Materialschleusungen

13. November 1962: Die erste Materialschleusung an der »Schleuse Heide« fand in Berlin-Lichterfelde in der Jenbacher Straße statt. Götz Schlicht warf seine Mappe um 18:15 Uhr über den Grenzzaun. Aufgrund des Inhalts dieser Mappe konnte MfS-Hauptmann Sommer einen 26-Seiten-Bericht anfertigen. Gemäß seinem erhaltenen Auftrag versuchte Götz Schlicht von Flüchtlingen zu erfahren, wie es ihnen gelang, in den Westen zu flüchten. Er sollte Schleuser identifizieren. Bei Sperrbrechern sollte er in Kenntnis bringen, an welcher Stelle diese genau nach West-Berlin flüchten konnten. Von der DDR wurden dann Maßnahmen ergriffen, »das Loch in der Mauer zu stopfen«. Ein weiterer Schwerpunkt war die Identifizierung von Besuchern, die sich Rat holen wollten, wie sie Angehörige und Freunde nach West-Berlin holen könnten.[741]

Weitere »Materialschleusungen« wurden über TBK-Mitteilungen vereinbart.[742] Die Schleusungen fanden entweder bei Dämmerung oder kurz nach Anbruch der Dunkelheit statt. Ab 4. März 1964 wurde der Schleusungspunkt aus Sicherheitserwägungen um ca. 100 Meter verlegt. Er befand sich nun in der Nähe der Kreuzung Sonderhauser Straße/Lichterfelder Ring.[743]

Im Jahr 1962 fand nur noch eine weitere Materialschleusung am 19. Dezember 1962 statt.[744] Im Jahr 1963 waren es insgesamt zwölf Materialschleusungen durch Götz Schlicht.[745] Am 30. Oktober 1963 warf Götz Schlicht nicht nur die übliche Büchse über den Stacheldrahtzaun, sondern ein weiteres Paket, das sich in der Sicherungsanlage verfing. Es dauerte vier Stunden, bis dieses Paket geborgen werden konnte. Schlicht erhielt eine Rüge, dass er gegen die Anweisung ein zweites Paket über den Zaun geworden hatte und dieses noch dazu in weißes Papier gewickelt war.[746] Zusätzliche Informationen sollte er an die Deckadresse schicken.[747]

Im Jahr 1964 fanden ebenfalls zwölf Materialschleusungen statt.[748] In einem internen Vermerk des MfS-Hauptmanns Eichhorn, HA XX/5, vom 3. Dezember 1964, bemängelte dieser die Unsicherheitsfaktoren der Materialschleusungen.[749] Darauf-

---

741 BStU, MfS-AOP-1725/64, Bd. 58, Bl. 117–142
742 Ebd., Bl. 143
743 BStU, MfS-AOP-1725/64, Bd. 59, Bl. 323–324
744 BStU, MfS-AOP-1725/64, Bd. 58, Bl. 143–175
745 Ebd., Bl. 176–314; BStU, MfS-AOP-1725/64, Bd. 59, Bl. 2–254
746 BStU, MfS-AOP-1725/64, Bd. 59, Bl. 149–150
747 Ebd., Bl. 252
748 BStU, MfS-AOP-1725/64, Bd. 59, Bl. 255–324; Bd. 60, Bl. 2–295
749 BStU, MfS-AOP-8915/91, Bd. 10, Bl. 204–205

hin erstellte MfS-Hauptmann Sommer am 16. Juni 1965 einen »Vorschlag zur Herstellung einer Instrukteurverbindung zwischen dem GI ›Baumann‹ und dem GM ›... [Dr. Lutter]‹«. Dieser wurde aber zurückgestellt, gemäß Anweisung der Leitung der HA.[750] Derselbe Vorschlag wurde am 8. Februar 1967 noch einmal eingereicht. Diesmal wurde er von MfS-Oberst Kienberg, Leiter der HA XX, genehmigt.[751] IM »Baumann« sollte als Kurier zwischen dem MfS in Ost-Berlin und Götz Schlicht in West-Berlin eingesetzt werden. Es war geplant, dass beide IM sich monatlich zweimal in West-Berlin treffen. Es sollte ein Informationsaustausch stattfinden und »Container« sollten ausgetauscht werden.[752]

1964 erfolgte die Integration der HA V in die HA XX.[753] Diese organisatorische Änderung scheint auch eine Änderung in der Berichterstattung zur Folge gehabt zu haben. Am 2. Februar 1965, also mit dem ersten Bericht aus 1965, änderte sich die Berichterstattung von Götz Schlicht. Bis jetzt wurden die Berichte von seinen Führungsoffizieren getippt und enthielten Informationen zum geschleusten Material. Der Bericht vom 2. Februar enthält nun lediglich einen zweiseitigen getippten Bericht zu der durchgeführten Materialschleusung. Der restliche Teil wurde aus den von Götz Schlicht getippten Seiten zusammengesetzt bzw. bestand auch aus Kopien, die von ihm handschriftlich mit einem Titel und Seitenzahlen versehen wurden. Einige Seiten enthalten noch weitere handschriftliche Vermerke von Götz Schlicht.[754] Der Bericht vom 13. April 1965 enthält noch nicht einmal den gewöhnlichen Vorspann seiner Führungsoffiziere. Die hier gelieferten Seiten sind zusammengesetzt und tragen auch viele handschriftliche Vermerke von Götz Schlicht.[755] Die nächsten drei Berichte, vom 6. Juli 1965[756], vom 12. Oktober 1965[757] und vom 11. März 1966[758], ähneln dem Bericht vom 2. Februar 1965. In diesen letzten drei Berichten sind aber auch Aufstellungen von Decknamen und Bezeichnungen, die von Götz Schlicht für seine zukünftige Berichterstattung vorgeschlagen wurden. Es sollten z. B. folgende Decknamen und Bezeichnungen genutzt werden:

---

750 Ebd., Bl. 210–217
751 Ebd., Bl. 226–234
752 Ebd., Bl. 233
753 Anklageschrift des Bundesgeneralanwalts gegen Dr. Heinz Götz Schlicht, 3 BJs 1520/92-3 (360)/3 Ste 13/93-3 (5), 15.10.1993, S. 3
754 BStU-MfS-AOP-1725/64, Bd. 60, Bl. 296–317
755 Ebd., Bd. 61, Bl. 5–25
756 Ebd., BStU Bl. 26–53
757 Ebd., BStU Bl. 54–68
758 Ebd., BStU Bl. 69–83

Firma = UfJ
Klub = Lager Marienfelde
Sanatorium = Haft in der DDR
IRB = X 10 (Fluchtvorhaben, die von der US-Sichtungsstelle gedeckt waren)
NAV = Notaufnahmeverfahren
(Waren)Musterbuch, auch Katalog = Fahndungsbuch
Boss = Rosenthal

24 weitere Mitarbeiter beim UfJ erhielten ebenfalls neue Decknamen von Götz Schlicht. Weitere Kürzel, wie ROW, B I, B II, BMG, BGH, LG, KG etc. stellten im Grunde genommen keine weiteren Neuschöpfungen dar.[759] Aber auch bei den weiteren TBK-Berichten tauchten nun neue Decknamen auf, z. B. »Feier« und »Oper«, zu denen eine Entschlüsselung nicht vorlag. Diese Tarnbezeichnungen konnten erst später entschlüsselt werden. Dazu folgende Aussage von Götz Schlicht:

> »Bei einer Feier im Monat und einer Oper alle 2 Monate lassen sich die Feiern unschwer abends abhalten. Nun noch folgender Vorschlag, der sich auf jüngste Tatsachen stützt, nämlich die Feier mit der Oper zeitgleich zu kombinieren. Am 12.10.65 – Dienstags – könnte um 18:00–18:15 Uhr eine Oper stattfinden und im Anschluß daran eine Feier, also zwischen 19:00 und 19:15 Uhr. Dieses Verfahren – die Uhrzeiten lässt sich geringfügig verändern – lassen sich in den Monaten Oktober bis Februar leicht durchführen. Man schlägt zeitlich 2 Fliegen mit einer Klappe und gibt keinen Anlaß zum Verdacht, denn einmal im Monat lassen sich ›dienstliche‹ Anlässe finden. [...] In den Sommermonaten [...] könnte die Oper im Anschluß an die Feier stattfinden. [...] Die Oper [...] kann seltener stattfinden und dient nur noch der Ergänzung des schon Übermittelten und größeren Berichten, die nicht so eilig sind.«[760]

Man kann also feststellen, dass mit der Tarnbezeichnung »Feier« der TBK gemeint ist, während »Oper« die Tarnbezeichnung für Materialschleusung ist.
Die Materialschleusungen wurden im März 1966 eingestellt.[761]

759 Ebd., Bl. 27–28, 56, 69–70
760 Ebd., Bl. 136
761 BStU, MfS-AOP-8915/91, Bd. 10, Bl. 231

Notfall-Benachrichtigung

15. Januar 1959: Sobald Götz Schlicht irgendwelche Verdächtigungen bzw. Isolierungen seiner Person beim UfJ bemerken sollte, wurde er von seinen Führungsoffizieren aufgefordert, sie sofort zu informieren. Sie könnten dann die richtigen Maßnahmen einleiten. Es wurde auch ein bestimmtes Warnsystem vereinbart, wonach er früher zum Treff kommen bzw. sofort mit seinem Hab und Gut in die DDR flüchten sollte.[762]

Im Oktober 1964 gelang 57 DDR-Bewohnern die Flucht durch einen Tunnel nach West-Berlin. IM »Baumann« musste Götz Schlicht am 12. Oktober 1964 einen Brief überbringen, den er – wie verabredet – durch den Fensterschlitz in das geparkte Auto von Götz Schlicht steckte. Der Wagen stand, gemäß Absprache, in der Stegerwaldstraße, angrenzend zum Notaufnahmelager Marienfelde. In diesem Schreiben wurde Götz Schlicht aufgefordert, nicht nur Informationen zu den Geflüchteten, sondern auch zu den Tunnelbauern zu erarbeiten.[763] Es gelang ihm tatsächlich, Details zu 31 der geflüchteten Personen an das MfS zu liefern.[764] Ein Referent beim UfJ konnte ihm zusätzlich mitteilen, dass der Sohn des Autors (geschwärzt), der in »Deutsche Fragen« Artikel veröffentlichte, sich an allen Tunnelvorhaben beteilige. Dieser Sohn war Student der Philologie an der Freien Universität.[765] Man kann hier mit ziemlicher Sicherheit davon ausgehen, dass das MfS sofort einen operativen Vorgang gegen diesen Studenten einleitete.

Nachdem nun »Baumann« im Oktober 1967 als Kurier zwischen Götz Schlicht und den MfS-Führungsoffizieren eingesetzt worden war, ergaben sich weitere Möglichkeiten von Notfall-Benachrichtigungen.[766] Zur Mitteilung über einen außerplanmäßigen Treff zwischen »Baumann« und Götz Schlicht würde »Baumann« einen Klebestreifen über dem Türschloss des geparkten Autos von Götz Schlicht anbringen. Das sollte bedeuten, dass noch am gleichen Tag ein Treffen stattfinden werde. Ort und Uhrzeit wären dieselben wie beim vorherigen vereinbarten Treff. Ersatzweise würde die Begegnung am nächsten bzw. übernächsten Tag stattfinden, wenn es z.B. für Götz Schlicht nicht möglich wäre, den ersten oder auch zweiten Treff wahrzunehmen.[767]

---

762 BStU, MfS-AOP-1725/64, Bd. 55, Bl. 296
763 Ebd., Bd. 60, Bl. 197
764 Ebd., Bl. 197–201 u. Bl. 219–230
765 Ebd., Bl. 239
766 BStU, MfS-AOP-8915/91, Bd. 10, Bl. 241–243
767 Ebd., Bl. 265

Für den Fall, dass »Baumann« wegen Krankheit nicht zu einem vereinbarten Treffen erscheinen kann, würde man einen Teil eines »Tagesspiegels« in das geparkte Auto stecken, was bedeuten würde, dass Götz Schlicht so schnell wie möglich den TBK leeren soll.[768]

Falls das Türschloss mit einem Klebestreifen über Kreuz verklebt wurde, sollte das heißen, dass Götz Schlicht nicht zum Treffen erscheinen soll. Um diese Absage zu bestätigen, sollte Götz Schlicht noch einen Anruf von einem »Krupski« erwarten, der Fragen zur Übersiedlung sowie Rentenfragen stellen würde. Danach würde ein neuer Treff erst stattfinden, wenn das Türschloss mit nur einem Streifen verklebt wäre.

TBK-Verbindung

Unterlagen bezogen auf die Benutzung des »Toten Brief Kastens« waren in den gesichteten Unterlagen nur teilweise vorhanden. TBK-Berichte aus den Jahren 1961 bis 1962 waren in den gesichteten Unterlagen überhaupt nicht zu finden.[769] In dem Bericht vom 2. Mai 1964 wurde von Schlichts Führungsoffizieren noch das Folgende vermerkt: Der letzte Brief, der von Götz Schlicht über den TBK beim MfS eintraf, hatte die Nr. 592.[770] Es lassen sich in den gesichteten Unterlagen folgende TBK-Berichte finden:[771] 1963 – 20 TBK Berichte, 1964 – 19, 1965 – 14, 1966 – 13 und 1967 – 18.

Das Sonderbare bei dieser Art Berichterstattung ist die Tatsache, dass in den Berichten von 1963 bis Ende 1965 so gut wie keine persönlichen Angaben zu Flüchtlingen zu finden sind. Zu den Angestellten beim UfJ kann man nur vereinzelt geschwärzte Namensangaben ausmachen. Es lassen sich auch viele neue Deckbezeichnungen finden, die man aber ohne allzu große Schwierigkeiten entziffern kann. So kommen hier noch folgende Deckbezeichnungen vor:

Interessenten = Besucher beim UfJ
Internationales Reisebüro (IRB) = Schleuser-Organisation
Pelzhandel = Flüchtlinge

768 Ebd., Bl. 266
769 Auswertung des BStU-MfS-AOP-1725/64, Bd. 58 bis Bd. 61
770 BStU, MfS-AOP-1725/64, Bd. 60, Bl. 103
771 Auswertung des BStU-MfS-AOP-1725/64, Bd. 58 bis Bd. 61

Q 8 = X 10 (US-Sichtungsstelle)
Chefprokurist = Stellvertretender Leiter des UfJ
Sportler = Sperrbrecher
Onkel = MfS
Vereinigung der Pelzhändler e.V. = Vereinigung freiheitlicher Juristen e.V.
Filiale = UfJ-Büro in Marienfelde.

Es stellt sich die Frage, warum Götz Schlicht überhaupt diese TBK-Berichte schrieb, da diese ohne Namensangaben im Grunde genommen für das MfS wertlos waren. Hier ein Beispiel[772] – Kurznachrichten vom 5.11.1964 (handschriftlicher Vermerk TBK 6.11.64):

»1. Die Tb-Angelegenheit ist erledigt. Kein Patient mehr zur Untersuchung erschienen. Der Befund im Einzelnen wird zur Oper mitgebracht. Im übrigen ist der Neuzugang an anderen Patienten minimal, kein lohnender Fall vorhanden.
2. Im Klub keine besonderen Ereignisse. Die Außenrenovierung der Klub-Gebäude ist wesentlich erledigt.
3. In der Firma verspricht man sich einen gewissen Auftrieb durch die neuen Reisebewegungen. Man erwartet und erhofft Besucher von drüben, die sich die neuen Pelzmodelle ansehen und sich wegen eines Kaufs beraten lassen. Von denen, die nach drüben gehen, erwartet man, dass sie mit Anträgen versehen zurückkommen und sich für ihre Angehörigen wegen eines Pelzmantelkaufs beraten lassen. Ob sich diese Erwartung erfüllt, noch nicht zu übersehen. Man sitzt wie die Spinne im Netz und wartet.
4. Von Sonderveranstaltungen anlässlich des Firmengeburtstages ist nach wie vor keine Rede. Auf den Geburtstagsartikel vom Boß wird hingewiesen.
5. Das bekannte internationale Reisbüro ist in der Firmenfiliale nicht mehr in Erscheinung getreten. Seine Tätigkeit wird weiterhin mit Interesse verfolgt.
6. Hoffe, dass die geliebte Freundin alle Grüße erhalten hat, so auch den Wochendgruß von letzter Woche. Weitere Details dann bei der Oper nächste Woche.«

Götz Schlicht übermittelte die Namen und weitere Details wahrscheinlich in seinen »Briefen« oder auch in den Materialschleusungen (Oper). Gemäß der vorgese-

772 BStU, MfS-AOP-1725/64, Bd. 61, Bl. 122

henen Planung des MfS sollte Götz Schlicht nach jeder Leerung des TBK eine Antwort hinterlegen, selbst wenn diese »auch negativ ausläuft«.[773] Seine Antwort könnte deshalb einfach als eine Bestätigung, eine Art von Quittung, für den Erhalt der an ihn gerichteten MfS-Mitteilung wie auch des erhaltenen Geldes gewertet werden.

Ab Ende November 1965 fing Götz Schlicht wieder an, persönliche Angaben zu seinen Kollegen beim UfJ sowie den Anwesenden bei einem UfJ-»Herrenabend« zu machen. Dasselbe betrifft auch Rentner-Besucher, Fluchthelfer, Sperrbrecher und Freigekaufte. Bei Ausgeschleusten versuchte er, alle Details zu deren Flucht zu erfahren. Bei Sperrbrechern ermittelte er meistens genau die Stelle, an der der Flüchtling in den Westen geflohen war, damit das dortige »Loch in der Mauer« gestopft werden konnte. In seinen Berichten bedankte er sich auch des Öfteren für die 400 oder auch 800 Exemplare, oft abgekürzt auf »Ex.«, die er erhalten hatte. Es handelte sich hier um die DM-Beträge, die ihm über den TBK übermittelt wurden. Götz Schlicht begann nun, seinen Berichte, zum Teil seitenlange Stimmungsberichte, beizufügen. Diese beschreiben die allgemeine politische Lage. Er kommentierte diese und prognostizierte weitere Entwicklungen. Man fragt sich, ob er wirklich dachte, dass diese Berichte politische Entscheidungen der DDR beeinflussen könnten?[774]

Leider lassen sich nur vereinzelt Aufträge des MfS finden, die über den TBK an Götz Schlicht gerichtet waren. Die gefundenen Mitteilungen bestanden aus Nachfragen zu Flüchtlingen wie auch aus Aufträgen zur Übermittlung von Informationen zu verschiedenen Einrichtungen und Organisationen. Sie waren an den »lieben Onkel« adressiert und stammten von dem »Neffen Manfred«.

So erfolgte am 30. April 1968 der Auftrag an Götz Schlicht, alle Informationen zum Verein zur Förderung der Wiedervereinigung Deutschlands und dessen Gliederungen laufend zu übermitteln.[775] Am 20. August 1968 wurde Götz Schlicht unter anderem aufgefordert, über die Stimmung und Meinung zum Einmarsch des Warschauer Pakts in die ĆSSR zu berichten.[776] Im Auftrag vom 22. Oktober 1968 wurde

---

773 BStU, MfS-AOP-8915/91, Bd. 10, Bl. 157

774 BStU, MfS-AOP-1725/64, Bd. 59, Bl. 156-161, 181-185, 190-193, 277-280; Bd. 60, Bl. 24-28, 180–182; Bd. 61, Bl. 19–24, 29-30, 42- 45, 147, 166, 169, 180-182, 186, 188-189,191-192, 191-192, 197, 204, 207, 210-211, 214-215, 217-218, 220, 225, 236, 240, 243, 250, 255-256, 258. 262, 264, 274-277, 279, 284-285, 291, 294-295, 298-299,303, 306-307, 316-316a, 326; Bd. 62, Bl. 45–46, 52-53; 62-63, 65-66; 71, 74, 81, 96, 98-99, 102, 104-105, 128, 159-160, 176-177, 193-194, 196, 200

775 Ebd., Bd. 61, Bl. 257

776 Ebd., Bl. 280–281

zu drei Flüchtlingen angefragt, ob Götz Schlicht Informationen zu ihnen beibringen könnte.[777] Der Auftrag vom 7. November 1968 enthält eine sehr interessante Fragestellung. Das MfS wollte wissen, wann das Bundesnotaufnahmegesetz zustandekam und wann das Lager Marienfelde gegründet wurde. (!)[778] Am 28. November 1968 wurde Schlicht die Frage gestellt, gemäß welcher rechtlichen Grundlagen Vereine im Westen gegründet werden konnten. Er wurde auch aufgefordert, mehrere kleine und große UfJ-Kopfbögen sowie die dazugehörigen Umschläge dem MfS zu übermitteln.[779]

Der TBK wurde das letzte Mal am 25. Oktober 1967 genutzt.[780] Von nun an fanden ausschließlich Treffs mit dem Kurier »Baumann« in West-Berlin statt.[781]

Verschickung von Päckchen

In seinen TBK-Mitteilungen erwähnte Götz Schlicht sehr oft, dass er Päckchen abgeschickt hätte. In seinem Bericht vom 26. Januar 1966 erwähnte er zum ersten Mal 750 Grüße.[782] In folgenden Berichten werden noch weitere Grüße erwähnt.[783]

20.05.1966 – 778 Grüße
14.06.1966 – 786 Grüße
05.07.1966 – 796 Grüße
23.08.1966 – 806 Grüße
13.09.1966 – 816 Grüße
04.10.1966 – 824 Grüße
26.10.1966 – 832 Grüße
15.11.1966 – 838 Grüße
06.12.1966 – 844 Grüße
20.12.1966 – 848 Grüße

777 Ebd., Bl. 304
778 Ebd., Bl. 309
779 Ebd., Bl. 321
780 BStU, MfS-AOP-8915/91, Bd. 10, Bl. 246
781 Anklageschrift des Bundesgeneralanwalts gegen Dr. Heinz Götz Schlicht, 3 BJs 1520/92-3 (360)/3 Ste 13/93-3 (5), 15.10.1993, S. 4
782 BStU, MfS-AOP-1725/64, Bd. 61, Bl. 154
783 Ebd., Bl. 157–190

10.01.1967 – 852 Grüße
24.01.1967 – 856 Grüße
28.02.1967 – 868 Grüße
14.03.1967 – 872 Grüße
11.04.1967 – 876 Grüße.

Danach ist von keinen weiteren Grüßen die Rede, stattdessen schrieb Götz Schlicht am 19. April 1967: »Ich hoffe, dass alle 6 Päckchen, 3 aus der vorherigen und 3 aus dieser Woche, ihre Empfänger wohlbehalten erreicht haben bzw. noch erreichen.«[784] Es besteht also kein Zweifel, dass es sich bei diesen Grüßen um Päckchen handelte, die er gefüllt mit Materialien an Deckadressen des MfS in Ost-Berlin schickte.

Gemäß einer Anweisung vom 4. Dezember 1961 sollte Götz Schlicht alle Briefe fortlaufend, beginnend mit der Nr. 400, nummerieren und dabei nur gerade Zahlen verwenden.[785] Bei den angegebenen Grüßen handelt es sich ausschließlich um gerade Zahlen. Anscheinend hatte Götz Schlicht dasselbe Nummerierungsverfahren bei seinen »Päckchen« genutzt. Es ist zu vermuten, dass es sich bei diesen aber eher um große Briefumschläge handelte als um Päckchen im herkömmlichen Sinne.

Überraschend ist, dass anscheinend sehr viel Material von Götz Schlicht nach dem Mauerbau das MfS über den normalen Postweg erreichte. Die Post war eben sehr zuverlässig. Es ist auch anzunehmen, dass diese »Päckchen« ausschließlich Druckerzeugnisse enthielten und dass Götz Schlicht diese sogar mit dem verbilligten Tarif als Drucksache verschickt hat.

Es war nicht feststellbar, welche Absenderadresse Götz Schlicht auf diesen »Päckchen« angab. Man muss jedoch annehmen, dass er klug genug war, nicht die Adresse von Lenzki, postlagernd, Berlin-Lankwitz, anzugeben, seine eigene natürlich auch nicht.

Briefverbindung im Geheimschriftverfahren

Beim Treffen am 1. Dezember 1961 erhielt Götz Schlicht eine Einweisung in ein Geheimschriftverfahren (GS). Es wurde mit ihm vereinbart, dass er jede Woche

784 Ebd., Bl. 193
785 BStU, MfS-AOP-8915/91, Bd. 10, Bl. 100

einen Brief abwechselnd an zwei verschiedene Deckadressen in Ost-Berlin schicken sollte. Götz Schlicht sollte jeden Brief, den er in Geheimschrift schrieb, auch fortlaufend nummerieren, angefangen mit 400, und er sollte gerade Zahlen verwenden.[786]

In seiner TBK-Mitteilung vom 1. Dezember 1965 beschwerte sich Götz Schlicht, dass das Japan-Papier, das er für seine Geheimschriftmitteilungen an den MfS nutzte, nicht so funktionierte, wie vorgesehen war. Er beschrieb im Detail seine Probleme mit diesem Papier und fragte an, ob man ihm neue Anweisungen zur Nutzung des Papiers übermitteln könnte.[787]

In einem MfS-Schreiben vom 8. Februar 1967 wird erwähnt, dass Götz Schlicht seit 1962 ca. 230 Briefe mit wertvollen Informationen an das MfS geschickt hat.[788] Da diese Schreiben in Geheimschrift verfasst wurden, ist zu vermuten, dass sie anschließend mit bestimmten Chemikalien behandelt wurden, um sie lesbar zu machen. Die Originale müssten, nachdem sie kopiert wurden, aus Sicherheitsgründen vernichtet worden sein. In den vorliegenden Unterlagen konnte dazu keine einzige Mitteilung gefunden werden.

Nach 1967 wurde dieses Verfahren nur noch sporadisch genutzt. Ab 1983 wurde das Verfahren gänzlich eingestellt.[789]

Übermittlung von Informationen durch Kurier/Instrukteur

Am 18. Oktober 1967 kam es zum ersten Treffen zwischen IM »Baumann« und IM »Dr. Lutter« in West-Berlin.[790] Götz Schlicht stellte sich als »Hans« vor, während IM »Baumann« sich »Kurt« nannte.[791] Dieser erste Treff fand im Auto von Götz Schlicht in Berlin-Lankwitz statt. »Kurt« wies »Hans« in das Öffnen und Schließen des Geheimfachs der Aktentasche ein, die er an »Hans« übergab. Bei weiteren Treffen sollten sie einfach identische Taschen tauschen. Das Geheimfach sollte nicht übermäßig gefüllt werden. Man einigte sich auf ein weiteres Treff-Datum,

---

786 BStU, MfS-AOP-1725/64, Bd. 58, Bl. 34–35

787 BStU, MfS-AOP-1725/64, Bd. 61, Bl. 144

788 BStU, MfS-AOP-8915/91, Bd. 10, Bl. 232

789 Anklageschrift des Bundesgeneralanwalts gegen Dr. Heinz Götz Schlicht, 3 BJs 1520/92-3 (360)/3 Ste 13/93-3 (5), 15.10.1993, S. 31

790 BStU MfS-AOP-8915/91, Bd. 10, Bl. 241–243

791 Ebd., Bl. 241 u. 246

Zeit und Ort.[792] Die übergebene Tasche enthielt ein dreiseitiges Schreiben des MfS, hauptsächlich über Modalitäten, aber auch folgenden Hinweis:.[793]

> »Aufgrund der Tatsache, dass Du Dich jetzt mit meinem Freund öfter sehen wirst, brauchst Du nicht mehr an die Tante Irene zu schreiben. Sei bitte so gut und packe nicht zu viel in die Tasche. Im Höchstfalle sollten es ca. 15 Blatt DIN A 4 sein.«[794]

In der nächsten TBK-Mitteilung vom 25. Oktober 1967 protestierte Götz Schlicht hinsichtlich der eingeschränkten Menge an Materialien, die er nun übermitteln sollte. Er teilte auch gleich mit, dass er in der letzten Woche wieder zwei Päckchen verschickt hatte und mit heutigem Datum noch ein weiteres. Der Platz im Geheimfach reiche einfach nicht aus, auch nicht, wenn er sich jede Woche mit »Kurt« treffen sollte.[795]

Am 9. November 1967 wurde Götz Schlicht über den TBK mitgeteilt, dass er weiterhin Drucksachen an Tante Irene schicken könne.[796] Diese Angabe lässt die Vermutung zu, dass Schlicht überwiegend Druckerzeugnisse von verschiedenen Stellen, in seinen »Päckchen« an das MfS schickte. Beim Treffen am 21. November 1967 erfuhr er, dass er den Versand seiner Postsendungen einstellen soll und dass er jetzt bis 25 Blatt in das Geheimfach der Tasche legen könne. Über die Tasche sollte er auch bekanntgeben, welche Materialien liegen bleiben mussten. Für Ausnahmefälle blieben die Deckadressen aber bestehen.[797] In der nächsten TBK-Mitteilung, die Götz Schlicht am 7. Dezember 1967 erhielt, hieß es, dass er getrost 30 Blatt in die Tasche tun könne, was helfen würde, einen Großteil der Publikationen zu übermitteln.[798] Götz Schlicht war allerdings der Meinung, dass ihm erlaubt werden sollte, alle 14 Tage eine Postsendung an das MfS zu schicken,[799] denn er könne dem MfS noch »Deutsche Fragen« Nr. 12, »Märkische Zeitung« Nr. 23 und den »Pressespiegel der Sowjetzone« Nr. 48–50 zuschicken. Er bat um einen Hinweis, wie er weiter verfahren sollte.[800] Beim Treffen am 22. Februar 1968 ging es in der Haupt-

792 Ebd., Bl. 241–243
793 Ebd., Bl. 237, 239–240
794 Ebd., Bl. 240
795 Ebd., Bl. 246
796 Ebd., Bl. 251
797 Ebd., Bl. 255
798 Ebd., Bl. 259
799 Ebd., Bl. 236
800 Ebd., Bl. 262

sache darum, dass der Transport von Materialien im Container von West- nach Ost-Berlin verringert werden sollte. MfS-Hauptmann Sommer vermerkte, dass dies notwendig sei, da Götz Schlicht immer zu viel Material in dem Container verpackte.[801] Schlicht war der Meinung, dass Tageszeitungen, die überall frei verkäuflich sind, wegfallen sollten. Er bat um Mitteilung, ob eventuell auch Zeitschriften, die allgemein zugänglich sind, wegfallen könnten.[802] Am 7. März 1968 schlug Götz Schlicht vor, die Zeitschriften des VfJ wegfallen zu lassen, man sollte ihm zum nächsten Treff eine Zeitschriftenliste mitschicken. Beim Treff am 21. März wurde ihm mitgeteilt, dass auf die Übersendung folgender Zeitungen verzichtet werden soll: LM, Emigranten, Königsteiner Kreis. DF und ROW sollte er aufbewahren und daraus wichtige Artikel schicken.

Weitere Treffen fanden nicht mehr im Pkw von Götz Schlicht statt, sie wurden nach Berlin-Charlottenburg verlagert. Dort traf man sich hauptsächlich im Foyer des Urania-Hauses, Kleiststraße[803], aber auch im Aquarium am Zoo.[804] Bis Mai 1968 fanden solche Treffen an folgenden Tagen statt:[805]

18.10.1967
25.10.1967
09.11.1967
21.11.1967
07.12.1967
19.12.1967
16.01.1968
01.02.1968
22.02.1968
07.03.1968
21.03.1968
01.04.1968
04.04.1968
28.05.1968

801 BStU, MfS-AOP-1725/64, Bd. 62, Bl. 25
802 Ebd., Bl. 27
803 Ebd., Bl. 23
804 Ebd., Bl. 33
805 BStU, MfS-AOP-8915/91, Bd. 10, Bl. 247–273

Beruhend auf dieser Aufstellung kann gesagt werden, dass es im Durchschnitt zwei Treffs jeden Monat zwischen Götz Schlicht und IM »Baumann« in West-Berlin gab.

Im Juli 1973 löste der Kurier/Instrukteur IM »Karl Weise« den IM »Baumann« ab. Ende 1984 fiel IM »Karl Weise« krankheitsbedingt auf Dauer aus. Danach übernahm der stellvertretende Leiter der HA XX/5, MfS-Oberstleutnant Werner Fleischhauer, die Aufrechterhaltung des Kontakts mit Götz Schlicht.[806] Im Zeitraum vom 2. Mai 1985 bis 8. November 1989 kam es noch zu 21 Treffen zwischen Götz Schlicht und Werner Fleischhauer. Eine für den 24. Februar 1990 vorgesehene Begegnung kam nicht mehr zustande, da das MfS zu diesem Zeitpunkt nicht mehr existierte.[807]

Planung für Treffen im Ausland

Am 21. November 1967 forderte IM »Baumann« von Götz Schlicht, dass dieser einige Fotos für einen West-Berliner Personalausweis und Reisepass anfertigen lassen und diese an das MfS übergeben sollte.[808] Am 7. Dezember des gleichen Jahres informierte Götz Schlicht in einer TBK-Mitteilung, dass die Fotos beigefügt seien. Er machte noch Vorschläge, für Treffpunkte mit dem MfS. So erwähnte er Innsbruck, Wien und notfalls auch Zürich. Diese Orte würde er im Zusammenhang mit seiner Beteiligung an Ostrecht-Wochenendseminaren der Universitäten München, Tübingen und Erlangen aufsuchen. Freiburg/Br. käme auch in Frage, wenn man an Zürich denke.[809] In einem Treffen zwischen MfS-Hauptmann Sommer und IM »Baumann« am 18. Dezember 1967 wurde der IM instruiert, Götz Schlicht bezüglich der Personalien zur Ausstellung eines bundesdeutschen Reisepasses zu befragen. Götz Schlicht sollte hierzu schriftlich seine Meinung und Gedanken darlegen. All das war eine Vorbereitung zur Durchführung eines Treffs 1968 im Ausland.[810] Über den TBK wurde Schlicht am 19. Dezember 1967 mitgeteilt, dass IM »Baumann« mit ihm an diesem Tage darüber sprechen werde. Man sollte sich auch Ge-

---

806 Anklageschrift des Bundesgeneralanwalts gegen Dr. Heinz Götz Schlicht, 3 BJs 1520/92-3 (360)/3 Ste 13/93-3 (5), 15.10.1993, S. 5

807 Ebd., S. 34

808 BStU, MfS-AOP-8915/91, Bd. 10, Bl. 256

809 Ebd., Bl. 262

810 Ebd., Bl. 263

danken machen, welcher Wohnort im Pass für Götz Schlicht die beste Lösung sei.[811] Noch am 19. Dezember übersandte Götz Schlicht Passbilder neuesten Datums an das MfS.[812] Durch die TBK-Mitteilung vom 16. Januar 1968 erfuhr Götz Schlicht, dass der Ausweis auf den Namen Hans Georg Schlüter, Frankfurt/Main, Kaiserstraße 22, ausgestellt werden könnte. Als Beruf sollte hier Versicherungskaufmann angegeben werden.[813] Dazu wäre noch zu sagen, dass sich unter der angegebenen Anschrift die UfJ-Zweigstelle in Frankfurt/Main befand.[814] Am 1. Februar 1968 erteilte Götz Schlicht sein Einverständnis, dass im Pass sein Geburtsdatum und Geburtsort angegeben werden.[815] Danach forderte Hauptmann Sommer am 22. Februar, 6. und 7. März 1968 »Baumann« auf, dass dieser von Götz Schlicht noch weitere persönliche Angaben erfragen sollte, die für die Ausstellung des bundesdeutschen Passes benötigt würden.[816] In seinem Bericht vom 7. März 1968 machte Götz Schlicht nun noch folgende Angaben: Beruf: Versicherungskaufmann; Gesichtsform: oval; Größe: 175 cm; Augenfarbe: blau; besondere Kennzeichen: Schmisse.[817]

Mit der TBK-Mitteilung vom 15. Mai 1968 erfuhr Götz Schlicht folgendes:

> »Heute schicke ich Dir nun Deinen WD Reisepaß mit, welchen Du zuerst einmal mit normaler Tinte unterschreiben musst und Dir auch genau ansehen sollst. Er ist in jedem Fall echt. Diesen Paß werde ich bei mir aufbewahren. Schicke mir ihn deshalb wieder zurück.«[818]

Am 28. Mai 1968 schrieb aber Götz Schlicht über den TBK zurück:

> »Zum Paß: Auf dem Umschlag fehlt der Vorname. Auf anderen Pässen, die z. B. in WB ausgestellt werden, ist auch der Vorname auf dem Umschlag mit aufgeschrieben. Auf S. 1 fehlt oben rechts der Vermerk: ›Verwaltungsgebühr bezahlt‹. Dieser Stempel tritt an die Stelle einer Gebührenmarke. Der Ort, wo

---

811 Ebd., Bl. 266–267
812 Ebd., Bl. 264
813 Ebd., Bl. 272
814 BStU, MfS-AOP-1725/64, Bd. 58, Bl. 74
815 BStU-MfS-AOP-1725/64, Bd. 62, BStU Bl. 23
816 Ebd., BStU Bl. 26
817 Ebd., BStU Bl. 29
818 BStU-MfS-AOP-1725/64, Bd. 61, BStU Bl. 259

die Marke normalerweise hingeklebt wird, ist durch einen gedruckten Vermerk gekennzeichnet. Auf S. 2 steht nur als Geburtsdatum ›9‹ und nicht ›09‹; die Null fehlt. Ist das ein Fehler?«[819]

Diese Mitteilung von Götz Schlicht enthält noch einen Vermerk von Hauptmann Sommer:

»Paß für GM wurde lt. Auskunft des Gen. Reinhardt nach einem Original hergestellt«[820]

Es lässt sich in den vorhandenen Akten nicht feststellen, ob Götz Schlicht einen anderen Pass erhielt. Zur selben Zeit stellt sich auch die Frage, ob das MfS wirklich so schludrig arbeitete oder ob hier im Hintergrund ein anderes Ziel verfolgt wurde.

Fazit

Insgesamt fanden mindestens 340 konspirative Treffen in der Zeit von Februar 1957 bis November 1989 zwischen Götz Schlicht und dem MfS statt.[821] Dabei erhielt Schlicht mindestens DM (West) 345 000,00. Das für ihn angelegte Ost-Berliner Sonderkonto wies im Dezember 1989 einen zusätzlichen Betrag in Höhe von DM (Ost) 169 971,13 aus.[822]

Gemäß der ausgewerteten Akten muss Götz Schlicht während seiner Tätigkeit beim UfJ hunderte Namen von Flüchtlingen, Besuchern, Schleusern, Kollegen, Mitarbeitern und UfJ-Informanten an das MfS geliefert haben. In einem Bericht der MfS-HA V/5 wird ganz konkret angegeben, dass er allein im Zeitraum vom 18. März 1958 bis zum 28. Juli 1961 mindestens 650 Besucher aus der DDR der »Vorbereitung zur Republikflucht« bezichtigte.[823] Erstaunlich ist aber die Tatsache, dass z. B. in einem Bericht vom 10. Mai 1962 aufgeführt wird, bis zu diesem Zeitpunkt

819 BStU-MfS-AOP-8915/91, Bd. 10, BStU Bl. 276
820 Ebd.
821 Anklageschrift des Bundesgeneralanwalts gegen Dr. Heinz Götz Schlicht, 3 BJs 1520/92-3 (360)/3 Ste 13/93-3 (5), 15.10.1993, S. 5
822 Ebd., S. 64
823 Ebd., S. 46

seinen ca. zehn Personen inhaftiert worden, zu denen Götz Schlicht die erforderlichen Hinweise lieferte.[824]

Am 18. Oktober 1965 erstellte die HA XX/5/II eine »Einschätzung erhaltener Informationen« von Götz Schlicht mit folgendem Inhalt:

> »Die erhaltenen Informationen über ausgeschleuste Personen ermöglichten in der Vergangenheit, dass in der Bearbeitung des OV [Operativer Vorgang] Rolle, OV Spedition sowie des Schleusers [geschwärzt] wichtige Beweismittel der Feindtätigkeit des genannten Personenkreises geschafft werden konnten. Die genannten Vorgänge sowie das Material wurden mit der Inhaftierung des verdächtigen Kreises (8 Personen) abgeschlossen. Des weiteren zeigte es sich, dass die Informationen voll inhaltlich stimmten.«[825]

Da Schleusungen erst ab der Zeit nach dem Mauerbau stattfanden, bedeutet das, dass im Zeitraum vom 13. August 1961 bis 18. Oktober 1965 (vier Jahre) von den weit über 250 Hinweisen, die das MfS von Götz Schlicht erhielt, nur sehr wenige zu Festnahmen führten.[826]

In einem weiteren Bericht vom 8. Februar 1967 wurde vom MfS festgestellt,

> »[...] dass er Hinweise übergab, welche es ermöglichten, Agenten des UfJ festzunehmen. Bisher wurden ca. 10 Personen inhaftiert, wozu er operative Hinweise überbrachte. Auch sollte erwähnt werden, dass der GM die operativen Materialien für die Festnahme der Postangestellten [geschwärzt] übergab. Gleichfalls wurde eine Vielzahl von Hinweisen über RF-Personen übergeben, welche es ermöglichten, einzelne Vorgänge im Referat II abzuschließen, indem vom GM Faktenmaterial erarbeitet wurde.«[827]

Diese Aussage ist beinahe identisch mit den Angaben aus dem Bericht vom 10. Mai 1962. Beide Angaben betreffen mit aller Wahrscheinlichkeit den Zeitraum vor dem Mauerbau, der sich ebenfalls über ca. vier Jahre erstreckte.

In den gesichteten Unterlagen existieren noch Beschreibungen zu Einzelschicksalen.

---

824 BStU, MfS-AOP-8915/91, Bd. 10, Bl 166
825 Ebd., Bl. 218
826 BStU, MfS-AOP-1725/64, Bd. 58 bis Bd. 62
827 BStU, MfS-AOP-8915/91, Bd. 10, Bl. 230–231

Bei seinem Treff am 16. April 1958 teilte Götz Schlicht »besonders erfreut« seinen MfS- Führungsoffizieren mit, dass das MfS wieder einen sehr wichtigen Informanten des UfJ festgenommen hatte. Jener hätte schon über längere Zeit für den Hauptagenten Dr. Neumann gearbeitet und sei der wichtigste und beste Informant von ihm gewesen. Götz Schlicht wollte nun von seinen Führungsoffizieren wissen, ob dieser Informant aufgrund seines Hinweises gefunden wurde. Er erhielt zur Antwort, dass er dazu den letzten Schliff gegeben hätte. Schlicht war über dieses Ergebnis sehr erfreut. Diese Festnahme werde beim UfJ völlig verheimlicht, denn es hatten nur zwei weitere Referenten und Götz Schlicht Kenntnis davon.[828]

Am 15. Oktober 1958 flüchtete ein Ost-Berliner Verlagskaufmann nach West-Berlin. Grund für diese Flucht war der Umstand, dass an diesem Tag die Kriminalpolizei in der Gaststätte erschien, wo seine Ehefrau aushilfsweise arbeitete. Die Polizisten fragten den Wirt nach der Arbeitstelle des Verlagkaufmannes. Der Gastwirt informierte dann dessen Familie von diesem Kripo-Besuch, woraufhin der Mann flüchtete. Er erschien am 21. Oktober 1958 in der Beratungsstelle des UfJ und berichtete treuherzig folgendes: Seit November 1957 war er Informant des UfJ. Er erhielt dort den Decknamen (geschwärzt). Schon ca. 150-mal soll er den UfJ-»Hauptagenten« (geschwärzt) aufgesucht haben. Diesem berichtete er von Gerichtsverhandlungen in der Littenstraße. Nebenbei erwarb er DDR-Briefmarken für den UfJ. Er und seine Ehefrau schleusten auch »Hetzbriefe« nach Ost-Berlin. Schon vor 1953 unterhielt er Verbindungen zur West-Berliner Zeitung »Telegraf«. Seit 1955 lieferte er auch Berichte zu politischen Prozessen an diese Zeitung. Die Ehefrau wohnte noch in Ost-Berlin, da sie Hausverwalterin war und noch zum 1. des Monats die Miete kassieren wollte, bevor sie ebenfalls in den Westen flüchtete.

Götz Schlicht berichtete diesen Sachverhalt seinen MfS-Führungsoffizieren am 30. Oktober 1958. Bereits am 1. November wurde daraufhin die Ehefrau verhaftet. Ihr Ehemann erfuhr von dieser Verhaftung und kehrte am 7. Dezember 1958 nach Ost-Berlin zurück, um zu erfahren, wieso seine Frau verhaftet wurde. Auch darüber soll Götz Schlicht seine Führungsoffiziere unterrichtet haben,[829] so dass der Verlagskaufmann bereits an der Sektorengrenze zu Ost-Berlin festgenommen wur-

828 BStU, MfS-AOP-1725/64, Bd. 55, Bl. 145 u. Anklageschrift des Bundesgeneralanwalts (wie Anm. 821), S. 41f.

829 Beim Treffen am 30.10.1958 wurde ein weiterer Treff für den 20.11.1958 vereinbart. Ein Bericht zu diesem Treffen existiert nicht in den gesichteten Unterlagen. Der nächste Treff-Bericht stammt vom 22.12.1958, BStU, MfS-AOP-1725/64, Bd. 55

de. Er wurde am 18. März 1959 zu einer Haftstrafe von 8½ Jahren verurteilt und nach sechs Jahren und sieben Monaten vorzeitig entlassen. Seine Ehefrau wurde am 19. Februar 1959 zu einer Haftstrafe von 3½ Jahren verurteilt, die sie voll verbüßte.[830]

Bei seinem Treffen am 13. Januar 1960 berichtete Götz Schlicht über einen Besucher, der ihn in der Beratungsstelle des UfJ im Lager Marienfelde aufgesucht hatte. Der Mann teilte ihm mit, dass er Besitzer eines Geschäfts für Bürobedarf, Versand und Einzelhandel in Dresden war. Er beabsichtigte, sein Geschäft aufzulösen. Von dieser Auflösung erwartete er Einnahmen in Höhe von DM (Ost) 30 000, die er vorhatte, bei seiner anschließenden Flucht in den Westen mitzunehmen. Aufgrund der Mitteilung von Götz Schlicht wurde er am 19. Mai 1960 festgenommen und am 26. August 1960 wegen »Spionage« zu einer Haftstrafe von drei Jahren verurteilt.[831] Sein Eigentum wurde höchst wahrscheinlich eingezogen.

Über einen weiteren Besucher, der ihn im Lager aufsuchte, berichtete Götz Schlicht bei seinem Treff am 4. Februar 1960. Dieser, ein Rentner aus Streufdorf, beabsichtigte, DM (Ost) 15 000 bis 20 000 von seinem Konto abzuheben und mit dieser Summe nach West-Berlin zu flüchten. Er wurde am 6. April 1960 verhaftet und zu einer Haftstrafe von einem Jahr und vier Monaten verurteilt.[832] Ferner ist anzunehmen, dass auch das Geld vom Konto des Rentners eingezogen wurde.

Am 14. Juni 1960 folgte der Bericht von Götz Schlicht über einen Besucher aus Dresden, der Gärtner war und zwei Hektar Land besaß. Seine Ehefrau war schon geflohen und er beabsichtigte, Ende 1960 ebenfalls in den Westen zu flüchten. Am 28. Oktober 1960 wurde er verhaftet und kurze Zeit später zu einer Gefängnisstrafe von einem Jahr und drei Monaten verurteilt.[833] Auch in diesem Fall ist anzunehmen, dass die zwei Hektar Land beschlagnahmt wurden.

---

830 BStU, MfS-AOP-1725/64, Bd. 55, Bl. 270 u. Anklageschrift des Bundesgeneralanwalts (wie Anm. 821), S. 40f.

831 BStU, MfS-AOP-1725/64, Bd. 56, Bl. 238 u. Anklageschrift des Bundesgeneralanwalts (wie Anm. 821), S. 45

832 BStU, MfS-AOP-1725/64, Bd. 56, Bl. 255 u. Anklageschrift des Bundesgeneralanwalts (wie Anm. 821), S. 45

833 BStU, MfS-AOP-1725/64, Bd. 57, Bl. 31 u. Anklageschrift des Bundesgeneralanwalts (wie Anm. 821), S. 46

Im Februar 1967 wurde eine Ost-Berliner Rentnerin festgenommen. Götz Schlicht hatte dem MfS berichtet, dass sie als »Agentin« für den UfJ tätig gewesen sei.[834]

Im März 1972 berichtete Götz Schlicht über eine »undichte Stelle« im Bereich des DDR-Justizministeriums. Beruhend auf der von Schlicht gelieferten Information ermittelte das MfS einen Mitarbeiter des Ministeriums, der am 11. Dezember 1973 verhaftet wurde. Er wurde am 11. September 1975 wegen Spionage zu einer Freiheitsstrafe von 15 Jahren verurteilt. Am 15. November 1977 wurde er allerdings vorzeitig aus der Haft entlassen.[835]

Für seine Tätigkeit wurde Götz Schlicht mehrfach vom MfS ausgezeichnet und geehrt:

1970 erhielt er die »Erinnerungsmedaille des MfS«;[836]
1971 wurde ihm der »Ehrentitel« eines »Verdienten Mitarbeiters des MfS« verliehen;[837]
1983 erhielt er auch die »Medaille für treue Dienste der NVA« in Gold;[838]
1988, zu seinem 80. Geburtstag, erhielt Götz Schlicht den »Kampforden für Verdienste um Volk und Vaterland« in Gold;[839]
1988 wurde ihm, ebenfalls zu seinem 80. Geburtstag, auch noch die »Verdienstmedaille der DDR« verliehen.[840]

Diese Flut an Auszeichnungen begründete das MfS u. a. mit folgender Darstellung:

> »In den ersten Jahren seines Einsatzes hatte er maßgeblichen Anteil an der Zerschlagung der Feindzentrale ›Untersuchungsausschuß Freiheitlicher Juristen‹. Auf der Grundlage seiner Informationen und mit seiner direkten Unterstützung wurden wirksame Aktionen gegen diese Feindeinrichtung durch-

---

834 Anklageschrift des Bundesgeneralanwalts (wie Anm. 821), S. 9

835 Ebd., S. 10 u. S. 57–58

836 Ebd., S. 66 u. BStU, MfS-AOP-8915/91, Bd. 11, Bl. 18

837 Anklageschrift des Bundesgeneralanwalts (wie Anm. 821), S. 11 u. S. 67 u. BStU, MfS-AOP-8915/91, Bd. 11, S. 25–29. Der Vorschlag für diese Verleihung trägt die Unterschrift von Mielke und den Vermerk: Einverstanden.

838 Ebd.

839 Joachim Nawrocki, »Der Ratgeber war ein Verräter«, in: Die Zeit vom 13.08.1993, S. 6

840 Anklageschrift des Bundesgeneralanwalts (wie Anm. 821), S. 18 u. S. 66 u. BStU, MfS-AOP-8915/91, Bd. 11, Bl. 147

geführt. Ein besonderes Verdienst erwarb er sich bei der Entlarvung und Liquidierung von Agenten des UfJ in der DDR.«[841]

Götz Schlicht wurde aber auch im Westen geehrt. Auf Vorschlag des Regierenden Bürgermeisters von Berlin wurde er unter Hervorhebung seines unermüdlichen und selbstlosen Einsatzes für die freiheitlich-demokratische Grundordnung am 12. Juli 1985 mit dem Verdienstkreuz am Bande und am 24. Oktober 1991 mit dem Verdienstkreuz Erster Klasse des Verdienstordens der Bundesrepublik Deutschland ausgezeichnet.[842] 1985 wurde sein besonderes Engagement für die Redaktion der Zeitschrift »Recht in Ost und West«, der er zu einer hochrangigen wissenschaftlichen Reputation verhelfen konnte, gewürdigt. Mit der Ehrung im Jahre 1991 wurde dann sein fortgesetztes Wirken für die Zeitschrift »Recht in Ost und West« sowie auch die Intensivierung seiner wissenschaftlichen Hinterfragung deutschlandpolitischer Problemfelder gewürdigt.[843]

Beide Auszeichnungen gab Götz Schlicht mit Schreiben vom 27. April 1994 an das Bundespräsidialamt zurück. Zusätzlich wurde vom Bundespräsidialamt mitgeteilt:

> »Wegen des Grundsatzes der Vertraulichkeit, der grundsätzlich in Ordensangelegenheiten gilt, werden allgemein keine Ordensbegründungen oder Entziehungsanordnungen in ihrem vollständigen Wortlaut nach außen gegeben. Lediglich die tragenden Gründe der jeweiligen Entscheidungen des Herrn Bundespräsidenten werden der Öffentlichkeit bekannt gemacht. Bei einer freiwilligen Rückgabe der Auszeichnungen durch den Beliehenen ist erst recht auf den persönlichen Charakter einer solchen Entscheidung Rücksicht zu nehmen.«[844]

Das letzte öffentliche Interview gab Götz Schlicht im Sommer 1993. Reporter der »Super Illu« interviewten ihn. Dieses Interview wurde in der Zeitschrift am 19. August 1993 auf der Seite 8 veröffentlicht.

Nachdem ihm vorgeworfen wurde, 1942 Hitler-Offizier gewesen zu sein, antwortete Götz Schlicht:

---

841 Ebd., S. 67

842 Ebd., S. 18

843 Schreiben des Bundespräsidialamts vom 15.03.2001

844 Ebd.

»Ich bin immer Offizier geblieben, der wusste, was er zu tun hatte.«

Warum sind Sie Spitzel geworden?

»Ich war wegen ›Boykotthetze‹ zu 10 Jahren verurteilt worden, weil ich Flugblätter der West-Berliner ›Union Freiheitlicher Juristen‹ (UfJ) verteilt hatte. Nach 5 Jahren wurde ich von Justizministerin Hilde Benjamin begnadigt. Ich musste eine Verpflichtungserklärung unterschreiben, dass ich für die Stasi arbeiten würde. Ich hatte Frau und Kinder, da habe ich mich für die stasibedingte Freiheit entschieden.«

Was war Ihr Auftrag?

»Ich wurde IMB (Inoffizieller Mitarbeiter mit Feindberührung), Deckname ›Dr. Lutter‹, sollte in West-Berlin den UfJ ausspähen. Mit deren Hilfe wurde ich Rechtsberater im Notaufnahmelager Marienfelde. Was mir die Flüchtlinge da berichtet haben, darüber habe ich den DDR-Staatsicherheitsdienst informiert.«

Im Westen hätten Sie doch aussteigen können?

»Man hat mir gesagt, wenn ich meine Verpflichtung nicht einhalten würde, würden mir unangenehme Folgen drohen.«

Was haben Sie der Stasi berichtet?

»Wissen Sie, das war doch nur Hühnerfutter.«

Haben Sie auch Informationen geliefert, mit denen Sie DDR-Bürger ans Messer lieferten?

»Ich habe alles erzählt, was ich erfahren habe. Ich musste immer annehmen, dass man mich über einen ausgeschleusten Agenten testen wollte:«

Wie liefen die Kontakte mit der Stasi ab?

»Vor dem Mauerbau haben wir uns einmal im Monat getroffen. Ich bin dann im Dunkeln über die Sektorengrenze gegangen. Dort wartete an einem verabredeten Punkt ein Auto – kein billiges – auf mich. Ich wurde dann in eine Villa im Raum Schmökwitz gefahren, wo wir sehr gut gegessen haben. Dann wurde 2 bis 3 Stunden geplaudert.«

Und wie funktionierte das nach dem Mauerbau?

»Das lief über eine Stelle an der Grenze in Lichtenrade. Ich bekam bei Dunkelheit ein Zeichen mit der Taschenlampe. Dann wurde ein Segment des Zaunes hochgehoben. Ich konnte durchgehen, meinen Bericht abgeben.«

War Ihnen klar, dass Ihre Informationen für die Betroffenen lange Haftstrafen bedeuteten?

»Wenn man für den Geheimdienst arbeitet, hat man keine Gewissenbisse. Dann tut man seine Pflicht.«

Haben Sie für Ihren Spitzeldienst Stasi-Geld erhalten?

»Ja, monatlich 800 DM West in bar.«

Sie haben neben 4 anderen DDR-Orden auch die Verdienstmedaille der DDR bekommen.

»Ja, 1988 wurde ich in die ›Villa Spree‹ in Köpenick gebeten. Dort wurde mir die Auszeichnung übergegeben. Das wurde damit begründet, dass ich dem gesamten Ostblock einen großen Dienst erwiesen hätte.«

Sie haben auch das Bundesverdienstkreuz bekommen?

»Ja, '85 das Bundesverdienstkreuz am Bande, '91 das 1. Klasse. Die Begründung habe ich wegen meiner verminderten Hörfähigkeit nicht mitgekriegt. Es ist wohl so gewesen, dass ich Spitze auf beiden Seiten des Eisernen Vorhangs gewesen bin.«

Hatten Sie nach der Wende keine Angst der Enttarnung?

»Ich bin Offizier, bei mir gibt es keine Angst. Außerdem habe ich Mitteilung bekommen, dass meine Akte von der Stasi vernichtet worden ist. Da muß irgend etwas schiefgelaufen sein.«

Haben Sie kein schlechtes Gefühl, für ein Unterdrückersystem spioniert und viele Menschen ans Messer geliefert zu haben?

»So was hat man nicht, wenn man für einen Geheimdienst arbeitet. Als die Wiedervereinigung kam, da habe ich mein Werk vollendet gesehen. Mit meiner Tätigkeit habe ich dazu beigetragen, eine bewaffnete Auseinandersetzung zwischen den Systemen zu vermeiden.«

Es könnte sein, dass die Justiz das anders sieht und Sie anklagt.

»Glaube ich nicht. Ich bin alt und stark schwerhörig. Ich könnte dem Verfahren nicht folgen, bin also verhandlungsunfähig.«

Konsequenzen

Der Rechtsstaat schlägt zurück

Nachdem im Dezember 1992 in Zeitungsberichten die IM-Tätigkeit von Götz Schlicht öffentlich wurde, kann man davon ausgehen, dass verschiedene Ämter auf diesen Fall aufmerksam wurden. Allen voran müsste das zuständige Finanzamt in Berlin-Zehlendorf festgestellt haben, dass Götz Schlicht sein zusätzliches MfS-Einkommen über Jahre nicht versteuert hatte. Das Finanzamt wird eine erhebliche Steuerforderung und eine Bußgeldzahlung von Götz Schlicht verlangt haben, rechtlich wäre eine Nachbesteuerung des nicht deklarierten zusätzlichen Einkommens für die letzten 10 Jahre möglich gewesen.[845]

Dem Autor ist auch bekannt, dass das Landesamt für Gesundheit und Soziales die Rückzahlung der Haftentschädigung verlangte. Eine solche Haftentschädigung wurde gemäß dem Häftlingshilfegesetz (HHG) an alle diejenigen ausgezahlt, die aus politischen Gründen in der DDR inhaftiert waren. Ausgeschlossen wurden diejenigen, die dem in der DDR herrschenden politischen System erheblich Vorschub geleistet hatten oder die freiheitliche demokratische Grundordnung der Bundesrepublik oder des Landes Berlin bekämpften. Im Fall von Götz Schlicht beruhte die Rückforderung darauf, dass er in seinem Antrag auf diese Entschädigung falsche Angaben gemacht hatte. Das HHG wurde in den Folgejahren mehrfach geändert und Betroffene erhielten weitere Ausgleichszahlungen.[846] Im Grunde genommen könnte auch Götz Schlicht mit dem C-Ausweis, den er als »politischer Flüchtling« 1957 unrechtmäßig erhalten hatte, weitere Förderungsleistungen und Hilfen beansprucht haben. Ob diese Inanspruchnahme schon verjährt war oder ob andere Ämter ebenfalls Rückzahlungen verlangten, ist nicht bekannt, aber durchaus möglich.

845 Peter Hirseland, Steuerberater, telefonische Auskunft vom 13.10.2009

846 Archiv des Autors, Notiz zum Telefonat mit Fr. Hackbart, Referatsleiterin VI E, 30.01.2002

Gerichtsverfahren gegen Götz Schlicht

Im Herbst 1992 wurden beim BStU die IM-Akten zu Götz Schlicht gefunden. Laut eines Zeitungsberichts wurden gleich nach diesem Fund fünf Ordner zu »IM Dr. Lutter« am 15. November 1992 an den Generalbundesanwalt geschickt.[847] Weitere Akten wurden angefordert, da insgesamt 14 MfS-Aktensignaturen in der Anklageschrift festgestellt werden konnten.[848] Es erfolgte dort eine eingehende Auswertung dieser Akten, die zu der 71-seitigen Anklageschrift vom 15. Oktober 1993 führten. Götz Schlicht wurde wegen Vergehen, strafbar nach § 99 StGB, angeklagt, d. h. wegen »Geheimdienstlicher Agententätigkeit« gegen die Bundesrepublik Deutschland. Des Weiteren wurde er ebenfalls nach § 100 StGB, »Friedensgefährdende Beziehungen«, angeklagt.[849] Zu diesem Zeitpunkt war Götz Schlicht 85 Jahre alt.

Am 15. Mai 1995 beschloss der 2. Senat des Kammergerichts in Berlin das Folgende:[850]

> 1. Die Eröffnung des Hauptverfahrens wird abgelehnt.
> 2. Der Beschluss des Ermittlungsrichters des Bundesgerichtshofs vom 24. Juni 1993 – 3 BJs 1520/92-3 (360) – über die Anordnung des dringlichen Arrestes und die in Vollziehung des Arrestes auf dem mit dem Sondereigentum an der Reihenhauswohnung Lohengrinstraße 8, 14109 Berlin, verbundenen Miteigentumsanteil des Angeschuldigten an dem Grundstück Lohengrinstraße 8, 8a, 8b, 8c, Seeuferstraße 6, 6a, 6b, 6c, 6d, 6e, 6f, 14109 Berlin, eingetragen im Grundbuch (Wohnungsgrundbuch) von Nikolassee, Band 27, Blatt 775, Flur 3, Flurstück 404 – Amtsgericht Schöneberg –, eingetragene Sicherheitshypothek, werden aufgehoben.
> 3. Der Angeschuldigte ist für den Vollzug des dringlichen Arrests zu entschädigen.
> 4. Die Kosten des Verfahrens und die notwendigen Auslagen des Angeschuldigten trägt die Landeskasse Berlin.

Das Verfahren gegen Götz Schlicht wurde eingestellt, da das Gericht die Auffas-

847 »Enttarnt: Der Mann, der in Ost und West Orden einheimste«, in: Berliner Morgenpost, 11.12.1992, S. 9
848 Anklageschrift des Bundesgeneralanwalts (wie Anm. 821), S. 1–71
849 Ebd., S. 1
850 Kammergericht Beschluss, Geschäftsnummer (2) 3 StE 13/93-3 (5) (17/93), S. 1f.

sung vertrat, dass er »auf Dauer verhandlungsunfähig« war.[851] Zu diesem Zeitpunkt war Götz Schlicht schon 87 Jahre alt. Im Laufe des Verfahrens wurde er dreimal umfassend auf seine Verhandlungsfähigkeit hin untersucht.

In den angefertigten Gutachten ergab sich übereinstimmend, dass Götz Schlicht überdurchschnittlich intelligent war.[852] Die letzte Untersuchung fand am 16. Februar 1995 statt. Bei dieser Untersuchung wurde festgestellt:

> »Auch für einen 87-Jährigen sei der Angeschuldigte vorgealtert. Er könne erst nach mehrfachen Ansätzen aufstehen und sich lediglich trippelnd wenige Schritte vorwärtsbewegen. Im Gespräch sei er unkonzentriert und verliere leicht den Faden. Insgesamt sei sein Allgemein- und Kräftezustand so extrem reduziert, dass die Belastung durch eine Hauptverhandlung für ihn mit einer konkreten Gefahr schwerer, lebensbedrohender gesundheitlicher Schädigung verbunden sei.«[853]

Die letzte Zeit seines Lebens, d.h. vom 1. Mai 2005 an, verbrachte Götz Schlicht in dem Seniorenwohnheim Haus Lisabeth in Berlin-Zehlendorf.[854]

Er verstarb kurz vor seinem 98. Geburtstag am 12. Januar 2006.[855]

Wie wurde Götz Schlicht von seiner Umwelt beurteilt?

Die Tätigkeit von Götz Schlicht als IM des MfS wird in zahlreichen Texten erwähnt. Es existieren aber wenige Analysen zu seiner Motivation, warum er wohl über 40 Jahre für das MfS spionierte. Zu diesem Thema ist bis jetzt einiges erschienen, auf das im Folgenden verwiesen wird.

Der Autor Rüdiger Henkel kommt in seiner Beschreibung zu dem Ergebnis:

> »Schlicht bereitete es Vergnügen, unerkannt böse zu sein. Hierin und in seiner Geldgier lag die eigentliche Motivation seines Handelns. Eine politische Überzeugung oder so etwas wie ein Gewissen hat er nie gehabt. Wem er sich

---

851 Ebd,, S. 4

852 Ebd., S. 5f.

853 Ebd., S. 7

854 Melderegisterauskunft, Landesamt für Bürger- und Ordnungsangelegenheiten, Schreiben vom 14.04.2009 u. 13.04.2010

855 Ebd.

überhaupt menschlich verbunden fühlte, ist seinen Kollegen immer verborgen geblieben. Zu seinen zuletzt neun Kindern verhielt er sich nach eigenen Angaben ›distanziert‹.«[856]

In dem 2001 erschienenen Buch »Headquarters Germany – Die USA-Geheimdienste in Deutschland« von Klaus Eichner und Andreas Dobbert, beschreiben diese ehemaligen MfS-Offiziere den Kampf des MfS gegen die westlichen Geheimdienste, mit dem Schwerpunkt auf die amerikanischen Dienste. Es werden hier viele Namen genannt. Zum UfJ existiert lediglich eine halbe Seite. Der einzige Name der hier genannt wird, ist ein Dr. Günther Birkenfeld, der angeblich ein Bindeglied zwischen dem UfJ und der CIA war.[857] Es ist auffallend, dass der hochkarätige IM Götz Schlicht mit keinem Wort gewürdigt wird. Bezug wird aber auf andere enttarnte IM des MfS genommen, wie z. B. Klaus Kuron, Rainer Rupp und Hans-Joachim Tiedge.[858]

In einem weiteren Buch, ebenfalls von ehemaligen MfS-Offizieren verfasst, lässt sich ebenfalls feststellen, dass Götz Schlicht mit keinem Wort gewürdigt wird.[859]. In diesem Buch werden die Personalien und die Tätigkeit von 31 »hochkarätigen« MfS-IM im Westen beschrieben.

Anhand dieser Beschreibungen stellt sich hier die berechtigte Frage, ob die Autoren beider Bücher Götz Schlicht nicht als einen der »ihrigen« IM betrachteten und ob er aus diesem Grund unerwähnt blieb.

Siegfried Mampel war Stellvertreter von Walther Rosenthal und hatte folgendes zu sagen:[860] Für ihn war Götz Schlicht der schlimmste Verräter beim UfJ. Als sie dort zusammen tätig waren, hatte er Götz Schlicht als einen ruhigen, zuvorkommenden Mann kennen und sogar in jahrelanger Zusammenarbeit schätzen gelernt, als

856 Rüdiger Henkel, Was treibt den Spion? Spektakuläre Fälle von der »Schönen Sphinx« bis zum »Bonner Dreigestirn«, Quintessenz Verlag, Berlin 2001 (Spion Götz Schlicht – Porträt eines bösen Menschen), S. 422–434, zit. S. 424f.

857 Klaus Eichner/Andreas Dobbert, Headquaters Germany – Die USA-Geheimdienste in Deutschland, Edition Ost, 2. korrig. Aufl. 2001, S. 153f.

858 Ebd., S. 7–380

859 Klaus Eichner/Gotthold Schramm (Hrsg), Kundschafter im Westen. Spitzenquellen der DDR-Aufklärung erinnern sich, Mit einem Vorwort von Markus Wolf und Werner Großmann, Edition Ost, Berlin 2003

860 Siegfried Mampel, Der Untergrundkampf des Ministeriums für Staatsicherheit gegen den Untersuchungsausschuss Freiheitlicher Juristen in Berlin (West), LStU Schriftenreihe Berlin, Bd. 1, 1994, S. 54–57

einen, der seine Arbeit fleißig und unauffällig verrichtete. Als Siegfried Mampel von der IM-Tätigkeit unterrichtet wurde, konnte er dieses zunächst gar nicht glauben. Götz Schlicht wurde kurz nach seiner Ankunft in West-Berlin eine Tätigkeit beim UfJ angeboten. Das lag daran, dass zu jener Zeit beim UfJ die Meinung herrschte, dass das MfS nie einen Versuch gemacht hatte, Häftlinge unter dem Versprechen einer vorzeitigen Entlassung anzuwerben. (!) Sein Motiv zur MfS-Mitarbeit scheint im Wesentlichen Geld gewesen zu sein. Siegfried Mampel betont noch, dass Schlicht sich den Vorwurf gefallen lassen muss, dass er aus Eitelkeit sowie aus Gewinnsucht für das MfS gearbeitet hatte. Zuletzt fügt Siegfried Mampel noch an:

> »In einem Interview gab er [Götz Schlicht] 1993 an, er habe sich vor dem langen Arm des KGB, mit dem er gar nichts zu tun hatte, und des MfS gefürchtet – eine seltsame Begründung schon deswegen, weil er gleichzeitig, gelinde gesprochen, die Kühnheit hatte, sich damit zu brüsten, Offizier gewesen zu sein und sich stets als solcher gefühlt habe.«[861]

Joachim Nawrocki veröffentlichte in »Die Zeit«, Ausgabe vom 13. Juni 1993, Seite 6, einen längeren Artikel mit dem Titel »Der Ratgeber war ein Verräter«. Zunächst stellt Nawrocki die Frage:

> »Was bewegt einen Mann dazu, drei Jahrzehnte lang Brisantes und Privates, Geheimes und Belangloses an die Staatsicherheit zu berichten, Menschen zu verraten und ins Gefängnis zu bringen? Überzeugung kann es kaum gewesen sein, das gibt der Lebenslauf von Götz Schlicht nicht her: Politisches Engagement ist kaum erkennbar. Erpressbarkeit scheidet – von den Anfängen der Agententätigkeit abgesehen – auch aus, denn der Denunziant lebte in Westberlin: Er hätte sich jederzeit dem Verfassungsschutz offenbaren können.«[862]

Danach stellt Nawrocki fest, dass es sich dabei eher um die erbärmliche Geschichte eines ebenso ehrgeizigen wie schwachen Mannes ohne große Skrupel handelte. In dem Artikel wird noch erwähnt, dass Götz Schlicht 1940 zum Polizeidienst eingezogen wurde und dass er nach seiner Entlassung 1946 Richter beim Landgericht Potsdam wurde. Zu seiner Anwerbung durch das MfS soll Götz Schlicht gesagt haben:

---

861 Ebd., S. 57

862 Joachim Nawrocki, »Der Ratgeber war ein Verräter«, in: Die Zeit, 13.06.1993, S. 6

»›Ich habe anstelle des Zuchthauses die Freiheit gewählt. Ich hatte Frau und sechs Kinder. Natürlich habe ich unterschrieben, was denn sonst?‹ Würde er die Vereinbarung brechen, so habe man ihm damals gedroht, bekäme er ›unangenehme Dinge‹ zu spüren.«[863]

Nachdem Joachim Nawrocki die Tätigkeit von Götz Schlicht beim UfJ und dem Gesamtdeutschen Institut beschrieben hatte, kommt er zur folgenden abschließenden Einschätzung:

»Was Menschen wie Schlicht damals angetrieben hat, ob schlichte Geltungssucht oder schnöde Geldgier, bleibt letztlich unklar. Doch drängt sich der Eindruck auf, Schlicht genieße das Aufsehen um seine Person. Einmal sagte er, er habe nicht richtig spioniert, sondern nur ›Hühnerfutter‹ geliefert. Doch dann kommt ihm dieser Satz über die Lippen: ›Ich bin seit den fünfziger Jahren im Geheimdienst tätig; bitte, mich nicht zu unterschätzen.‹«[864]

In der Ausgabe der Bild-Zeitung vom 9. August 1993 beschrieben Claudius Simon und Peter Brinkmann Götz Schlicht als einen bösen Menschen und einen Greis, der aber kein lieber alter Mann ist. Er wird von ihnen als JUDAS bezeichnet und auch als einer der schrecklichsten Verräter der deutschen Geschichte. Er soll auch den Reportern gesagt haben:

»Ich soll ein Verräter sein? Nein, es gab doch nichts zu verraten.«[865]

Und wie beurteilt der Autor nun, nach all den Recherchen, Götz Schlicht?

Auf der Grundlage der zusammengetragenen und zeitaufwändig ausgewerteten Einzeldokumente über Götz Schlichts Leben materialisiert sich für den Autor zunehmend das Bild eines Mannes, dessen häufige Rollen- und Seitenwechsel sich augenscheinlich durch eine pathologisch anmutende Geltungssucht in Kombination mit einem teils kaltblütigen Opportunismus unter (insbesondere für den Sohn eines Juden) unvorstellbar widrigen historischen Bedingungen erklären lassen. Götz Schlicht agierte zumeist überaus geschickt, taktisch klug; sein wohl über die Zeit zunehmend ausgeprägter Hang zur Eitelkeit und Selbstüberschätzung befeu-

863 Ebd.
864 Ebd.
865 BILD, 09.08.1993, S. 2

erte dabei seine Handlungen mehr, als dass sie dem im Wege standen. In diesen Persönlichkeitszügen spiegelt sich das Menschenbild jener »Herrenmenschen« wider, welches zur Zeit Götz Schlichts weit verbreitet und noch lange nach dem Ende des »Dritten Reiches« populär war.

Götz Schlichts anfängliches Lebensziel war es, Richter zu werden. Der Zugang zu diesem Posten wurde ihm durch die Nationalsozialisten verwehrt. Um im »Dritten Reich« seine Haut retten zu können, waren seine Mutter und er auf die brillante Idee gekommen, die Vaterschaft seines jüdischen Vaters anzufechten. Was sie aber nicht vorausahnten, war die Tatsache, dass er aufgrund dieses Schachzugs und seiner damit einhergehenden Arisierung zum Polizeidienst eingezogen werden konnte. Einen Dienst als einfacher Polizist akzeptierte er nicht. Er wollte gleich etwas Besseres werden und meldete sich freiwillig für einen Lehrgang an einer Polizeioffiziersschule, den er dann auch erfolgreich absolvierte. Er erhielt sein Patent als Polizeioffizier jedoch erst sehr viel später, da das Reichssippenamt anscheinend umfangreiche Recherchen angestellt hatte. Davor war er immerhin »Junker der Schutzpolizei« mit besonderen Befugnissen. Sein Einsatz als Polizist im Osten muss Spuren hinterlassen haben, von denen er sich sein Leben lang nicht befreien konnte. Er muss Befehle erhalten haben, die schrecklich gewesen sein müssen. Aber er hat sie ausgeführt, wohl um selbst zu überleben. Es ist auffällig, dass er wiederholt angab, er habe sich immer als Offizier gefühlt, und als solcher habe er eben seine Pflicht getan. Diese Einstellung hat ihn offenbar nachhaltig geprägt. Er tat seine Pflicht im besetzten Polen, in Galizien, in der Ukraine, in Slowenien; nach dem Krieg in der SBZ, der DDR und in West-Berlin. Aus dem Status eines Befehlsempfängers kam er nur für eine kurze Zeit zwischen 1945 und 1947 heraus. Es grenzt schon an Unverfrorenheit, dass er der UNRRA seine Geburtsurkunde mit dem eingetragenen jüdischen Vater vorlegte, um eine Bescheinigung als Opfer des »Dritten Reichs« zu erhalten. Er nutzte anschließend diese Bescheinigung für seine Bewerbung in Potsdam.

Von Anfang des Jahres 1947 an stand er dann allem Anschein nach unter dem Befehl des sowjetischen Geheimdienstes. Diejenigen Angehörigen seiner ehemaligen Einheit, die 1947 und 1948 vom sowjetischen Geheimdienst verhaftet wurden, erhielten allesamt langjährige Haftstrafen. Als deren Befehlshaber wäre Götz Schlicht mit Sicherheit zu einer viel höheren Strafe verurteilt worden. Der sowjetische Geheimdienst erkannte jedoch anscheinend frühzeitig, dass er Götz Schlicht für seine eigenen Zwecke gut nutzen konnte, nachdem der Polizeioffizier alle Details zu seinen Einsätzen offengelegt hatte. Nach dieser Beichte bot man ihm daher an, er solle zur Wiedergutmachung seiner Verstrickungen in die geschilderten Kriegsverbrechen mit dem sowjetischen Geheimdienst kooperieren. Die fünf Jahre, die er in DDR-Haft verbrachte, können als eine Sühnemaßnahme für die vielen Tötungsdelikte gewertet werden, an denen er während seines Einsatzes im Osten beteiligt gewesen war. Seine Inhaftierung diente aber zugleich auch als Leumundszeugnis für seine spätere Tätigkeit beim UfJ in West-Berlin.

Götz Schlicht erhielt viel Geld für seine Dienste als Spion. Beim Autor drängte sich während der Recherche jedoch der Verdacht auf, Schlicht hätte auch ohne eine solche Zuwendung für den KGB und das MfS gearbeitet. Es war ihm vermutlich überaus wichtig zu zeigen, was für ein exzellenter IM er sein konnte: Er wollte dafür bewundert und anerkannt werden. In der Tat ist es erstaunlich, dass er von beiden Seiten mit Anerkennung und Auszeichnungen nahezu überhäuft wurde. Er schien pausenlos damit beschäftigt gewesen zu sein, die eine wie auch die andere Seite zufriedenzustellen. Dieses lässt zugleich die Vermutung aufkommen, dass seine Familie mit den vielen Kindern in seiner Priorität nur an zweiter Stelle stand. Er wandte sich auch gegen seinen Freund Walther Rosenthal, da er von ihm größere Anerkennung für seine Tätigkeit beim UfJ erwartet hatte. Sein Status als Befehlsempfänger des MfS endete mit dem Fall der Mauer. Wann er das letzte Mal einen Befehl vom KGB erhielt, konnte nicht ermittelt werden.

Epilog

In diesem Band werden wiederholt Gegebenheiten beschrieben, die so bizarr sind, dass man vermuten kann, dass hier im größeren Rahmen eine »Falsche Flaggen Operation« stattfand.

Als die Recherche zu den Anfängen des Untersuchungsausschusses freiheitlicher Juristen und seinem ersten Leiter, Horst Erdmann, sich ausdehnten, wurden bald weitere Hinweise gefunden, dass hier eine Organisation gegründet wurde, die dem Begriff »unter falsche Flagge« ebenbürtig war. Zu seiner weiteren Recherche möchte der Autor feststellen, dass er damit keineswegs behaupten möchte, dass alle Angestellten beim UfJ in diese »Falsche Flaggen Operation« eingebunden waren. Nur ein kleiner Kreis, darunter die beiden Leiter, waren definitiv für den sowjetischen Geheimdienst tätig. Andere Mitarbeiter beim UfJ, die nach nicht allzu langer Zeit sich bei öffentlichen Stellen bewarben, müsste man als eingeschleuste Agenten ansehen. Darunter befand sich z. B. auch Dr. Günther Nollau, der spätere Präsident des Bundesamts für Verfassungsschutz.

Ein 2. Band des Autors beschreibt im Detail den UfJ und seinen »Kampf« gegen die DDR, der vor allem auf dem Gebiet der Publizistik stattfand. Viele DDR-Bürger wurden damit gelockt, sich als Informanten des UfJ zu betätigen, um etwas gegen das nicht geliebte Regime tun zu können. So konnten diese Regimegegner identifiziert und in der DDR massenweise verhaftet werden. Der »Kampf« des MfS gegen den UfJ wurde ebenfalls mit sehr viel Publizistik geführt.

Die Hinweise, dass der sowjetische Geheimdienst hier aktiv war, sind spärlich. Aber sie existieren. Es konnte auch festgestellt werden, dass die Zusammenarbeit zwischen dem MfS und dem KGB nicht immer problemlos verlief.

Im 2. Band »Operation Falsche Flagge« ist mehr dazu zu lesen. Er gliedert sich in drei Abschnitte: 1. »Der Untersuchungsausschuss freiheitlicher Juristen«, 2. »Der ›Kampf‹ des MfS gegen den UfJ« und 3. »Die ›zweite Dimension‹ – der sowjetische Geheimdienst«.

Anhang

Abkürzungsverzeichnis

a. D.	außer Dienst
AOP	Archivierter operativer Vorgang bzw. Feindobjektvorgang
AU	Archivierter Untersuchungsvorgang
BDM	Bund Deutscher Mädchen
BdO	Befehlshaber der Ordnungspolizei
BfgA	Bundesanstalt für gesamtdeutsche Aufgaben
BfV	Bundesamt für Verfassungsschutz
BGB	Bürgerliches Gesetzbuch
BGH	Bundesgerichtshof
Bl.	Blatt
BMB	Bundesministerium für innerdeutsche Beziehungen
BMG	British Military Government
BMG	Bundesministerium für gesamtdeutsche Fragen
BND	Bundesnachrichtendienst
BStU	Bundesbeauftragte/r für die Unterlagen des Staatssicherheitsdienstes der ehemaligen Deutschen Demokratischen Republik, Berlin
Btl	Bataillon
BVfS	Bezirksverwaltung für Staatssicherheit
ChdDtPol	Chef der deutschen Polizei
CIA	Central Intelligence Agency
CIC	Counter Intelligence Corps
DAF	Deutsche Arbeiter Front
DF	Deutsche Fragen (Zeitschrift)
DFD	Demokratischer Frauenbund Deutschlands
DGB	Deutscher Gewerkschaftsbund
DJB	Deutscher Juristenbund
DPA	Deutsche Presse-Agentur
DRK	Deutsches Rotes Kreuz
DSF	Gesellschaft für Deutsch-Sowjetische Freundschaft
DVA	Deutsche Verwaltungsakademie
DZJ	Deutsche Zentralverwaltung für Justiz
GI	Geheimer Informator (Bezeichnung bis 1968)
GM	Geheimer Mitarbeiter (Bezeichnung bis 1968)

GS	Geheimschriftverfahren
GST	Gesellschaft für Sport und Technik
GZ	Geschäftszeichen
HA	Hauptabteilung
HHG	Häftlingshilfegesetz
Hiwi	Hilfswilliger
HJ	Hitlerjugend
HUMINT	Human Intelligence
IM	Inoffizieller Mitarbeiter
IMB	Inoffizieller Mitarbeiter mit Feindberührung
JHS	Juristische Hochschule des MfS
KdO	Kommandeur der Ordnungspolizei
KdG	Kommandeur der Gendarmerie
KG	Kampfgruppe
KGB	Komitet Gossudarstwennoj Besopasnosti (Komitee für Staatssicherheit der UdSSR)
KgU	Kampfgruppe gegen Unmenschlichkeit
KP	Kommunistische Partei
KPD	Kommunistische Partei Deutschlands
KPdSU	Kommunistische Partei der Sowjetunion
KZ	Konzentrationslager
LG	Landgericht
LKA	Landeskriminalamt
Lkw	Lastkraftwagen
LM	Lindenmeier-Möhring (juristische Fachzeitschrift)
LStU	Landesbeauftragter für die Unterlagen des Staatssicherheitsdienstes der ehemaligen DDR
MA	Mitarbeiter
MfS	Ministerium für Staatsicherheit
NBI	Neue Berliner Illustrierte
NS	Nationalsozialismus
NSDAP	Nationalsozialistische Deutsche Arbeiterpartei
NSKK	Nationalsozialistisches Kraftfahrkorps
NSV	Nationalsozialistische Volkswohlfahrt
NVA	Nationale Volksarmee
Oblt.	Oberleutnant

OLG	Oberlandesgericht
OMGUS(B)	Office of Military Government United States (Berlin)
OV	Operativer Vorgang
PGH	Produktionsgenossenschaft des Handwerks
Pkw	Personenkraftwagen
Pol.	Polizei
PP	Politische Polizei
RA	Rechtsanwalt
RF	Reichsführer
RF	Republikflucht
RGBl.	Registerblatt
Rgt.	Regiment
RM	Reichsmark
RMdI	Reichsministerium des Innern
ROW	Recht in Ost und West
RSHA	Reichssicherheitshauptamt
SBZ	Sowjetische Besatzungszone
SD	Sicherheitsdienst
SED	Sozialistische Einheitspartei Deutschlands
SK	Sonderkommando
SMAD	Sowjetische Militäradministration in Deutschland
SMT	Sowjetisches Militärtribunal
SPD	Sozialdemokratische Partei Deutschlands
SS	Schutzstaffel
SSPF	SS-Polizeiführer
StGB	Strafgesetzbuch
StVA	Strafvollzugsanstalt
TBK	Toter Briefkasten
UfJ	Untersuchungsausschuss freiheitlicher Juristen
UHA	Untersuchungshaftanstalt
UNRRA	United Nation Relief and Rehabilitation Administration
VEB	Volkseigener Betrieb
VfJ	Vereinigung freiheitlicher Juristen
VP	Volkspolizei
VVN	Vereinigung der Verfolgten des Naziregimes
WASt	Wehrmachtsauskunftsstelle

WB	Westberlin
WD	Westdeutschland
ZGB	Zivilgesetzbuch
ZWZ	Związek Walki Zbrojnej (Verband für den bewaffneten Kampf)

Quellen und Literatur

Archivmaterialien

Baden-Württemberg Landesarchiv – Staatsarchiv Ludwigsburg
Entnazifizierung Meldebogen, EL 901/10 Bü 100
Verfahrensakte Landgericht Stuttgart, EL317 VII Bü 6265–6267

Brandenburgisches Landeshauptarchiv Potsdam
Besoldungsunterlagen, Nr. 200
Rep 4A Nr. 9005
Rep 4A Nr. 9005 (5332)
Rep 203 PA72
Rep 203 PA72 (Sch/7988/86)
Rep 212/265
Rep 212/267
Rep 212/268
Rep 212/269
Rep 212/275
Rep 212/277
Rep 212/289
Rep 212/307
Rep 212/310
Rep 212/312
Rep 212/313
Rep 212/314
Rep 212/491
Rep 212/512
Rep 217
Rep 217/3
Rep 217/29
Rep 217/35
Rep 217/38
Rep 333 SED-Landesvorstand Brandenburg, Nr. 1039, 8122-5869/02
Rep 404/15, BDVP Pdm, Nr. 74
Rep 472, Nr. 34

Bundesarchiv Berlin
DA4 118, DDR Präsidialkanzlei
DA4 1331
DO1 Zentrale Gefangenen-Kartei der DDR, DDR Ministerium des Innern
DP1 SE, Kartei A9, DDR Ministerium für Justiz
DP1 SE, Kartei A20
DP1 SE A28 Karteikarten von Angehörigen der Justiz
DP1 10, DDR Ministerium für Justiz
DP1 896
DP1 966
DP1 986
DP1 987
DP1 1010
DP1 1046
DP1 1059
DP1 1141
DP1 1306
DP1 7088
DP1 7090
DP1 7294
DP1 7298
DP1 7344
DP1 7676
DP1 7688
DP1 8097
DP1 8708
DP1 20086
DP1 20426
DP1 20972
DP1 22738c
DP1 23472
DP1 23475
DP1 23536
DP1 23544
DP1 23600
DP3 70, DDR Generalstaatsanwaltschaft

DP3 71
DP3 1787
NS 7/21, SS- und Polizeigerichtsbarkeit
NS 7/122
NS 7/367
NS 7/397
PK/K60 Mikrofilmbestand (BDC – Berlin Document Center)
NSDAP Reichskartei Filmbestand 31XX/N0069 (BDC)
NSDAP Ortsgruppenkartei Filmbestand 3200/E0013 (BDC)
NSDAP Ortsgruppenkartei Filmbestand 3200/O0027 (BDC)
NSDAP Ortsgruppenkartei Filmbestand 3200/S0053 (BDC)
R2 U65 (BDC), Reichsfinanzministerium
R2 12208 (BDC)
R19/31, Hauptamt Ordnungspolizei
R19/97
R19/103
R19/109
R19/122
R19/127
R19/238
R19/284
R19/304
R19/312
R19/333
R19/765, Personalakte des Majors der Schutzpolizei Herbert Wieczorek
R20/1, Truppen und Schulen der Ordnungspolizei – Chef der Bandenbekämpfung
R20/74
R20/83
R20/225
R56 V Nr. 102, Reichskulturkammer
R58, Film 77995, Reichsicherheitshauptamt
R70 Polen/106, Polizeidienststellen in besetzten Gebieten
R70 Polen/198
R70/205
RK/RSK II/1522, Reichskulturkammer u. Reichsschrifttumskammer
ZX (1944) A. 266, Auswertung ausländischer Zeitungen, ehemals NS-Archiv des MfS

Bundesarchiv Koblenz
B150/4113/Heft 1
B209/705
B289/8394: VA517/1, 09.09.1949
B289/Nr. 9277: SA177/18/14
B289/Mikrofisch 9840, SA500/7-01/1

Bundesarchiv Ludwigsburg
B162/1328 - B162/1331
B162/2102
B162/2117
B162/2287
B162/3554 - B162/3557
B162/4130 - B162/4146
B162/5659 - B162/5680
B162/6933
B162/7671 - B162/7676
B162/19000 - B162/19220
B162/25959
B162/27011- B162/27034

Bundesbeauftragte/r für die Unterlagen des Staatssicherheitsdienstes der ehemaligen DDR, Berlin (BStU)
BStU-MfS-AOP-1725/64, Band 33
BStU-MfS-AOP-1725/64, Band 43a
BStU-MfS-AOP-1725/64, Band 44b
BStU-MfS-AOP-1725/64, Band 45a
BStU-MfS-AOP-1725/64, Band 55
BStU-MfS-AOP-1725/64, Band 56
BStU-MfS-AOP-1725/64, Band 57
BStU-MfS-AOP-1725/64, Band 58
BStU-MfS-AOP-1725/64, Band 59
BStU-MfS-AOP-1725/64, Band 60
BStU-MfS-AOP-1725/64, Band 61
BStU-MfS-AOP-1725/64, Band 62

BStU-MfS-AOP-8915/91, Band 1
BStU-MfS-AOP-8915/91, Band 8
BStU-MfS-AOP-8915/91, Band 10
BStU-MfS-HA IX/11, AK 629/74, Band 2
BStU-MfS-HA IX/11, GEHE 48/76 SU, Teil 1
BStU-MfS-HA IX/11, RHE-West 496/2
BStU-MfS-Ast, Band 82
BStU-MfS-Cottbus-AU 64/53, Untersuchungsvorgang 1132/51
BStU- Potsdam-AOP-130/55
BStU-Potsdam-AOP-192/55, Band 2
BStU-Potsdam-AU 317/52, STA 4873, Band 1
BStU-Potsdam-AU 317/52 Handakte
BStU, MfS – JHS Potsdam Mikrofilmstelle, JHS 001 Nr.: 272/80, Diplomarbeit Major Dietrich Muregger, HA IX/10, 13.02.1980

Deutsche Nationalbibliothek, Frankfurt am Main
Deutsches Exilarchiv 1933–1945
Zeitschrift: Befreiungskomitee für die Opfer Totalitärer Willkür, Nachrichten, Nr. 12, Ende Juli 1952

Deutsches Rotes Kreuz – Suchdienst München
Suchantrag zu Götz Schlicht
Suchantrag zu der Tochter I. Schlicht

Freie Universität Berlin – Universitätsarchiv
Archiv zu Veranstaltungen im Henry-Ford-Bau

Landesarchiv Berlin
B Rep 021, Melderegister Karteikarte zu Horst Erdmann
B Rep 021, Melderegister Karteikarte zu Theo Friedenau
B36 4/12-1/7, OMGUS
B068/652

Public Records Office, London, UK
FO 1003/187, BK/A(56)12, August 23, 1956, Allied Kommandantura Berlin, Subject: Allied Processing at Marienfelde Refugee Camp

Romania – Ministerul Apararii Nationale (Rumänisches Ministerium für Nationale Verteidigung)
  Personenstand Register (Martikelblatt) zu Vasile Macarovitsch

Sächsisches Staatsarchiv Dresden
  Bestand 19117, Nr. 2380 – Unterlagen der Gerichtskasse Leipzig

Sächsisches Staatsarchiv Leipzig
  Bezirksgericht Leipzig, Nr. 274
  Meldekartei – Bestand des Polizeipräsidiums Leipzig

Zentrale Universitätsbibliothek Humboldt Universität zu Berlin
  Jur.Fak.Dis:1949:Schlicht, Götz:F4

Zeitungsarchiv Berlin
  Berliner Morgenpost, 10.03.1992
  BZ, 01.09.1959
  BZ, 05.09.1959
  BZ am Abend, 25.6.1958
  BZ am Abend, 01.9.1958
  Der Tagesspiegel, 06.07.1958
  Der Tagesspiegel, 05.09.1959
  Der Tagesspiegel, 23.11.2008
  Die Welt, 30.12.1958
  Die Zeit, 13.08.1993
  Frankfurter Allgemeine, 19.07.1958
  Frankfurter Allgemeine, 05.02.1991
  Frankfurter Allgemeine, 09.02.1991
  Frankfurter Rundschau, 11.03.1992
  Neues Deutschland, 31.07.1952
  Neues Deutschland, 25.04.1963
  Spandauer Volksblatt, 12.12.1954
  Süddeutsche Zeitung, 30.12.1958
  Süddeutsche Zeitung, 04.11.1982
  Tägliche Rundschau (DDR), Ausgaben vom 26., 27. Und 28.07.1952
  Welt am Sonntag, 24.09.1950

Zentral- und Landesbibliothek Berlin
B 1/317 : 1957, NBI Nr. 48, 30.11.1957
B 1/317 : 1957, NBI Nr. 49, 07.12.1957
B 1/317 : 1957, NBI Nr. 50, 14.12.1957
Zentrum für Berlin-Studien, »Sie«, B 1 / 2 a: 1948-50=Film 2

Zeitungs- und Zeitschriftenartikel zu Götz Schlicht im Privatarchiv des Autors
Berliner Morgenpost, 11.12.1992
Berliner Morgenpost, 18.12.1992
Berliner Morgenpost, 06.08.1993
Berliner Morgenpost, 13.08.1993
Bild-Zeitung, 10.12.1992
Bild-Zeitung, 09.08.1993
BZ, 05.08.1993
BZ, 06.08.1993
Der Tagesspiegel, 21.10.1969
Der Tagesspiegel, 05.08.1993
Der Tagesspiegel, 09.11.1993
Der Spiegel, 32/1993, 09.08.1993
Die Zeit, 13.08.1993
Frankfurter Rundschau, 11.03.1992
Frankfurter Rundschau, 12.12.1992
Frankfurter Allgemeine Zeitung, 06.08.1993
Magdeburger Volksstimme, 05.08.1993
Neue Zeit, 05.08.1993
Neue Zeit, 06.08.1993
Super Illu, 19.08.1993

Zeitungsartikel zum sowjetischen/russischen Geheimdienst im Privatarchiv des Autors:
Der Tagesspiegel, 14.12.2010, S. 10
The New York Times, 10.06.1974, 29.06.2010, 30.06.2010, 10.07.2010, 11.11.2010, 01.02.2011, 02.02.2011
The Star Ledger, 30.06.2010

Quelleneditionen

Andrew, Christopher und Mitrochin, Wassili, Das Schwarzbuch des KGB – Moskaus Kampf gegen den Westen, Berlin 1999, (5. Aufl. 2006)

Bästlein, Klaus, Vom NS-Täter zum Opfer des Stalinismus: Dr. Walter Linse, LStU-Schriftenreihe, Berlin 2008

Behrend, Hans-Dieter, »Guten Tag, Passkontrolle der DDR« – Über die Tätigkeit der Kontroll- und Sicherheitsorgane an der deutsch-deutschen Grenze zwischen 1945 und 1990, Schkeuditz 2008

van Bergh, Hendrik, ABC der Spione, Pfaffenhofen 1965

Bockholdt, Uwe u.a., Die AM-Post-Marken in Deutschland 1945/46, Eigenverlag, Sep. 2000

Braun, Jutta, Justizkorrektur in der Gründungs- und Frühphase der DDR, in: Engelmann, Roger und Clemens Vollnhals (Hrsg.), Justiz im Dienst der Parteiherrschaft, Berlin 1999

Buckow, Anja, Zwischen Propaganda und Realpolitik: Die USA und der sowjetisch besetzte Teil Deutschlands 1945–1955, Stuttgart 2003

Buschfort, Wolfgang, Die Ostbüros der Parteien in den 50er Jahren, LStU Berlin, Schriftenreihe Bd. 7, Berlin 2000, (2. Aufl.)

Cookridge, E.H., Gehlen Spy of the Century, London 1972

Detjen, Marion, Ein Loch in der Mauer: Die Geschichte der Fluchthilfe im geteilten Deutschland 1961–1989, München 2005

Eichner, Klaus, Dobbert, Andreas, Headquarters Germany – Die US Geheimdienste in Deutschland, Berlin 2001, (2. korr. Aufl.)

Engelmann, Roger und Vollnhals, Clemens (Hrsg.), »Justiz im Dienste der Parteiherrschaft«: Rechtspraxis und Staatsicherheit in der DDR, Berlin 1999

Fricke, Karl Wilhelm, Roger Engelmann, »Konzentrierte Schläge« Staatsicherheitsaktionen und politische Prozesse in der DDR 1953–1954, Berlin 1998

Fricke, Karl Wilhelm; Steinbach, Peter; Tuchel, Johannes (Hrsg.), Opposition und Widerstand in der DDR, München 2002

Gehlen, Reinhard, Verschlusssache, Mainz 1980

Hagemann, Frank, Der Untersuchungsausschuss freiheitlicher Juristen 1949–1969, Rechtshistorische Reihe, Band 125, Berlin 1994 [Hagemann, Der Untersuchungsausschuss]

Heim, Susanne u. a., Die Verfolgung und Ermordung der Europäischen Juden durch das nationalsozialistische Deutschland 1933–1945, hrsg. vom Bundesarchiv, Institut für Zeitgeschichte, Lehrstuhl für Neuere und Neueste Geschichte an der

Albert-Ludwigs-Universität Freibug, Band 4, Polen September 1939–Juli 1941, München 2011
Henkel, Rüdiger, Was treibt den Spion? Spektakuläre Fälle von der »Schönen Sphinx« bis zum »Bonner Dreigestirn«, Berlin 2001
Herkt, Christa, Der Münchener Platz in Dresden als Ort fünfzigjähriger politischer Strafjustiz, in: Sächsische Justizgeschichte, Band 8, Sächsische Justiz in der sowjetischen Besatzungszone und der frühen DDR 1945–1957
... im Dienst der Unterwelt. Dokumentarbericht über den »Untersuchungsausschuß freiheitlicher Juristen« – Verein kaft Verleihung – Berlin-Zehlendorf-West, Limastraße 29, (Kongreß-Verlag), Berlin 1959
Johnson, Uwe, »Ich wollte keine Fragen ausgelassen haben«, Frankfurt 2010
Juretzko, Werner I., Years Without Hope, Chicago 1970
Kanapin, Norbert, Die deutsche Feldpostübersicht 1939–1945, Osnabrück 1982
Kellerhoff, Sven Felix, von Kostka, Bernd, Hauptstadt der Spione – Geheimdienste in Berlin im Kalten Krieg, Berlin 2009
Kimmel, Elke, »... war ihm nicht zuzumuten, länger in der SBZ zu bleiben«. Erinnerungsstätte Notaufnahmelager Marienfelde, Berlin 2009
Kirsch, Hans, Sicherheit und Ordnung betreffend, Geschichte der Polizei in Kaiserlautern und in der Pfalz 1276–2006, hrsg. vom Historischen Verein der Pfalz, Bezirksgruppe Kaiserslautern, 2007
Klemp, Stefan, Freispruch für das »Mord-Bataillon«: Die Ordnungspolizei und die Nachkriegsjustiz, Münster 1998
Koch, Peter-Ferdinand, Die feindlichen Brüder, Bern/München/Wien 1994
Koehler, John O., STASI The untold Story of the East German Secret Police, Westview Press, New York 1999
Krieger, Wolfgang (Hrsg.), Geheimdienste in der Weltgeschichte – Spionage und verdeckte Aktionen von der Antike bis zur Gegenwart, München 2003
Kühn, Detlef, »Ein eingefleischter Feind der DDR«, in: Deutschland Archiv 6/2000,
Kühn, Detlef, Das Gesamtdeutsche Institut im Visier der Staatsicherheit, Schriftenreihe des LStU, Band 13, Berlin 2008, (2. Aufl.) [Kühn, Das Gesamtdeutsche Institut]
Laar, Mart, Der vergessene Krieg, Tallinn 2005
Leide, Henry, NS-Verbrecher und Staatsicherheit, Göttingen 2006 [Leide, NS-Verbrecher]
Loerdahl, Erik, German Concentration Camps 1933–1945. War and Philabooks Ltd, Taernaesen 2000

Mampel, Siegfried, Der Untergrundkampf des Ministeriums für Staatsicherheit gegen den Untersuchungsausschuss Freiheitlicher Juristen in Berlin (West), LStU-Schriftenreihe, Band 1, Berlin 1994

Mampel, Siegfried, Entführungsfall Dr. Walter Linse – Menschenraub und Justizmord als Mittel des Staatsterrors, LStU-Schriftenreihe, Band 10, Berlin 1999

McCaslin, Leland C., Secrets of the Cold War – US Army Europe's Intelligence and Counterintelligence Activities against the Soviets, Havertown 2010

Ministerium für Staatssicherheit (Hrsg.), »... alias Hille«, NS-Rechtswahrer, Kriegsverbrecher, Hauptagent. Aus den Personalakten der Agentenzentrale UfJ, Druckerei Osthavelland Velten 150 I-3-2 A-55030-60-DDR

Munoz, Antonio J., Hitler's Green Army: The German Order Police and their Auxiliaries, 1933–1945, Vol. II, Europa Books, Inc., Bayside, NY 2005

Nollau, Günther, Das Amt, München 1979

Nooke, Maria, Dollmann, Lydia (Hrsg.), Fluchtziel Freiheit, Berlin 2011

Petrov, Nikita, Die sowjetischen Geheimdienstmitarbeiter in Deutschland, Berlin 2010

Pohl, Dieter, Nationalsozialistische Judenverfolgung in Ostgalizien 1941–1944, München 1997 [Pohl, Judenverfolgung in Ostgalizien]

Pohl, Dieter, Justiz in Brandenburg 1945–1955. Gleichschaltung und Anpassung, München 2001 [Pohl, Justiz in Brandenburg]

Sandkühler, Thomas, »Endlösung« in Galizien, Bonn 1996 [Sandkühler, »Endlösung«]

Sattler, Friederike, Wirtschaftsordnung im Übergang – Politik, Organisation und Funktion der KPD/SED im Land Brandenburg bei der Etablierung der zentralen Planwirtschaft in der SBZ/DDR 1945–1952, Berlin 2002

Schlomann, Friedrich-Wilhelm, Mit Flugblättern und Anklageschriften gegen das SED-System, hrsg. von Der Landesbeauftragte für Mecklenburg-Vorpommern für die Unterlagen des Staatsicherheitsdienstes der ehemaligen Deutschen Demokratischen Republik, Schwerin 1998

Stöver, Bernd, Die Befreiung vom Kommunismus – Amerikanische *Liberation Policy* im Kalten Krieg, 1947–1991, Köln 2002

Strafgesetzbuch, Beck-Texte im dtv, München, Stand 01.10.1989, (24. Aufl.)

Thorwald, Jürgen, Wen Sie Verderben Wollen, Stuttgart 1952

Veigel, Burkhart, Wege durch die Mauer – Fluchthilfe und Stasi zwischen Ost und West, Berlin 2011

Weiner, Tim, CIA – Die ganze Geschichte, Frankfurt/Main 2008, (3. Aufl.)

Wells, Leon W., Ein Sohn Hiobs, München 1963 [Wells, Ein Sohn Hiobs]
Westermann, Edward B., Hitler's Police Battalions, University Press of Kansas 2005 [Westermann, Hitler's Police]

Broschüren

Archiv für Wohlfahrtspflege (Hrsg.), Führer durch das soziale Berlin (Graubuch), Selbstverlag, Berlin 1952
BStU, Abteilung Bildung und Forschung, Anatomie der Staatsicherheit – Geschichte, Struktur und Methoden, MfS-Handbuch, Berlin 1996, (2. Aufl.)
Encyclopedia of the Holocaust, Macmillan Pub. Co., New York 1990
Erinnerungsstätte Notaufnahmelager Marienfelde, »Escape to Freedom«, Marienfelde Refugee Center Museum, 2000
Erinnerungsstätte Notaufnahmelager Marienfelde, Schriftenreihe – Das Notaufnahmelager Marienfelde im Visier der Stasi, Band 1–4, 2001
Erinnerungsstätte Notaufnahmelager Marienfelde, 1953–2003. 50 Jahre Notaufnahmelager Marienfelde, 2003
Internationaler Juristen-Ausschuss, Buitenhof 47, Den Haag, Holland, Berliner Büro: Berlin-Zehlendorf West, Lindenthaler Allee 5, Internationaler Juristen-Kongress, Westberlin 1952, Gesamtbericht, Referate, Protokolle, Sonderdruck Leipziger Juristische Vorträge Heft 52, Leipziger Universitätsverlag 2001
Sächsisches Staatsministerium der Justiz (Hrsg.),Sächsische Justizgeschichte Sächsische Justiz in der sowjetischen Besatzungszone und der frühen DDR 1945 bis 1957, Schriftenreihe des Sächsischen Staatsministeriums der Justiz, Band 8, 1999

Presseberichte

Bundesverwaltungsgericht, Pressebericht Nr. 5 vom 24.01.2001
Mitteilungsblatt der Leipziger Universität, 2001, Artikel zum 50. Jahrestag der Promotion von Dr. Gisela Mühlen. Verleihung des Internationalen Menschenrechtspreises »Dr. Rainer-Hildebrandt-Medaille«, Preisträger 2011: Dr. Antonia Rados, 13.12.2011

Zeitschriften
Aktuell – Zeitung für die Bundeswehr, 38. Jahrgang, Nr. 28, 22.07.2002
Das Beste, März 1953, »Hier Oberstaatsanwalt Adam«
Der Spiegel, 16/1952, 16.04.1952
Der Spiegel, 49/1954, 01.12.1954
Der Spiegel, 29/1958, 16.07.1958
Der Spiegel, 13/1959, 25.03.1959
Der Spiegel, 16/1959, 15.04.1959
Der Spiegel, 08/1972, 14.02.1972
Der Spiegel, 19/1972, 01.05.1972
Der Spiegel, 22/1974, 27.05.1974
Der Spiegel, 26/1974, 24.06.1974
Der Spiegel, 27/1980, 30.06.1980
Der Spiegel, 19/1981, 04.05.1981
Der Spiegel, 43/2011, 24.10.2011
Der Spiegel, 04/2012, 23.01.2012
Deutsche Fragen, Hrsg.: UfJ, JG 4/8, August 1958
Deutsche Fragen, Hrsg.: UfJ, JG 5/12, Dezember 1959
Deutsche Fragen, Hrsg.: UfJ, JG 10/11, November 1964
Institut für Auslandsbeziehungen Stuttgart, Zeitschrift für Kulturaustausch, Heft 3, Jahrgang 14, 1964
Readers' Digest, March 1953
The Freeman, 26.01.1953
The New Yorker, 08.09.1951
Time, 10.06.1974

Internetlinks
www.adressbuecher.genealogie.net
www.autorenkreis-bundesrepublik.de
www.book.google.de
www.bstu.bund.de
www.bundesarchiv.de
www.bwbs.de_biografie/Nollau_Guenther_G1081-html
www.campking.org

www.campking.net
www.cicero.de
www.coldwarhistory.us
www.dhm.de/ausstellung/kalter_krieg/zeit/z1951.htm
www.diegeschichteberlins.de
www.dtb-tennis.de
www.erdmann-verlag.de
www.fdj.de/infoportal/dbz/III-1942-1944.html
www.fluchthilfe.de
www.gazette.de
www.geocities.com
www.gottschee.de
www.heidenheim.de/stadt/geschichte/stadtgeschichte.html
www.independent.co.uk/news/obituaries/detlef-girrmann
www.jta.org/news/article-print
www.munzinger.de
www.nytimes.com
www.openlibrary.org
www.planet-wissen.de
www.sellier.de/
www.sokrates-digital.de
www.spiegel.de SPIEGEL ONLINE
www.uni-regensburg.de
www.wikipedia.com
www.wikipedia.org
www.wikipedia.org/wiki/Breslau
www.wikipedia.org/wiki/Camp_King
www.wikipedia.org/wiki/Einwohnerentwicklung_von Berlin
www.wikipedia.org/wiki/Karl-Heinz_Kurras
http://en.wikipedia.org/wiki/False_flag
www.wintersonnenwende.com
www.wladimirputin.de
www.worldlingo.com
www.zeit.de/1950/50/Die-Frühjahrsmesse
www.zentrale-stelle.de

Zum Autor

Arik K. Komets-Chimirri, Jahrgang 1937, geboren in Hapsal, Estland. März 1941 Übersiedlung mit der Familie als Baltendeutsche nach Württemberg. 1952 Auswanderung mit der Familie in die USA. 1955 Eintritt in die US Army, als 17-Jähriger ohne Schulabschluss. Dienst in Pionier-Einheiten in den USA und in Südkorea. 1958 Annahme der amerikanischen Staatsbürgerschaft und Wechsel zur US Air Force. Ausbildung als Techniker von Navigationsgeräten. Teilnahme an Korrespondenz- und Abendkursen mehrerer Colleges und Universitäten. 1958–1963 Dienst in den USA und in Deutschland. 1963–1965 Förderstudium der US Air Force am San Francisco State College. Abschluss (cum laude) mit einem BA in Internationale Beziehungen. Offiziersschule und Ausbildung als Intelligence Officer in Denver, CO und Ft. Hollabird, MD. 1967–1970 Dienst als Führungsoffizier in Wiesbaden und Berlin. 1970–1971 Stabsoffizier im Amerikanischen Hauptquartier in Saigon. 1971–1972 Förderstudium der US Air Force an der Georgetown University, Washington, DC. Abschluss mit einem MS in deutscher Linguistik. 1972–1976 Lektor und Assistant Professor of German an der United States Air Force Academy, Colorado Springs, CO. 1976–1980 Operations Officer des Joint Allied Refugee Operations Center, Berlin. 1980 Versetzung in den einstweiligen Ruhestand im Rang eines Majors der US-Luftwaffe. Danach Tätigkeit als Senior Investigator/Supervisory Intelligence Operations Spezialist in der derselben Organisation im Notaufnahmelager Berlin-Marienfelde. Letzter Leiter der amerikanischen und britischen Sichtungsstelle in Marienfelde, die am 3. Oktober 1990 ihre Tätigkeit einstellte. Bis zum 1. Oktober 1995 zunächst Mitarbeiter, dann Leiter der letzten verbliebenen amerikanischen Militäreinheit in Berlin, der »United States Army Element Berlin«, die zu diesem Zeitpunkt aufgelöst wurde. 1993 Gründungsmitglied des Vereins Erinnerungsstätte Notaufnahmelager Marienfelde. 2001 Koautor der Broschüre »Escape to Freedom – The History of the Marienfelde Refugee Center Berlin«. 2002 Autor der ersten vier Bände einer selbst erzeugten Schriftenreihe von Broschüren »Das Notaufnahmelager Marienfelde im Visier der Stasi«. 2006 Aufgabe seiner Tätigkeit als stellvertretender Vorsitzender des Vereins. Intensive Recherche zu diesem Buch.